벤처
창업
경영론

제 2 판

벤처 창업 경영론

성태경

정독
DEEP READING

제2판 머리말

본서가 『벤처창업경영론』이라는 책명으로 세상에 나온 지도 벌써 3년이라는 세월이 지났다. 다행히도 저자가 본래 목적한 대로 기업가정신과 벤처창업을 이해하는 데 도움이 되었다는 독자들의 반응이 있었다. 특히 이 책이 기업가적 과정(entrepreneurial process), 즉 기회의 인식 → 착수 → 자원조달 → 창업 → 성장 → 회수 등 단계별로 필요한 내용만 취사선택하여 다루었기 때문에 대학에서 '한 학기용' 교재로 활용하기에 적합하다는 의견도 확인하였다. 이에 힘입어 이번에 제2판을 준비하게 되었다.

제1판에서는 벤처창업 활동과 관련된 핵심적인 내용만 설명하고, 적절한 사례의 선정과 분석이 미흡하였다. 따라서 제2판에서는 이의 보완을 염두에 두고 집필하였다. 이번에 이루어진 주요 개정내용은 다음과 같다. 첫째, 벤처기업의 창업과 성장의 사례로서 바이오 기술 분야의 ㈜헬릭스미스를 선정하여 소개하였다. 둘째, 기업가정신과 관련하여 대표적인 기업가들로서 삼성의 이병철, 현대의 정주영, 대우의 김우중, 그리고 애플의 스티브 잡스를 소개하였다. 셋째, 기회의 인식 및 분석과 관련하여 사업개념제안서(BCP: Business Concept Proposal)와 사업계획서(BP: Business Plan)의 샘플을 각각 예시하였다. 넷째, 별도의 장(제4장)으로 기업가정신 수준의 측정 문제를 다루고 GEM(Global Entrepreneurship Monitor)의 자료를 토대로 우리나라의 기업가정신 수준을 알아보고 주요국과 비교하였다. 다섯째, 적절한 부분에 사례와 더 알아보기, 그리고 읽을거리를 제시하였다. 예를 들어 기회의 인식 및 포착과 관련하여 TissueKup Inc.를 사례로 분석하였고, 벤처기업 성장과 관련하여 창업보육센터의 일종인 Networked Incubator(NI)를 소개하였다. 이 외에도 현실을 설명하는 통계자료를 최근 자료로 수정하였다.

이번 개정판에는 지난 3년간 전주대학교에서 이 책을 교재로 공부한 학생들의 의견이 많이 반영되었다. 특히 2019년 2학기에 '벤처창업경영론'을 수강한 학생들의 도움이 컸다. 제2판을 흔쾌히 출판해 준 도서출판 정독에도 고마움을 전한다.

2020년 2월

저자 씀

머리말

최근 창업열풍이 불고 기업가정신 및 창업 관련 강좌가 확대되면서 벤처창업경영에 관한 많은 책들이 경쟁적으로 발간되어 왔다. 그럼에도 불구하고 『벤처창업경영론』이라는 책명으로 또 하나의 책을 집필한 이유는 대학에서 '한 학기용' 교재로 활용하기 위해서이다. '백화점식' 혹은 '백과사전'처럼 많은 내용을 포함할 경우에 따른 기회비용을 줄이기 위해서 집필을 시작하였다.

본서에서는 기업가정신 및 기업가이론에 대하여 대략적으로 소개한 다음에 기업가적 과정(entrepreneurial process), 즉 기회의 인식 → 착수 → 소요자원조달 → 창업 → 성장 → 성과회수 등으로 이어지는 단계별로 필요한 내용만 취사선택하여 다루고 있다. 따라서 각 단계 혹은 활동과 관련된 핵심적인 내용만 설명하고 있다. 예를 들어 창업의 경우 창업실무에 관한 많은 지식과 자료가 필요하지만 본서에서는 이를 다 다루지 않고 핵심 골자만 다룬다. 본서에서 언급되지 않은 구체적인 내용들은 관련 자료(예: 인터넷)를 찾거나 전문가의 도움을 받으면 되기 때문이다.

물론 개선해야 할 부분도 많이 남아 있다. 특히 적절한 사례의 선정과 분석이 미흡하다. 각 장별로 시작할 때의 사례(opening case)와 마무리할 때의 사례(closing case)를 실었으면 하는 생각이 있었다. 이러한 작업은 추후 과제로 미룬다.

이 책이 엮어지기까지 많은 도움이 있었다. 무엇보다도 그간 전주대학교에서 『벤처창업경영론』과 『기술경영』이라는 과목을 수강한 학생들이 보여준 진지한 반응이 바탕이 되었다. 대학원 박사과정에 재학 중인 김달승 이사(하나 아이엔씨), 박성근 대표(위즈나인), 그리고 문상준 차장(MTF)은 원고를 꼼꼼히 읽고 귀중한 조언을 주었다. 이 책의 출간을 맡아서 '책답게' 잘 만들어 준 피앤씨미디어에도 고마움을 전한다.

끝으로 이 책이 본래 목적한 대로 기업가정신과 벤처기업을 이해하는 데 좋은 안내서가 되었으면 한다.

2017년 1월

저자 씀

차례

Chapter 04 기업가정신의 측정 및 비교

Chapter 05 기업가적 기회인식

Chapter 06 사업계획서

Chapter 07 자금조달

Chapter 09 벤처기업의 성장

Chapter 10 벤처기업의 관리

Chapter 11 성과회수

Chapter 12 사내기업가정신

Chapter 13 벤처창업정책

1

Chapter 01

서론

1.1 벤처기업이란

1.2 벤처기업의 중요성

1.3 벤처창업경영론

1.4 본서의 구성

부록: 우리나라 벤처기업 현황

사례: ㈜헬릭스미스의 창업과 성장

“

이 장에서는 벤처기업 및 벤처창업경영론을 정의한다.

아울러 본 저서의 체계에 대해서 언급한다.

”

1.1 벤처기업이란

1) 벤처기업의 정의

기업(企業)은 영어로 여러 단어들로 표현된다. 'Company', 'Firm', 'Corporation', 'Enterprise', 'Business' 등이다. 각각은 기업의 고유한 특성을 나타낸다. 'Company'는 일반적으로 여러 사람들이 모여서 이룬 조직으로의 '회사'를, 'Firm'은 '생산활동의 주체'로서의 역할을, 'Corporation'은 법적 존재로서의 '법인'을, 'Enterprise'는 '모험 혹은 위험'을 내포하는 존재로서의 기업을, 그리고 'Business'는 '일 혹은 업무'를 행하는 주체로서의 특성을 각각 표현하고 있다. 이 중에서 모험하는 존재 혹은 위험을 내포하는 존재로서의 기업의 특성은 매우 중요하다. 즉 'Enterprise'로 표현되는 기업의 특성이다. 'Enterprise'는 영어지만 프랑스어에서 나온 단어로서 지금의 'Venture'와 같은 의미를 가진다. 따라서 벤처기업(venture business)이라고 하면 모험 혹은 위험을 내포하는 존재로서의 기업의 특성을 나타내는 용어이다.

일반적으로 벤처기업은 "고위험과 고성과를 특징으로 하는 기술집약적 중소기업"으로 정의된다. 따라서 벤처기업을 창업하는 사람들, 즉 기업가(entrepreneurs)들은 다음과 같은 특징을 갖는다. 이것이 바로 일반적인 중소기업 혹은 생계형 자영업과 다른 점들이다.

첫째, 기회를 포착함으로써 사업을 시작한다. 기업가들은 다른 사람들이 보지 못하는 기회를 본다. 그들은 충족되지 않은 니즈를 충족시키거나 신제품 혹은 새로운 공정을 창출하려고 한다.

둘째, 혁신에 초점을 맞춘다. 기업가들은 창의적이고 사업의 모든 면에서 혁신적인 방법들을 찾는다. 새로운 제품 및 서비스, 새로운 마케팅 방법, 새로운 유통채널, 새로운 사업모델을 찾는다.

셋째, 기업가들은 기존시장을 뒤흔들면서 새로운 가치를 창출한다. 그들은 자신들이 활동하는 시장환경 자체를 바꾼다. 예를 들어 그들은 다른 기업으로 훈련된 인력을 끌어오기보다는 전혀 새로운 일자리를 창출하거나 새로운 기회를 만든다. 그래서 새로운 가치를 창출한다.

넷째, 기업가들은 그들의 사업을 최대한 성장시키려 하고 포착한 기회를 가능한 한 모두 활용하려고 한다. 그들은 생계형 자영업자들과는 달리 일정수준의 이윤에 만족하거나 지역에 한정되지 않고 글로벌기업을 추구한다.

2) 한국에서의 벤처기업

우리나라에서는 1997년 "벤처기업육성에 관한 특별조치법"이 제정 및 시행되면서 벤처기업을 지정하여 자금, 조세, 행정면에서 많은 혜택을 주고 있다. 따라서 벤처기업에 대한 기준이 명확하다. 우리나라에서 벤처기업은 우선 중소기업이어야 하며(중소기업기본법 제2조),[1] 다음 요건들 중 하나에 해당하면 된다(벤처기업육성에 관한 특별조치법).

- 벤처투자기업: 벤처투자기관으로부터 투자받은 금액이 자본금의 10% 이상[2]으로, 투자금액이 5천만원 이상인 기업
- 연구개발기업: 기업부설연구소를 보유한 기업으로서, 연간[3] 연구개발비가 5천만원 이상이고, 연간 총 매출액 대비 연구개발비 비율이 5% 이상으로[4] 사업성이 우수한 것으로 평가받은 기업
- 기술평가보증/대출기업: 기술보증기금(기보) 또는 중소기업진흥공단(중진공)으로부터 기술성이 우수한 것으로 평가받고, 기보의 보증 또는 중진공의 대출을 순수신용으로 받되, 보증 또는 대출금액이 8천만원 이상이고, 당해기

1 현재 중소기업은 주된 업종의 평균 매출액 기준(3년)으로 정의되고 있다. 업종별 자세한 내용은 중소기업청 홈페이지 중소기업 범위해설을 참조하면 된다.

2 벤처투자기관은 중소기업창업투자회사, 중소기업창업투자조합, 신기술사업금융업자, 신기술사업투자조합, 한국벤처투자조합, 투자전담회사, 기타 대통령령으로 정하는 기관이다.

3 정확히는 벤처확인 요청일이 속하는 분기의 직전 4분기이다.

4 업력이 3년 미만인 기업의 경우는 연구개발비 비율을 적용하지 않는다.

업의 총자산에 대한 보증 또는 대출금액 비율이 5% 이상인 기업[5]

- 예비창업기업: 창업기업의 경우는 기보 또는 중진공으로부터 기술성이 우수한 것으로 평가받은 기업

위의 요건을 보면, 벤처기업의 조건은 차례로 ① 벤처투자기업, ② 연구개발기업, ③ 기술평가 보증/대출기업, 그리고 ④ 예비벤처기업으로 구분할 수 있다. 여기서 공통되는 점은 기술성 혹은 사업성이 우수한 기업이어야 벤처기업으로 인정된다는 것이다.[6] 즉 특허 등 신기술을 기반으로 사업화에 착수하거나 연구개발기업의 경우처럼 특허 등 신기술을 공급할 능력이 있는 기업이어야 한다.

더 알아보기 1.1 다른 나라에서의 벤처기업 정의

벤처기업이 신기술분야의 성장을 주도하고 있는 미국에서는 벤처기업을 명확하게 정의하지 않고 있다. 다만 신기술을 이용하여 "고위험-고수익"이 기대되는 독립적인 신생기업으로 보고 있는 정도이다.

기술혁신에 대해서 많은 연구를 진행하는 OECD도 벤처기업에 대해서 특별한 정의를 내리지 않고 있다. R&D집약도가 높은 기업으로 기업성장전략의 초점이 기술혁신 혹은 기술경쟁우위에 있는 기업으로 보고 있다.

이와 달리 일본에서는 벤처기업을 공식적으로 규정하고 있다. 일본에서 벤처기업은 중소기업으로서 R&D집약도가 3% 이상으로 창업 후 5년 이내의 기업을 말한다. 우리나라의 경우에는 벤처기업을 특별법에 따라 엄격하게 구분하고, 확인제도를 통하여 정책지원을 아끼지 않고 있다. 1997년 처음 제정된 "벤처기업육성에 관한 특별조치법"은 몇 차례 개정을 거치면서 오늘에 이르고 있다. 처음에는 신기술기업, 즉 특허 등을 사업화하는 기업으로 평가기관으로부터 우수평가를 받

5 창업 후 1년 미만 기업은 보증 또는 대출금액 4천만원 이상이며(총자산대비 비율은 적용 배제), 보증금액 10억원 이상인 기업은 총자산대비 비율 적용을 배제한다.

6 이러한 기준에서 숙박 및 음식점업, 공공수리 및 기타서비스, 부동산업 및 임대업, 오락 및 문화산업 등은 제외된다.

은 기업을 벤처기업으로 지정하였으나, 앞에서 살펴본 바와 같이 현재는 요건에서 빠졌다.

한편 2000년대 이후에 NTBFs(New Technology-based Firms), 즉 신기술기반기업이라는 기업형태가 학계의 주목을 받으면서 연구되어 왔다(Audretsch, 1995; Durning et al., 2000, 2001; Colombo and Grilli, 2005). 말 그대로 보면 NTBFs는 특허나 첨단기술을 토대로 하여 창업한 기업이라고 할 수 있다. 우리나라의 경우에는 1997년 벤처특별법 제정 당시의 신기술기업에 해당한다고 볼 수 있다. 따라서 NTBFs는 벤처기업의 한 형태로 볼 수 있다.

3) 벤처기업 지정의 이득

왜 창업기업들은 굳이 벤처기업으로 인정받으려 하는가? 이는 〈표 1-1〉에서 보는 것처럼 벤처기업에 대한 다양한 우대지원제도가 있기 때문이다. 몇 가지 예를 들면, 우선 교수창업의 경우 벤처기업대표 또는 임직원을 겸직할 수 있다. 기업 입지 면에서도 교수 혹은 연구원의 실험실공장을 허용한다. 코스닥 상장심사 시 우대하며, 병역특례기관이 될 수도 있다. 물론 정책자금, 보증지원, 투자지원 등 금융 면에도 많은 혜택을 받을 수 있다.

표 1-1 벤처기업 우대지원제도

구분		우대사항
창업	교수·연구원창업 특례	• 벤처기업을 창업하거나 근무하기 위해 휴직 가능 • 벤처기업의 대표 또는 임직원 겸임·겸직 가능
	산업재산권출자허용	• 현물출자 대상에 특허권, 실용신안권 등의 권리 포함
세제	법인세, 소득세 50% 감면	• 창업 후 3년 이내 벤처기업확인을 받은 기업(창업벤처중소기업)
	등록세, 취득세 면제	• 창업벤처중소기업의 벤처확인일로부터 4년내 취득 사업용 재산
	재산세 50% 감면	• 창업벤처중소기업의 사업용재산으로 벤처확인일로부터 5년간
금융	코스닥 등록	• 등록심사 시 우대
	정책자금	• 중소기업정책자금 심사 시 우대
	보증지원	• 보증심사 시 우대 • 연대보증기준 완화
	투자지원	• 창업투자회사의 투자대상에 업력제한 없음
인력	스톡옵션 (주식매수선택권)	• 부여대상 확대(외부전문인력과 외부기관)
	병역특례	• 병역특례 연구기관 지정신청기회를 연2회 부여 • 전문연구요원이 벤처기업 부설연구소로 옮겨 근무 시 전직제한 기간 2년 적용제외 특례 • 산업기능요원 추천심사 시 가점 부여
입지	실험실 공장	• 교수·연구원의 실험실공장 설치 허용(500m^2 이하)
	집적시설입주벤처기업 특례	• 과밀억제권역 내 취득세, 등록세, 재산세 중과세율 적용면제
특허	우선심사	• 특허 등 출원 시 우선심사 대상
마케팅	방송광고	• TV, 라디오 광고비 70% 감면
기타	유한회사	• 유한회사의 경우 사원총수를 300인까지 가능
	주식교환	• 벤처기업의 경우 주식교환 가능

자료: 중소기업청(smba.go.kr)

1.2 벤처기업의 중요성

일찍이 슘페터는 기업가정신이 경제성장의 원동력이라고 했다. 이는 기술혁신자로서의 기업가들에 의해서 새로운 벤처기업들이 창업되어야 경제성장이 가능하다는 의미였다. 하지만 1990년대 이전까지만 하더라도 이러한 슘페터의 주장은 관심을 끌지 못하였다.

1990년대 이후 정보화 사회가 도래하면서 한국, 일본 등 대부분의 나라들이 저성장하에서 구조조정의 과정을 겪었다. 이와 대조적으로 미국에서는 벤처기업들을 토대로 하여 지속적인 경제성장을 이어 갔다. 예를 들면 실리콘밸리를 중심으로 벤처기업들이 활발하게 창업되면서 새로운 부가가치와 고용을 창출하였다. 이에 따라서 벤처기업의 창업이 경제성장과 새로운 일자리 창출의 중요한 수단으로 자리 잡게 되었다.

최근의 경영환경을 보면, 수요가 다양화 및 고급화되고 있으며 컴퓨터의 등장으로 유연생산체제가 가능하게 되었다. 이에 따라 과거의 규모의 경제(economies of scale)도 여전히 중요하지만 범위의 경제(economies of scope)의 중요성이 상대적으로 매우 커졌다. 바로 이러한 범위의 경제에 적정한 기업형태가 소규모의 벤처기업들이다.

마지막으로 벤처기업들은 중소기업이다. 따라서 벤처기업들이 활성화되면 대기업 중심의 경제력 집중 현상을 막을 수 있으며, 소득분배의 형평성도 꾀할 수 있다.

1.3 벤처창업경영론

미국대학에서는 벤처기업 창업과 관련된 분야가 기업가정신(entrepreneurship)이라는 이름으로 경영학의 전통적인 영역들, 즉 인사관리, 회계, 마케팅, 재무 등과 같이 하나의 독립적인 학문영역으로 자리 잡고 있다. Bobson College가 이 분야를 선도하는 대학이다.

벤처창업경영론(New Venture Creation and Management)은 기업가정신 분야의 핵

심적인 과목으로서 벤처기업의 창업 및 경영 전반을 다룬다. 따라서 일반적으로 경영학 이론을 벤처기업이라는 특정 조직에 적용하는 과목이라고 볼 수 있다. 하지만 벤처창업경영론 나름대로의 특징도 가지고 있다.

첫째, 벤처창업의 주체이면서 벤처기업 성공의 핵심요인인 기업가와 기업가정신을 다룬다.

둘째, 기존기업이 아닌 새로 만드는 기업에 관한 것이므로 창업실무(예: 사업계획서 작성, 기업설립 등)가 강조된다.

셋째, 생계를 위한 자영업 혹은 일반 중소기업과는 달리 전략경영이 핵심이므로 기업경영의 전략적 측면을 강조한다. 벤처기업 창업자는 기회를 포착할 뿐만 아니라 미래를 예측해야 하며, 달성해야 할 중간목표들을 설정해야 하기 때문이다.

1.4 본서의 구성

본서는 『벤처창업경영론』이라는 책명에서 알 수 있듯이 벤처기업에 대한 경영 전반을 다루며, 다음과 같이 구성된다.

서론에 이어 제2장에서는 벤처경영 이해에 필요한 기초인 개념 및 정의문제를 다룬다. 제3장에서는 역시 벤처경영 이해에 필수적인 기업가정신을 체계적으로 공부한다. 제4장에서는 기업가정신의 측정문제를 다루고 그 수준을 국가별로 비교한다.

제5장부터 제11장까지는 벤처기업의 창업부터 성장 및 관리, 그리고 회수까지의 과정을 다룬다. 먼저 제5장에서는 기업가적 과정의 첫 단계로서 기회의 인식 및 현실화의 문제를 다루고 제6장에서는 기회의 본격적인 평가 작업으로서 사업계획서 작성방법을 공부한다. 제7장에서는 사업계획서상에서 설정한 사업비전 및 목표를 달성하기 위한 자금의 조달문제를 다룬다. 제8장, 제9장, 제10장, 그리고 제11장에서는 창업, 성장, 관리, 그리고 성과회수의 문제를 각각 다룬다.

제12장에서는 사내기업가정신을 다룬다. 즉 기존기업에서 새로운 벤처기업을 창업하는 문제를 공부한다. 마지막으로 제13장에서는 벤처기업을 육성하기 위한 정부의 정책을 다룬다.

부록: 우리나라 벤처기업 현황

우리나라에서 벤처기업들은 갑자기 등장한 개념이 아니다. 1980년대 초부터 컴퓨터 관련 중소기업들(예: 큐닉스, 삼보컴퓨터 등)이 독자적인 기술개발을 이루면서 나타나기 시작하였으며, 메디슨, 팬텍, 미래전자, 터보텍, 한글과컴퓨터 등 기술집약적인 중소신생기업들이 창업되었다.

우리나라 벤처기업은 1997년 '벤처기업육성을 위한 특별법'이 제정되어 벤처기업육성책이 본격적으로 시행된 이후에 발전하기 시작하였는데, 그 이전에도 1,500여 개의 벤처기업이 존재하였다.

1998년 이후 벤처기업을 증가 추이를 보면(〈그림 1-1〉 참조), IT산업의 성장과

그림 1-1 벤처기업 수의 변화 추이

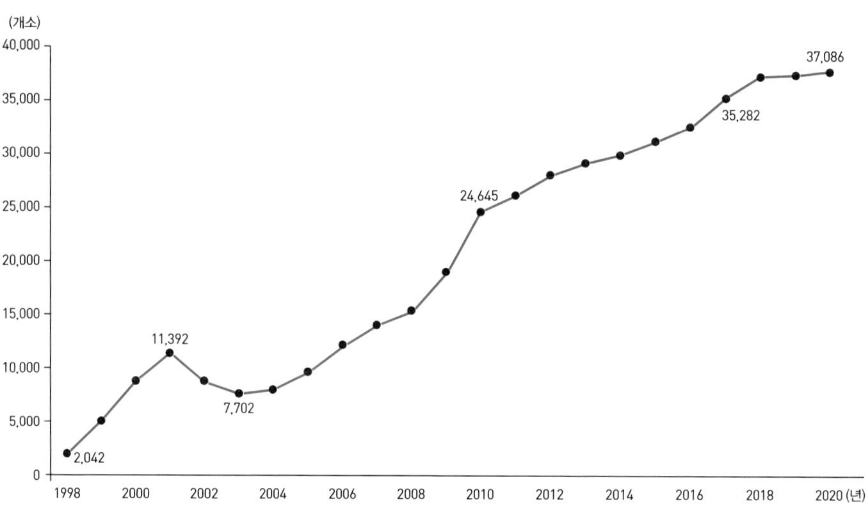

주: 2020년은 1월 14일까지의 자료
자료: 벤처인(venturein) 홈페이지 통계시스템을 토대로 작성

그림 1-2 유형별 벤처기업의 비중

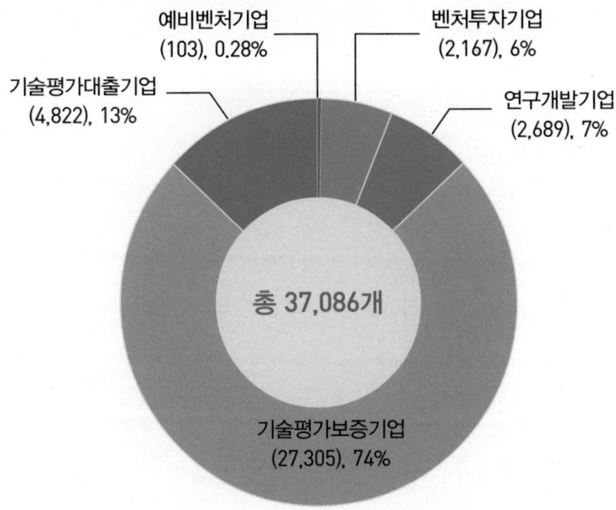

주: 2020년 1월 14일 현재
자료: 벤처인(venturein) 홈페이지 통계시스템을 토대로 작성

함께 2000년대 초반에 벤처기업이 급증했음을 알 수 있다. 하지만 거품 붕괴와 함께 감소세를 보이다가, 2005년 한국모태펀드의 출범과 함께 벤처투자가 증가하면서 2020년 1월 현재, 역사상 최고인 3만 7,086여 개소에 이르고 있다.

유형별로는 〈그림 1-2〉에서 보는 바와 같이 2020년 1월 현재 총 37,086개의 벤처기업 중 기술평가보증기업이 전체의 74%로 가장 높은 비중을 차지하고 있다. 그 뒤를 이어 기술평가대출기업이 13%, 연구개발기업이 7%를 차지하고 있으며, 벤처투자기업은 6%를 차지하고 있다. 예비벤처기업은 103개사로 0.28%를 기록하고 있다.

산업별로는 〈그림 1-3〉에서 보는 바와 같이 제조업에 속한 기업의 비중이 67%로 압도적으로 크다. 우리나라 산업구조상 제조업의 비중이 30%에 미치지 못한다는 점에 볼 때, 벤처기업들이 제조업에 상당히 치중되어 있음을 알 수 있다. 다음으로 정보처리 및 S/W 비중이 18%로 높은데, 이는 적은 비용으로 창업이 가능하

그림 1-3 산업별 벤처기업의 비중

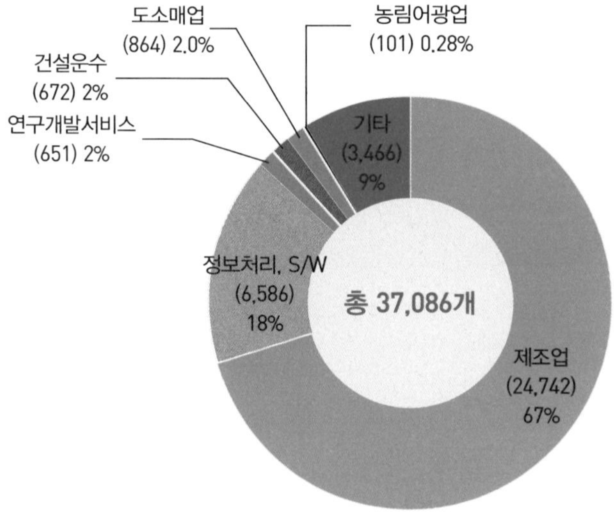

주: 2020년 1월 14일 현재
자료: 벤처인(venturein) 홈페이지 통계시스템을 토대로 작성

고, 최근 게임 및 인터넷산업 등의 호황에 기인하는 것으로 보여진다.

업력별로는 〈그림 1-4〉에 나타나 있듯이 5~10년 미만 기업이 30%로 가장 많고, 10~20년 미만 25%, 3~5년 미만 19%, 1~3년 미만 16% 등의 순으로 이어지고 있다. 반면에 1년 미만의 막 창업된 기업들의 비중은 2.4% 정도에 그치고 있다.

지역별로는 〈그림 1-5〉에 나타나 있듯이 서울, 경기, 인천의 비율이 모두 59.2%로, 수도권에 집중되어 있다. 다음으로 부산, 대구, 경북, 경남, 울산 등 영남권이 약 21%로 높은데, 이는 산업이 이 지역에 집중되어 있기 때문으로 보인다. 충남과 대전지역도 각각 3.5%와 4.0%로 상대적으로 높게 나타나고 있다. 이것은 대덕단지에 연구소들이 집중되어 있고, 이들이 공급하는 기술을 토대로 벤처기업들이 창업되었기 때문이다.

그림 1-4 업력별 벤처기업의 비중

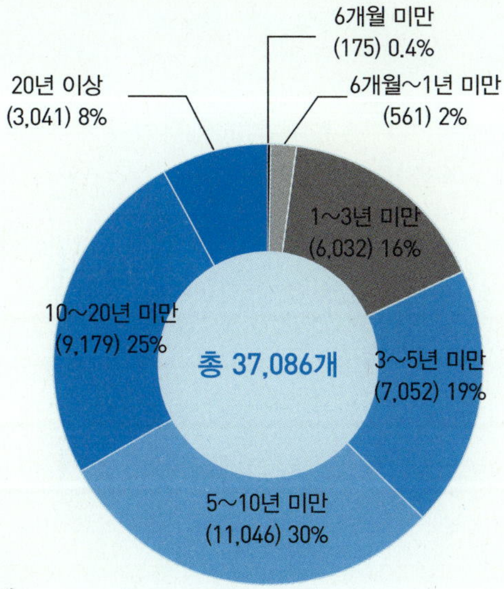

주: 2020년 1월 14일 현재
자료: 벤처인(venturein) 홈페이지 통계시스템을 토대로 작성

그림 1-5 지역별 벤처기업의 비중

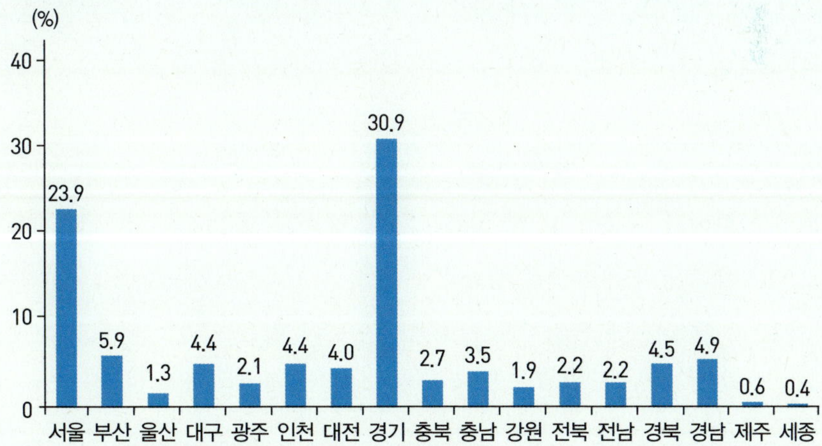

주: 2020년 1월 14일 현재 총 37,086개에서 차지하는 비중임
자료: 벤처인(venturein) 홈페이지 통계시스템을 토대로 작성

사례: ㈜헬릭스미스의 창업과 성장

㈜헬릭스미스는 1996년 서울대 미생물학과 김선영 교수에 의해 유전자 치료제의 개발 및 사업을 목적으로 창업된 벤처기업이다. 설립 당시 회사명은 ㈜바이로메디카퍼시픽이었으나 1999년 ㈜바이로메드로 변경되었고, 다시 2019년 4월에 ㈜헬릭스미스로 회사명이 변경되었다. 헬릭스미스(Helixmith)는 DNA구조를 반영한 나선형이라는 'Helix'와 대장장이를 의미하는 'Smith'의 합성어로 DNA 치료제를 개발하는 기업이라는 정체성을 내포하고 있다. ㈜헬릭스미스는 현재 코스닥에 상장된 기업이기 때문에 기업가적 과정, 즉 기회의 인식 및 포착 → 착수 → 자원조달 → 창업 → 성장 → 회수의 과정을 잘 보여주는 벤처기업이다.

1. 기회의 인식 및 포착

1990년대부터 시작된 유전자지도 연구는 '인류의 질병 치료'를 목표로 하고 있었기 때문에 바이오 기술에 대한 대중적인 관심이 커지게 되었다. 특히 1990년대 중반 줄기세포 배양을 통한 질병치료 연구가 착수되었다. 만약 줄기세포 배양이 가능하다면 난치병(예: 하체를 못 쓰는 사람)도 치료될 수 있고, 그로 인해 초래될 시장가치는 매우 클 것으로 예측되었다. 즉 블루오션(blue ocean) 시장의 창출이었다.

이러한 상황에서 서울대 미생물학과 김선영 교수는 줄기세포와는 다른 접근 방법으로 유전자 치료제의 개발을 생각해 내었다. 유전자치료란 〈그림 1-6〉에서 보는 바와 같이 약 대신에 유전자를 인체에 주입하여 병을 치료하는 새로운 개념의 질병 치료법이다. 김선영 교수는 유전자 치료제를 개발하면 혈루증, 암, 허혈성 심장질환, 혈소판 감소증 등 난치병을 치료할 수 있다고 생각하였다.

그림 1-6 유전자 치료제 개발의 개념도

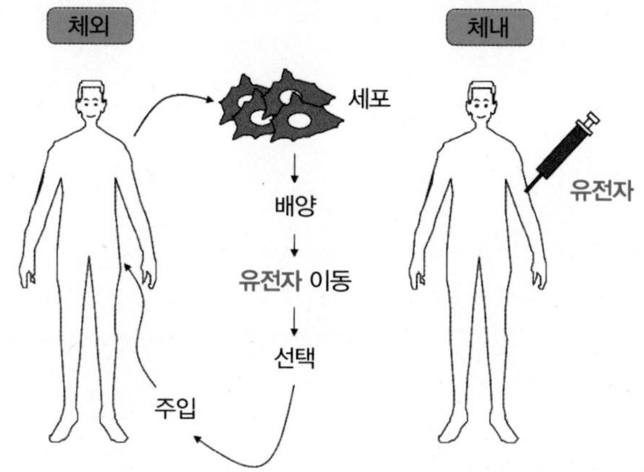

2. 착수

김선영 교수는 초기에 사업화를 목적으로 유전자 치료제 연구에 착수한 것은 아니었다. 단지 연구활동의 한 분야로 선정하고 연구에 착수하였다. 김 교수는 영국 옥스포드대학에서 박사학위를 마치고 1987년 MIT 화이트헤드연구소의 David Baltimore 박사(노벨상 수상자) 실험실에서 후천성면역결핍증(AIDS)의 원인 바이러스인 HIV 연구경력을 쌓았다. 1992년 서울대에 돌아온 후에도 이를 기반으로 한 레트로바이러스를 집중적으로 연구하였다.

하지만 국내에서는 AIDS에 대한 연구지원이 미흡하다고 생각하고 다른 연구 분야를 찾던 중 유전자 치료제 연구에 착수하게 된 것이다. 김 교수는 1992년부터 시작된 선도기술개발사업(일명 'G7' 프로젝트)의 하나인 '신기능생물소재개발사업'에 '레트로바이러스를 이용한 유전자요법기술과 소재개발'이라는 제목으로 연구제안서를 제출하여 1994년에 선정되었다. 연구금액은 1억 5,400만원으로 국내 제약사인 N사와 매칭펀드 형식을 취하였다.

요컨대 ㈜헬릭스미스는 대학발 벤처기업으로 일반 벤처기업들이 사업계획서(Business Plan: BP)를 준비하여 창업한 것과는 달리 BP 없이 연구제안서를 토대로 출발하였다.

3. 자원조달

1) 인력

㈜헬릭스미스는 생물학 분야의 기초연구를 근거로 설립된 기업이다. 설립자인 김선영 교수는 서울대 생명과학부 교수로, 연구자로서 자신의 실험실을 보유하고 있었으며, 서울대 대학원에 재학 중인 석·박사급 고급인력을 활용할 수 있었다. ㈜헬릭스미스의 핵심성공요인(KSF: Key Success Factor)은 '사람'과 '사람에 체화된 기술'이었다고 볼 수 있다. 우선 무엇보다도 김선영 교수 자신의 능력이 중요한 성공요인이었다. 연구능력 면에서 보면, 김 교수는 미국 MIT에서 석사학위, 영국 옥스퍼드대학에서 박사학위를 마치고 1987년 MIT 화이트헤드연구소의 David Baltimore 박사(노벨상 수상자)와 AIDS의 원인에 대해서 공동으로 연구하였다. 기업가정신 면에서도 김 교수는 순수과학자 출신이었지만, 위험감수자(risk-taker), 기술혁신자(innovator), 의사결정자(decision-maker) 등 멀티플레이어로서의 역할을 잘 수행하였다.[7] 회사 창업시절에는 보수적인 대학문화 속에서 '독립운동'하듯이 사업을 추진하였으며, 연계회사인 '팬제노믹스'를 설립할 때도 이사진 모두가 반대하였지만, '자신의 집을 팔아서라도 추진하겠다'는 결연한 의지로 이를 관철시켰다고 한다.[8] 혁신의 국제화 능력 면에서도 김 교수는 언어(영어) 표현상 장애가 없으며, 영국, 프랑스, 일본 등지로 기술을 수출한 바 있다.

다음으로 중요한 요인은 김 교수 실험실 연구원들의 능력과 자질이었다. 이들은 서울대 석·박사과정의 학생들로서 지식 및 기술 창출의 주역이었다. 김 교수가 창

---

7 이외에도 기업가의 역할로는 조정자(coordinator), 중개인(middle man) 등이 있다. 이에 대한 자세한 분석은 제3장 참고

8 이는 기술혁신정책 관련 포럼에서 김선영 교수가 직접 언급한 내용이다.

업 후에도 교수직을 유지하는 이유가 바로 "최고 수준의 인력을 활용하고 확보할 수 있는 기회를 주기 때문"이라고 대답할 정도로 이들의 역할은 중요하였다. 특히 실험실의 연구원들이 수평적인 관계 속에서 연구 및 상업화에 대한 일치된 인식과 목표 의식을 가지고 있었으며, 정보 흐름과 이사소통이 원활하였다.

2) R&D 및 기술

김선영 교수의 연구활동은 1992년부터 시작된 선도기술개발사업(일명 'G7' 프로젝트)의 하나인 '신기능생물소재개발사업'의 도움으로 시작되었다. 연구과제명은 '레트로바이러스를 이용한 유전자요법기술과 소재개발'로 연구결과는 1996년 Science지에 발표되었다.

김 교수팀은 연구주제가 유전자 치료제였기 때문에 순수한 과학지식의 발견이나, 논문발표에 머무르지 않고 실제 치료제로 사용될 수 있는 결과물을 얻었다. 즉 세계 최초로 바이러스의 유전자서열이 포함되지 않은 MLV(murine leukemia virus) 레트로바이러스를 만들어, 바이러스의 복제 가능성을 최소화하였다. 이는 기존의 어떠한 벡터보다도 안전하고, 활용도가 넓은 벡터를 만드는 기술이었다. 이 결과는 1996년 Science지에 발표되었을 뿐만 아니라, 1997년 특허를 출원하여 "유전자요법을 위한 개선된 레트로바이러스 벡터"라는 명칭의 특허(등록번호 10-246096-0000)를 획득하였다.

생명공학기술(Bio Technology: BT) 기업들에게는 특허의 획득, 보유, 그리고 관리는 선택이 아닌 필수적인 관리영역이 되고 있다. ㈜바이로메드의 경우에도 단순히 연구의 성과를 학술지에 논문으로 발표하는 데 그친 것이 아니라 특허를 획득함으로써 사업화의 토대로 삼았고, 이를 경제적 가치로 환급받고 있다. 1997년 특허를 처음 획득한 이후 2020년 현재 30건 이상의 특허를 보유하고 있으며(바이로메드 혹은 팬제노믹스가 출원인인 경우 기준), 국내외에 다수의 특허를 출원 중이다. 김 교수는 바이오 기업의 성장요인으로 적절한 특허전략을 들고 있다. 즉 신물질에 국한되던 특허권이 유전정보, 신약표적, 질병의 경로 등으로 확대됨에 따라 특허

포트폴리오의 구성이 차세대 기술혁신에서 중요한 영역으로 자리 잡게 될 것으로 보고 있다.

3) 자금

김 교수팀은 초기 연구결과에 자신감을 얻어 'G7' 매칭 펀드에 참여했던 국내 N사에 후속 연구 및 사업화를 제안했으나, 당시 유전자치료 분야는 투자위험이 높다는 이유로 거절당하였다. 이때 영국의 한 유전자치료 벤처회사가 김 교수팀의 연구결과에 관심을 가지고, 연구비를 지원하겠다는 의사를 밝혀왔다. 그러나 당시 대학에 중앙집중식 연구비관리제도가 도입되지 않았고, 그것도 외국에서 대규모 연구비를 수탁 받는 일이 흔하지 않았기 때문에 영국 벤처회사 측에서 벤처창업을 권유하였다. 이에 따라 김 교수는 1996년 11월 국내 최초의 유전자 치료제 회사이자 최초 대학 내 벤처회사인 ㈜헬릭스미스를 설립하였다.

특히 일본의 주류회사인 Takara Bio사는 2000년 6백만 달러를 투자하여, 회사지분의 50%를 확보하였다. 투자 동기는 기술의 수월성과 기술의 발전 속도를 인정했기 때문이었다. 투자를 주도한 Takara Bio사의 카토 박사는 다음과 같이 ㈜헬릭스미스의 기술을 다음과 같이 높이 평가하였다.

> "We believe that their vectors are superior to any others currently available in the field, but what we are really impressed by are their speed of progress, competitiveness, and the strong determination for making better vectors." (김선영, 2004)

한편 이상과 같은 기술수출 등의 가시적 성과가 나타나면서, ㈜헬릭스미스는 1997년과 1999년 2차에 걸친 유상증자를 실시하였는데, 1999년의 경우 무한기술투자 등 국내 5개 벤처캐피탈로부터 15억원을 유치하였다. 국내 벤처캐피탈 회사들은 기술에 대해서 자세하게 파악하지는 못했지만, 대표이사인 김선영 교수에 대해 신뢰감을 가지고 투자하였다. 반면에 대기업인 C사, L사, S사 등에도 투자를 제안하였으나, 영국에 기술수출이 이루어진 후에도 모두 거절하였다.

4. 창업

김선영 교수팀이 본격적으로 연구 및 투자에 착수하게 된 시기는 ㈜헬릭스미스를 설립한 후부터이다. 이 회사의 설립은 영국 바이오회사의 권유로 검토되었지만, 국내 제약회사들이 개발기술에 관심을 보이지 않아 산학협동으로 제품개발이 불가능했다는 점, 대학 실험실 조직으로 상업화까지 가기에는 한계가 있다는 점, 그리고 시장을 목표로 하는 제품개발을 위해서는 기업조직이 필요하다는 점 등 현실적인 이유로도 벤처기업의 설립이 필요하였다.

이에 따라서 1996년 ㈜바이로메디카퍼시픽이라는 주식회사를 설립하였다. 그러나 실제 대학기반 벤처기업 창업 시 교수의 벤처기업 임원 겸직에 대한 규정도 없는 등 제도적 미비로 많은 어려움을 겪었다. 한 예로 창업 초기에 외부 사람의 이름을 빌어 이사진을 구성해야 했으며, 1998년 12월 벤처특별법이 통과된 이후에야 김선영 교수가 회사의 공식 대표이사가 되었다. 이뿐만 아니라 대부분의 이공계 교수들은 벤처창업은 물론 상업적 연구에 대해 부정적인 시각을 가지고 있었기 때문에 간접적이기는 하지만 창업활동이 제약을 받았다.

㈜바이로메디카퍼시픽은 1999년 ㈜바이로메드로 회사명이 변경되었고, 다시 2019년 4월에 ㈜헬릭스미스라는 회사명으로 바뀌었다.

5. 성장

1) 기술수출

김선영 교수는 국내 대기업들이 자신의 기술구입을 꺼려하고, 국내 기술시장을 활용할 수도 없는 상황에서 결국은 해외시장으로 눈을 돌리게 되었다. 마침 영국, 일본 등지에서 기술수요자들이 ㈜헬릭스미스의 개발기술 혹은 특허의 사업화 가능성을 인식하고 기술을 구입하거나, 투자하였다. 이 과정에서 김 교수는 개인적인 해외 네트워크를 적극 활용하였다. ㈜헬릭스미스의 성공요인 중 하나는 국제적인 네트워크의 구축이다.

김 선영교수는 해외로부터의 자본유치를 통해 안정적인 연구기반을 조성하였고, 기술수출을 통해서 자금을 확보할 수 있었다. 임상시험 및 판매를 위해서도 유럽 최대 유전자치료연구센터인 프랑스 GenetonIII사, 독일의 Qiagen/Strathmann Biotech사, 영국의 BioReliance사 등과 협약을 체결한 바 있다. 그러나 이는 많은 부분 김선영 교수의 개인적인 능력과 노력에 기인한 것이었다. 김 교수는 언어(영어) 표현상 장애가 없으며, 이를 토대로 인적 해외네트워크를 구축하였다.

2) 제품개발

바이오 및 제약 분야에서의 제품개발의 과정은 매우 길 뿐만 아니라 위험의 정도가 매우 높다. 전임상, 임상1상, 임상2상, 임상3상 등 임상실험의 단계를 거쳐야 하기 때문이다.

㈜헬릭스미스는 단백질, 항체, 유전자 등의 생물학적 소재를 활용하여 현재 바이오벡터, 바이오신약, 항암치료백신, 천연물신약 등의 시장으로 진출하고 있다. 또한 이러한 소재들을 이용하여 신약을 개발하기 위한 독보적인 기술을 보유하고 있으므로 다양한 질환으로 혹은 다양한 시장으로 진출이 용이한 파이프라인을 보유하고 있다. 〈표 1-2〉에서 보는 바와 같이 현재 바이오벡터와 바이오신약 분야는 현재 임상실험을 성공적으로 수행하고 있으며, 천연물신약 분야에서는 관절염 치료제인 PG201을 한국피엠지제약을 통해서 판매하고 있다. 건강기능식품인 알렉스(면역기능개선), 무르핀(관절건강 개선), 니모신(기억력 개선) 등을 시장에 판매하여 수익을 창출하고 있다.

표 1-2 ㈜헬릭스미스의 제품개발 파이프라인(2020년 1월 현재)

개발분야	개발제품	개발소재	진출국가	개발단계
바이오신약	당뇨병성 신경병증 치료제 (VM202-DPN)	DNA (유전자)	미국 한국	임상3상 진행중 임상2상 완료
	당뇨병성 허혈성 족부궤양 치료제 (VM202-PAD)		미국	임상3상 진행중
	허혈성 지체질환 치료제 (VM202-PAD)		한국 중국	임상2상 완료 임상2상 완료
	근위축성 측삭경화증(루게릭병) 치료제 (VM202-ASL)		미국	임상2상 준비중
	허혈성 심장질환 치료제 (VM202-CAD)		한국	임상2상 진행중
	유방암 치료제 (VM206RY)		한국	임상2상 계획중
바이오벡터	혈소판 감소증 치료제 (VM501)	단백질	중국	임상3상 진행중
천연물신약	관절염 치료제 (PG201)	천연식물	한국	시장출시 (판매: 한국피엠지제약)
건강기능 식품	알렉스 (면역과민반응 개선에 도움)		한국	시장출시 개별인정 허가
	무르핀 (관절건강 개선에 도움)		한국	시장출시
	니모신 (기억력 개선에 도움)		한국	시장출시 개별인정 허가

자료: ㈜헬릭스미스 홈페이지

3) 신규기업 설립 및 M&A

김선영 교수는 ㈜헬릭스미스가 기술혁신의 성과를 거두었지만, 현금 확보의 어려움에 직면하자 한약재를 기반으로 하는 신약개발을 목적으로 하는 ㈜팬제노믹스를 설립하였다. 당시 모든 이사들이 회사설립을 반대하였으나, 김 교수는 기업가정신을 발휘하여 이를 관철시켰다. 김선영 교수는 전국을 돌아다니며 한약재 성분에 대한 정보를 수집하였다. 일본의 경우는 메이지 유신 이후 양방으로 돌아섰기 때문에 100종의 한약성분이 보고되고 있지만 우리나라는 중국과 비슷한 400여종

그림 1-7 PG201을 구성하는 12가지 생약 성분을 포함한 약초들

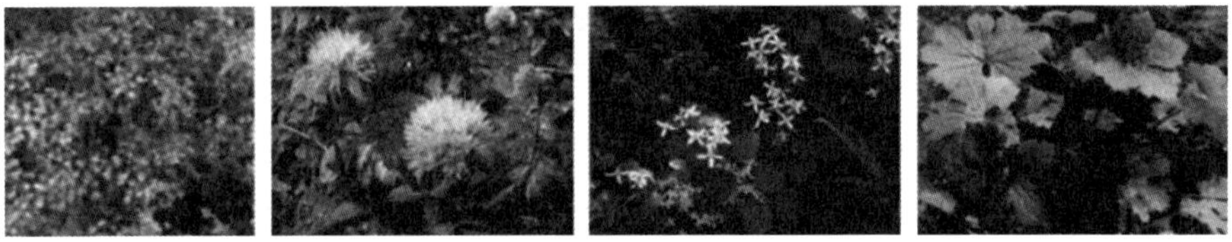

의 성분을 보유하고 있어서 이 작업은 성공적이었다. 그 결과 ㈜팬제노믹스는 류마티스 관절염, 아토피 피부병, 비만 등과 관련한 제품들을 출시하였다. 예를 들어 류마티스 관절염 치료제인 PG201은 12가지 생약 처방의 복합추출물들이 최적으로 구성된 제품이다. 〈그림 1-7〉은 한방 약초들로 혈액순환 개선, 보혈작용, 근육과 뼈의 강화, 관절 기능의 강화 및 손상된 조직의 재생, 기타 약리작용의 촉매 기능을 하는 성분을 가지고 있다. 현재 ㈜팬제노믹스는 ㈜헬릭스미스에 흡수되어 천연물을 기반으로 하는 기능성 소재, 전문의약품, 건강기능식품 등을 생산하고 있다.

한편 2006년에는 바이오 신약 및 연구기자재 도매업체인 ㈜진바이오텍과 합병함으로써 R&D활동뿐만 아니라 수익창출도 꾀하고 있다.

6. 회수

㈜헬릭스미스는 바이오벡터와 바이오벡터 분야의 기술수출과 천연물신약, 건강기능식품 등의 제품판매로 현금 흐름을 창출하고 있는 중이다. 〈그림 1-8〉은 최근 3년간 ㈜헬릭스미스의 재무상황을 보여주고 있다. 그림에서 보는 바와 같이 매출총이익은 흑자를 보이고 있다. 하지만 최근 판매비와 관리비의 급증으로 2017년과 2018년에는 영업이익과 당기순이익은 각각 적자를 기록하고 있다.

한편 ㈜헬릭스미스는 2005년 12월에 코스닥에 상장되었으며, 2020년 1월 10일 현재 한 주당 주가는 91,500원을 기록하고 있다.

그림 1-8 ㈜헬릭스미스 최근 3년간의 매출액과 매출총이익 추이

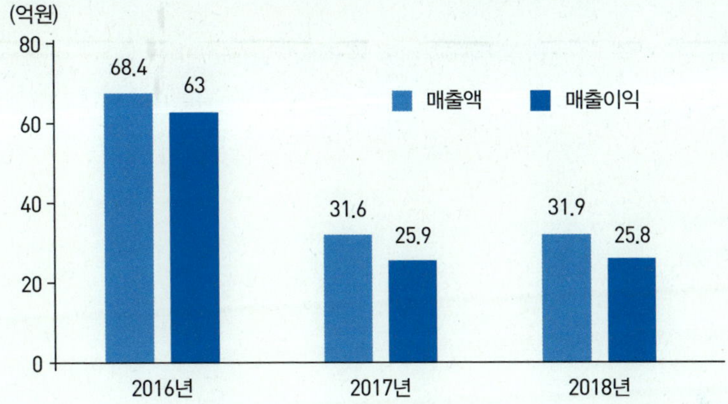

자료: ㈜헬릭스미스 홈페이지 자료를 토대로 작성

2

Chapter 02

개념 및 정의

“

지금까지 우리는 기업가와 기업가정신에 대해서

정확한 의미를 말하지 않고 사용해 왔다.

이 장에서는 기업가정신과 관련된 정의 및 개념 문제를 자세하게 다룬다.

”

2.1 기업가

기업가를 의미하는 'Entrepreneur'라는 용어는 18C 프랑스의 깡띠옹(R. Cantillon)에 의해 처음으로 소개되었고, 역시 프랑스 경제학자인 세이(J.B. Say)에 의해서 널리 사용되었다. 'Entrepreneur'는 프랑스어로서 영어로는 상인(merchant), 모험가(adventurer), 고용주(employer) 등으로 다양하게 번역되었다. 하지만 원래의 정확한 의미는 프로젝트의 착수자(undertaker of a project)였다. 영국의 경제학자 밀(J.S. Mill)은 이 용어를 영국에 유행시켰는데, 20C 이후에는 경제이론 분야에서 거의 사라졌다. 이는 신고전학파의 정태적인 분석방법에서는 기업가와 같이 동태적인 성격을 가지는 변수는 수용하지 않았기 때문이었다. 예를 들어 마샬(A. Marshall)은 기업이론을 전개함에 있어서 기업가의 혁신적인 활동보다는 경영 혹은 감독과 같은 관례적인 활동에 초점을 두었다.

그렇다면 기업가는 어떻게 정의될 수 있는가? 결론적으로 말해서 다양한 견해가 제시되어 왔기 때문에 한마디로 정의내리기 어렵다. 실제로 경제이론에서 기업가를 다루지 못한 이유 중의 하나가 기업가의 정의에 대해 학자들 간 의견의 일치가 이루어지지 않았기 때문이라는 주장도 있다(Casson, 2010, p.3). 이하에서는 기업가의 정의문제에 대해서 살펴본다.

1) 지위에 따른 정의

통상적으로 기업가는 지위에 따라 정의된다. 구체적으로 기업가는 "성장잠재력이 큰 중소기업(Small and Medium-sized Enterprises: SMEs)의 창업자 혹은 소유경영자"로 정의된다(Casson, 2010, p.6). 여기서 몇 가지 표현에 유의할 필요가 있다.

첫째는 '소유경영자'라는 표현이다. 이에 의하면 실업이나 취업 대신에 창업을 통해서 자가 고용된 사람(self-employed) 혹은 소규모 기업의 고용주(small-scale employer)도 기업가로 볼 수 있다(Blanchflower and Oswald, 1998). 예를 들어 철물점 업계에서는 자영업자가 대부분인데, 사업이 커지든 그렇지 않든 간에 이들은 기업가로 불린다. 그렇다면 성장하는 기업의 전문경영인(Chief Executive Officers: CEOs)은 어떠한가? 이들은 회사에서 봉급을 받고, 기업의 소유권을 갖지 않으므로 아무리 고기술 고성장 기업에 종사하더라도 기업가라고 볼 수 없다. 즉 전문경영인(CEO)은 자가고용과 기업소유라는 지위 기준에서 보면 기업가의 범주에 속하지 않는다.

기업가의 지위와 관련하여 최근 자주 언급되는 기업가의 유형은 '초도기업가(nascent entrepreneur)'이다. 초도기업가는 "실제로 사업에 착수하지는 않았으나, 사업을 고려하거나 계획을 세우고 있는 개인"이다. 초도기업가는 자가고용 기업가나 소유경영자와 조직의 지위 측면에서 정의되고 있지만 이들과 달리 법적인 지위를 가지지 않는다.

둘째는 '중소기업(SMEs)'라는 표현이다. 이에 의하면 일단 대기업의 경영자들은 기업가에서 제외된다. 기업가의 범주를 중소기업에 한정시킨 것은 기존 대기업보다는 중소기업의 경영자들이 더 혁신적으로 활동한다는 Schumpeter(1911)의 생각에 근거한 것이다. 실제로 기업가정신에 대한 실증연구에서 기업규모를 기준으로 하여 많은 연구가 진행되고 있다(Audretsch, 2012, p.757).

셋째는 '창업자'라는 표현이다. 이는 기업이 창업단계에 있으며, 따라서 기업의 나이(age)가 적어야 한다는 것이다. 다시 말해서 기존의 성숙단계에 있는 오래된 기업은 기업가의 정의에서 제외된다. 이 역시 새로운 기업이 '창조적인 파괴(creative destruction)'의 주역이 되면서 기존의 오래된 기업을 대체한다는 슘페터의 주장에 근거하고 있다(Audretsch, 2012, p.757).

2) 기능에 따른 정의

기업가는 기업가가 하는 일이 무엇이냐에 따라서 정의되기도 한다. 즉 "기업가란 기업가가 하는 일 자체(an entrepreneur is what an entrepreneur does)"라는 것이다. 만약 기업가의 기능이 기술혁신활동이라면, 기술혁신을 수행하는 그 어느 누구도 지위에 관계없이 기업가가 될 수 있다. 또 기업가의 역할이 위험감수라고 하면, 위험을 감수하는 그 어느 누구도 기업가로 불릴 수 있다.

3) 조직으로서의 기업가

앞에서 소개한 지위 혹은 기능에 따른 기업가의 정의는 암묵적으로 한 '개인' 혹은 '사람'을 전제로 하고 있다. 그렇다면 조직 혹은 기관은 기업가가 될 수 없는가?

이에 대해시 가장 먼저 답을 제공한 경제학자는 스타우스(J.H. Stauss)였다. Stauss(1944)는 기업조직 그 자체가 기업가라고 주장하였다. 그는 소유와 경영이 분리되는 현대적 기업의 형성과정을 보면서, 기업가의 역할이 한 개인에 의해서 수행되는 것이 아니라 바로 기업에 의해서 수행된다고 하였다. 예를 들어 기업가의 역할이 위험감수(risk-taking)라면, 이는 특정 개인 혹은 계층에 의해서 우선적으로 수행되기보다는 기업조직에 의해서 수행된다는 것이다. 마찬가지로 기업가의 역할이 기술혁신이라면, '새로운 조합(new combination)'을 창출하는 기능은 특정한 의사결정 권한을 가진 개별구성원들의 총합을 통해서 사업을 영위하는 기업에 의해 수행된다고 한다(Stauss, 1944, p.122). 하지만 기업의 의사결정 단위와 과정에 대해서 자세히 설명하지 못하면서, 지난 50여 년간 스타우스(J.H. Stauss)의 주장을 발전시킨 연구를 찾아볼 수 없게 되었다(Hebert and Link, 2009).

그럼에도 불구하고 최근 기업가는 개인이 아닌 제도 혹은 시스템이 될 수 있음을 암묵적으로 주장하는 연구가 나오고 있다. 예를 들어, Hansen et al.(2000)의 'Networked Incubator(NI)'의 개념이다. NI는 관련기업, 금융기관 등 제도적 하부구조, 인적자원, 그리고 기술능력을 이미 갖추고 신생기업(incubatee)—주로 중소기업—들에게 창업에 관련된 서비스를 제공하는 하나의 시스템이다(성태경, 2000). NI의 대표적인 예는 미국의 SBVC(Softbank Venture Capital)에 의해 설립된 Hotbank로, 여기서 이루어진 활발한 조정과 네트워크의 활동을 통해 자동차 관련 인터넷 서비스업체인 Model E 등의 신생기업을 탄생시켰다. NI로 간주되기 위한 조건은, 첫째, 기업가정신을 가지고, 둘째, 규모의 경제효과를 제공하며, 셋째, 네트워크 서비스를 제공해야 한다는 것이다. 여기서 흥미로운 것은 하나의 시스템 혹은 조직이 기업가정신을 가지고 기업가적 역할을 수행한다는 것이다.[1]

---

1 더 나아가서 정부도 기업가로서 간주되는 경우도 있다. 일본이 제2차 세계대전 후 잿더미에서 경제

4) 사회적 기업가

이상에서 정의된 기업가는 기본적으로 자신만의 이윤을 추구하는 사적 기업가(private entrepreneur)이다. 그런데 최근 사회적 기업가(social entrepreneur)라는 용어가 등장하고 있다. 사회적 기업가는 "사회적 이득을 추구하는 기업가"라고 정의할 수 있다. 대표적인 예로는 미국의 벤자민 프랭클린(Benjamin Franklin, 1706~1790)을 들 수 있다. 그는 인쇄소를 경영하였지만 순수하게 사회적 기여의 관점에서 피뢰침, 다초점 안경 등을 발명하였고, 우편제도, 교육제도 등 사회 전반적인 혁신을 주도하였다.

하지만 사회적 기업가라는 용어가 등장한 것은 최근의 일이다. 이 용어는 아쇼카(Ashoka)[2]의 설립자겸 대표인 드레이튼(W. Drayton)이 1972년 처음 사용하면서 확산되었다. 그에 의하면 사회적 기업가는 사회가 당면하는 문제(예: 환경, 의료, 복지)를 혁신적으로 해결하는 개인들로 정의된다.

문제는 사회적 기업가가 창업하는 사회적 벤처기업들은 비영리조직이어야만 하는 것이다. 물론 사회적 기업가는 자발적 조직 혹은 비영리조직과 연관되어 있지만 최근 이윤을 추구하는 비즈니스 모델을 채용하는 많은 사회적 기업들이 나타나고 있다.

참고로 최근 '생산적 기업가(productive entrepreneur)', '비생산적 기업가(unproductive entrepreneur)', 그리고 '파괴적 기업가(destructive entrepreneur)라는 용어가 등장하고 있는데, 이는 각각 사회적 수익률이 (+), (0), (-)인 경우를 말한다. 당연히 사회적 기업가의 사회적 수익률은 보통의 사적 기업가에 비해서 매우 높을 것이다.

5) 종합

이상에서 살펴본 바와 같이 기업가는 여러 가지 기준에 의해 다양하게 정의되고 있다. 이러한 정의들은 연구목적 혹은 활용분야에 따라서 다르게 사용된다. 먼저 지위를 기준으로 한 정의는 통상적으로 경영학 분야에서 많이 쓰인다. 그러나

발전을 이룩하자, 통산성을 중심으로 한 정부의 역할은 가히 '기업가적(entrepreneurial)'인 것으로 평가되고 있다. 또한 Link and Link는 2009년 *Government as Entrepreneur*라는 책을 출간하였는데, 이 역시 정부라는 조직을 하나의 기업가로 보는 사례라고 할 수 있다.

2 아쇼카는 전 세계적으로 사회적 기업가를 발굴하여 지원하는 비영리조직이다.

자가고용된 사람을 기업가로 정의하는 것은 문제가 있다. 왜냐하면 기업가는 혁신을 통해서 경제를 변혁시키는 사람인데, 자가고용된 사람은 철물점의 예에서처럼 혁신적인 역할을 수행하지 않을 수도 있기 때문이다. 또한 기존기업의 전문경영자를 소유권이 없다는 이유로 기업가로 보지 않았으나, 일부 전문경영자들은 상당히 혁신적일 수 있다. 따라서 자가고용된 사람은 기업가를 정의함에 있어서 필요조건도 충분조건도 아니다(Henrekson and Stenkula, 2010, p.595). 기업가정신 연구 분야에서 '기회에 의한 기업가(opportunity entrepreneur)'와 '필요에 의한 기업가(necessity entrepreneur)'를 구분하는 경우를 볼 수 있는데, 필요에 의한 기업가는 창업 외에 생계를 위한 다른 대안이 없거나 현상황이 만족스럽지 못할 경우 창업하는 기업가이다. 따라서 필요에 의해서 자가 고용된 사람은 진정한 의미에서 기업가라고 보기 어렵다(Reynolds et al., 2002)[3]

한편 기능에 따른 정의는 경제학, 행동이론, 심리학, 사회학 등 이론분야에서 많이 선호되고 있다. 경제이론의 관점에서는 기업가를 노동, 자본, 토지, 기술 등과 마찬가지로 하나의 생산요소로 볼 수 있다. 그러나 하나의 독립적인 생산요소가 아니라 이윤을 목적으로 노동, 자본, 토지, 기술 등 다른 생산요소들을 결합하는 기능을 수행하는 개인으로 정의된다.

2.2 기업가정신

흔히 신사(gentleman)는 태도가 바르고 부드러운 사람으로서, 신사적일수록, 즉 태도가 바르고 부드러울수록 신사도(gentlemanship)가 강하다고 한다. 따라서 신사도는 신사가 될 수 있는 자질을 말한다.

기업가와 기업가정신의 관계도 이와 마찬가지이다. 기업가정신은 기업가가 될 수 있는 자질 혹은 행동특성이다. 만약 기업가가 사업기회를 잘 포착하여 이를 상

3 '필요에 의한 기업가'와 '기회에 의한 기업가'에 대응하여 각각 '견인효과(pull effect)'와 '추동효과(push effect)'라는 용어도 종종 사용된다.

업화함으로써 경제적 이득을 얻는 사람이라면, 기회포착능력과 상업화능력이 기업가정신을 구성한다. 실제로 기업가정신은 "전에 존재하지 않은 노력을 통해서 기술혁신을 달성하기 위해서 기회를 발견하고, 평가하며, 활용하는 활동"으로 정의된다(Venkataraman, 1997; Shane and Venkataraman, 2000; Shane, 2003).

한편 기업가정신은 성과측면에서도 정의될 수 있다(Audretch, 2012). 즉 개인, 조직, 기업의 유형에 관계없이 고성과를 낼수록 '기업가적(entrepreneurial)'이라는 것이다. 이러한 성과기준에 의하면 새로운 혁신성과 혹은 기업성과를 달성한 기업가는 기업가정신이 충일한 사람이라고 할 수 있다. 그렇다면 우리가 주변에서 흔히 보는 창업자들의 기업가정신은 어떠한가? 이들도 자신이나 가족들을 위해서 가치를 창출하고 소비자잉여를 제공한다는 측면에서 기업가정신을 가지고 있다. 그러나 신약을 개발하여 새로운 바이오기업을 설립하는 기업가에 비해서는 덜 '기업가적(entrepreneurial)'이라고 평가할 수 있다.

2.3 기업가적 과정

기업가, 기업가정신 등과 함께 실무적인 측면에서 많이 사용되는 용어가 '기업가적 과정(entrepreneurial process)'이다. 기업가적 과정은 창업과정이라는 용어와 동의어로 쓰이기도 하지만, 창업 후의 활동도 포함하는 보다 광범위한 개념이다.

다행히 기업가적 과정에 대해서는 학자들 간에 의견의 일치를 보이고 있다. 〈그림 2-1〉은 기업가적 과정을 단계별로 잘 보여주고 있다. 즉 기업가적 과정은 기회의 인식단계 → 착수단계 → 소요자원조달단계 → 창업단계 → 성장단계 → 성과회수단계 등 6단계로 이어진다. 그림에서 보는 바와 같이 각 단계는 개인차원의 변수(예: 동기, 기능, 기업가특성), 그룹차원의 변수(예: 아이디어, 생산요소, 고객), 그리고 사회경제적 변수(예: 정부정책, 경제여건, 기술)에 의해서 영향을 받는다.

기업가정신을 경영학적 측면에서 분석하는 책들은 대부분 이러한 기업가적 과정에 따라서 내용을 전개하고 있다. 본서는 기업가정신을 경영학적 관점에서 다루기 때문에 기업가적 과정 혹은 활동단계를 기준으로 구성되어 있다.

그림 2-1 **기업가적 과정**

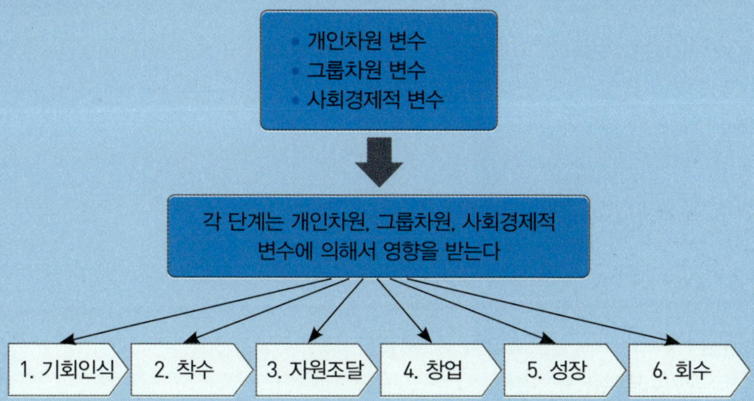

자료: Baron and Shane(2008), p.16.

2.4 사내기업가정신

사내기업가정신(corporate entrepreneurship)은 "이미 설립된 기업 내에서 종업원들이 현재의 자원상황에 구애받지 않고 기회를 포착하여 활용하는 과정"으로 정의된다. 예를 들어 기업가적인 관리자는 고객이 직면하는 문제들을 해결할 수 있는 새로운 기술들을 결합하고, 이를 시장수요에 연결하여 새로운 가치를 창출하는 활동을 수행한다. 이러한 과정은 핵심적인 아이디어를 통해서 새로운 벤처기업을 탄생시키기도 하지만 기존기업의 변형을 가져오기도 한다.

사내기업가정신 구현의 대표적인 예로 구글(Google)을 들 수 있다. 구글은 40개국이 넘는 지역에 16,000명의 종업원을 채용하고 있다. 구글의 임무는 "세상의 정보에 누구나 접근할 있도록 하는 것"이며, 이에 따라 구글 뉴스가 개발되었다. 구글 뉴스는 크리시나 바라트(Krishna Bharat)라는 종업원의 아이디어에서 출발되었다. 그는 2001년 9.11 테러 사건 이후 뉴스중독자가 되었고 각종 뉴스사이트로부터 많은 정보를 수집하여 자신의 아이디어에 맞는 뉴스제공 수단을 제작하였다.

이 아이디어는 구글 사이트가 완벽한 뉴스 서비스를 제공하는 데 활용되어졌다. 이처럼 구글에서 종업원들이 아이디어를 상품으로 개발할 수 있는 것은 사내기업가정신을 구현하는 프로세스가 있기 때문이다. 특히 '구글 아이디어'는 종업원들의 아이디어 저장소 역할을 한다. 이를 통해서 구글 종업원들은 아이디어를 공유할 수 있다. 종업들이 제안한 각각의 아이디어에 대해 점수가 매겨지며, 5점은 '당장 실행하라'는 뜻이라고 한다.

2.5 기업가에 대한 보수: 이윤

생산과정에서 생산요소 공급자들은 대가를 받는다. 즉 노동에 대해서는 임금, 자본에 대해서는 이자, 그리고 토지에 대해서는 지대를 받는다. 물론 기업 입장에서 임금, 이자, 지대는 생산비용이다.

그렇다면 이윤(profit)은 무엇인가? 이윤은 기업가에 대한 보수이다. 따라서 이윤율은 기업가적 활동에 대한 가격이라고 할 수 있다. 이윤은 총수입에서 총비용을 뺀 나머지이므로 비용을 어떻게 보느냐에 따라서 이윤의 개념이 달라지므로 먼저 비용에 대해서 알아보자.

1) 기회비용

경제학에서 말하는 비용의 개념은 기회비용이다. 즉 특정 재화의 생산에 요소를 투입하면, 다른 재화의 생산 기회가 포기된다는 사실에 근거하여 비용을 정의한다. 기회비용의 관점에서 기업의 생산비용은 다음과 같이 정의 내릴 수 있다.

> X재라는 재화의 생산비용은 기업이 고용하는 요소공급자(노동자, 기계소유자, 토지소유자)들이 X재의 생산에 전념하게끔 지불해야만 하는 화폐액(임금, 이자, 지대)이다.

여기서 말하는 화폐액은 명시적 비용(explicit cost)뿐만 아니라 암묵적 비용(implicit cost)도 포함한다. 명시적 비용이란 기업이 소유하지 않는 요소에 대해 지불하는 돈이다. 명시적 비용은 흔히 회계사나 경리직원이 사용하는 개념이다. 즉 회계학에서는 비용을 단순히 기업 외부에서 노동, 원재료, 연료, 전력 등을 제공하는 요소소유자에게 기업이 그 대가로 지불하는 금액으로 보고 있다.

그러나 기업은 생산을 위해 직접 요소를 소유하며, 이에 대해서도 비용이 발생한다. 왜냐하면 기회비용이란 생산요소를 누가 소유 또는 고용하고 있느냐에 관계없이 발생하기 때문이다. 바로 기업이 내부적으로 보유하고 있는 요소에 대해서 발생하는 비용이 암묵적 비용으로, 기업에 있어서 암묵적 비용은 자가고용된 요소가 다른 용도로 사용되었을 때 얻을 수 있는 화폐액이다. 예를 들어 갑이라는 사람이 동네에서 자기소유의 점포와 자본금을 가지고 식품점을 부인과 함께 운영하고 있다고 하자. 그는 명시적인 임대료나 임금은 지불하지 않지만 암묵적인 임대료와 임금은 발생하고 있다. 왜냐하면 자기소유의 건물을 식품점으로 이용함으로써 갑은 타인에게 임대했을 경우 얻을 수 있었던 임대료—예를 들어 월 100만원—를 희생하고 있으며, 이와 마찬가지로 그와 부인의 노동력과 자본을 자신의 식품점에 투입함으로써, 만일 그와 부인이 다른 회사에 고용되거나 그의 자본을 타인에게 대여했더라면 얻을 수 있는 임금과 이자를 희생하고 있는 것이다. 뿐만 아니라 갑은 그 자신의 기업경영능력을 식품점 경영에만 전념시킴으로써 그렇지 않으면 다른 회사에서 발휘하여 얻을 수 있었던 소득도 포기하고 있는 것이다. 이와 같이 생산요소를 고용한 대가로 기업 외부에 돈을 지급하지는 않았지만 마땅히 생산비용에 넣어야 할 비용을 경제학에서는 암묵적 비용이라 한다. 이상을 요약하면 다음의 관계가 성립한다.

기회비용(경제적 비용) = 명시적 비용(회계적 비용) + 암묵적 비용

2) 정상이윤

앞의 예에서 갑은 기업가로서의 능력과 재능을 식품점 경영에 투입하고 있는데, 이와 같이 기업가능력이 어떤 용처—앞의 예에서는 식품점—에 계속 투입되도록

하기 위해 지급되어야 하는 최소한의 보수를 정상이윤(normal profit)이라고 한다. 혹시 일부 독자들은 정상이윤이 말 그대로 이윤이지 왜 비용개념에 포함되느냐고 물을 수도 있다. 그러나 경영능력도 자기소유의 요소이므로 암묵적 임금이나 암묵적 이자와 마찬가지로 암묵적 비용이다. 만일 기업가가 이러한 최소한도의 이윤을 얻지 못한다면 그의 기업가로서의 능력을 다른 재화의 생산으로 돌리거나, 혹은 개인에 따라서는 사업을 포기하고 고용살이를 희망할 것이다. 요컨대 경제학에서 말하는 비용은 재화의 생산과정에서 고용되는 모든 생산요소에 대해서 지급되는 일체의 지급액을 말하는 것으로서, 명시적 비용은 물론이고 정상이윤을 포함하는 암묵적 비용까지 포함하는 개념이다.

3) 경제적 이윤(순수이윤)

앞의 비용분석을 통해 독자들은 이윤에 대해서 경제학과 회계학에서 각기 그 해석을 달리하고 있음을 짐작할 수 있었을 것이다. 〈그림 2-2〉에서 보는 바와 같이 회계학에서 말하는 이윤은 총수입에서 명시적 비용만을 뺀 잔여분이라고 보나, 경제학에서는 총수입에서 기회비용을 뺀 것이다. 기회비용은 명시적 비용과 암묵적 비용(정상이윤 포함)을 합한 금액이다.

그러므로 경제학자가 "A기업은 비용을 보상받고 있다"라고 말할 경우, 그가 의미하는 것은 모든 명시적 비용과 암묵적 비용이 '커버'되고 있으며, 따라서 A기업의 기업가는 기존재화의 생산에 그의 경영능력을 계속 투입하기에 충분한 수입을 얻고 있다는 것이다. 만약 기업의 총수입이 기회비용을 초과할 경우 잔여분은 기업가에게 귀속되는데, 이 잔여분을 경제적 이윤(economic profit) 혹은 순수이윤(pure profit)이라고 부른다. 즉,

경제적 이윤(순수이윤) = 총비용 − 경제적 비용(기회비용)

순수이윤은 기업가로 하여금 특정재화 생산에 계속 종사하도록 하는 데 필요한 정상이윤을 초과하는 수입이기 때문에 비용이 아니다.

그림 2-2 경제적 이윤과 회계적 이윤

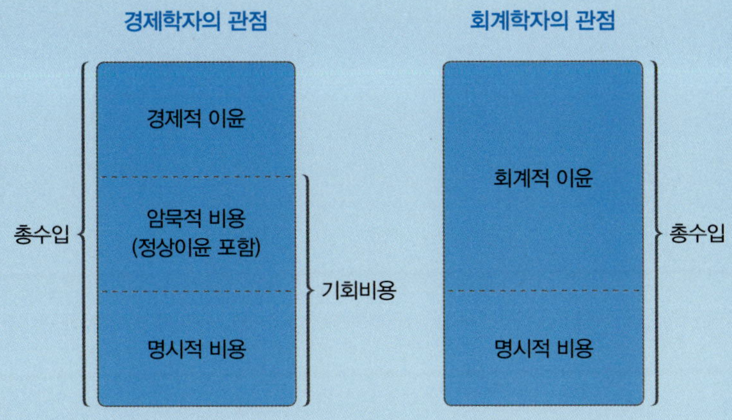

4) 이윤의 역할

기업가적 활동에 대한 대가인 이윤은 자본주의(혹은 시장) 경제체제를 움직이는 '힘'이라 할 수 있다. 이윤은 생산요소의 고용수준은 물론이고 생산요소의 사용처간 배분에도 영향을 미친다. 혁신의 유인은 이윤 혹은 이윤에 대한 기대이며, 혁신은 다시 투자를 촉진하여 소득 및 고용수준을 증대시킨다. 혁신은 경제성장과정에서 필수적인 것이며, 대부분의 경우 혁신의 배후에는 이윤추구동기가 개입되어 있다.

한편 이윤은 자원의 효율적 배분을 가능하게 한다. 기업가는 이윤을 추구하는 동시에 손실을 회피하며, 경제적 이윤의 발생은 곧 사회가 이윤이 발생된 산업의 확장을 원하고 있다는 신호가 된다. 사실상 이윤은 생산 확장의 유인에만 그치는 것이 아니라 기업설비 확장의 재원이 된다. 반대로 손실은 그 생산이 축소되어야 한다는 신호가 된다.

3

Chapter 03

기업가의 역할 및 자질

"

이 장에서는 기존의 기업가이론을 바탕으로 기업가의 역할 및 자질을 살펴보고,
적용사례로서 한국의 기업가에 대하여 알아본다.

"

기존의 기업가이론들은 기업가의 기능 측면에서 다음 다섯 가지 접근방법으로 구분해 볼 수 있다. 첫째는 소득의 분배측면으로, 이윤의 본질을 논의하는 과정에서 제기된 위험감수자(risk-bearer)로서의 기업가의 역할이다. 이 관점은 프랑스의 경제학자인 깡띠옹(R. Cantillon)[1]에 의해 시작되었다.[2]

둘째는 시장과정에 초점을 맞추는 접근방법으로 기업가를 거래중재자(arbitrageur)로 본다. 이는 오스트리아학파에 의해 전개된 이론으로 완전경쟁시장에 대한 왈라스적(Walrasian) 정태적 개념을 비판하는 과정에서 제기된 동태적인 접근방법이다. 이는 최근에 커즈너(I. Kirzner)에 의해서 정교화되었다.

셋째는 기업가를 생산요소의 조정자(coordinator)로 보는 세이(J.B. Say)의 관점이다. 세이는 깡띠옹의 이론을 확장시키는 한편, 오스트리아학파에 의한 동태적 분석의 실마리를 제공하였다.

넷째는 기업가를 기술혁신자로서의 보는 슘페터적(Schupeterian) 관점이다. 슘페터(J. Schumpeter)는 기술혁신을 경제발전의 원동력으로 보고, 기술혁신의 수행자로서 기업가의 역할을 강조하였다.

다섯째는 기업가를 의사결정자로 보는 관점으로 나이트(F.H. Knight)에 의해 제기되어 카슨(M. Casson)에 의해서 이론이 구체화되었다. 이와 같은 기준에 의해 각 경제학자들이 주장한 기업가의 정의, 행동유형, 시장 및 생산과정에서의 역할, 그리고 기업가에 대한 보수로서의 이윤의 본질에 대해서 살펴보고자 한다.

---

1 경제학자의 우리말 표기는 박기혁(1989)을 참조하였다.

2 고전학파 경제학, 특히 영국에서는 기업가에 대한 정교한 설명을 제공하지 않았고, 이는 19세기말과 20세기에 이어진 신고전학파에서도 마찬가지였다(Baumal, 1968; Ricketts, 1994). 양대 이론에서는 '자연'가격 혹은 '균형'가격의 결정이 주요 관심사였으며, 균형에 이르는 과정보다는 최종적인 균형상태에 초점을 맞추었기 때문에 기업가의 분명한 역할에 대해서 논의가 이루어지지 않았다. 기업가에 관한 경제이론이 시작된 곳은 프랑스였고, 오스트리아학파에서 다루어져 오다가, 최근에는 1980년을 전후로 하여 기업가의 경제이론을 정교화하려는 노력이 활발하게 이루어져 왔다.

3.1 위험감수자

기업가를 불확실성 혹은 위험의 감수자로 보는 관점은 생산요소별 소득분배를 논의하는 과정에서 도출되었다. 경제학에서 이윤은 소득 중 임금, 이자, 지대를 지급한 후에 남는 잉여로 정의되므로 완전한 정보, 자유로운 진입 및 퇴출, 동질적 제품 등의 조건이 만족되는 완전경쟁시장에서는 장기적으로 정상이윤만 얻게 되고 경제적 이윤은 0이 될 것이다. 이 경우에는 기업가에 대한 논의가 전혀 필요하지 않게 된다. 그러나 현실적으로 불확실성이 존재하며, 이를 감수한 대가가 이윤이라는 생각이 대두되었다. 이와 관련된 기업가의 역할은 세 가지로 구분될 수 있다. 즉 투기자로서의 기업가, 불확실성의 판단자로서의 기업가, 그리고 소유자로서의 기업가 등이다.

1) 투기자로서의 기업가

경제활동에서 처음으로 불확실성의 중요성을 강조함으로써 투기자로서의 기업가의 역할을 언급한 사람은 프랑스 경제학자이자 투기자였던 깡띠옹이었다. 그는 상품을 구입하여 판매하는 투기적인 중간상인(middleman)은 미래시점에서의 시장상황에 대해서 완전한 정보를 가지지 못한다고 전제한다. 그러나 중간상인은 현재시점에서 미래상황에 관계없이 제품공급자에게 정해진 확실한 가격을 지불해야 하므로, 중간상인은 불확실성을 감수하는 전문가가 될 수밖에 없다고 주장하였다. 그는 다음과 같이 기술하고 있다.

> 중간상인은 구입하는 농산물에 대해서 농부에게 고정된 가격, 즉 구입하는 시점에서의 시장가격을 지불해야만 한다. 그가 이 일에 착수하는 것은 농산물을 판매하는 미래시점에서 불확실한 가격이 수송비용을 지불하고도 이윤을 가져다 줄 것으로 기대하기 때문이다. 그러나 농산물 가격의 수시적인 변동은—비록 큰 폭이 아닐지라도—이윤을 불확실하게 만든다(Cantillon, 1755, p.49)

이 점은 생산자에게도 마찬가지이다. 즉 생산자도 제품의 판매에 대해서 확실한 계약 없이 자원을 동원해야 하므로 불확실성이 가져다주는 비용을 감수해야 한다.

깡띠옹의 이러한 주장에 의하면 모든 경제주체는 크게 두 그룹으로 구분된다. 하나는 고정된 소득을 받는 그룹이고, 다른 하나는 자신의 소득은 미래에 불확실할지라도 고정된 소득을 지불하기로 약속하는 그룹이다. 미래에 소득이 불확실하게 되는 이유는 고정된 소득을 받는 사람들이 안정적이고 예측 가능한 규칙에 따라서 제품을 구입하기보다는 필요한 경우에 약간의 제품만을 구입하는 경향이 있기 때문이다. 깡디옹은 이와 같이 불확실한 소득에 의존하는 사람은 그가 노동자이든, 지주든, 자본가이든, 농부이든 상관없이 기업가라고 보았으며, 고정된 소득에 의존하는 사람들을 종업원으로 정의하였다.

요컨대 깡띠옹의 소득분배이론은 얻게 되는 소득의 유형에 초점을 맞추고 있으며, 불확실한 소득을 받는지의 여부가 기업가의 정의에 있어서 핵심적인 요인이 된다. 즉 지출은 확실하지만 소득이 불확실한 상황에서 경제활동을 영위하는 사람은 어떤 개인도 기업가가 될 수 있다고 보았다.

2) 불확실성의 판단자로서의 기업가

Knight(1921)는 기업가를 불확실성의 비용을 감수하도록 준비된 전문가로 정의하고, 이에 대한 대가로서 경제적 이윤을 수취한다고 보았다. 기업가의 역할은 불확실한 미래에 대해서 판단을 하는 것이고, 이러한 기능과 연관된 보상, 즉 위험감수에 대한 대가가 바로 이윤이라는 것이다. 더 나아가서 그는 위험과 불확실성을 구분함으로써 이러한 생각을 보다 발전시켰다. 나이트는 불확실성을 사전적으로 혹은 통계적인 추정에 의해서 상이한 결과가 발생할 확률이 결정될 수 없는 상황으로 정의한다. 반면에 위험은 반복되는 관찰에 의해서 상이한 결과가 발생하는 상대적인 빈도를 추정하는 것이 가능한 상황과 관련되어 있으며, 전반적인 위험은 보험에 의해서 감소될 수 있다고 보았다.

그는 순수이윤이 발생하는 근거는 측정 가능한 위험에 있는 것이 아니라 측정

불가능한 불확실성에 있다고 주장한다. 불확실성은 전례가 없거나 혹은 유사한 사례가 평가될 수 없는 독특한 상황에서 발생한다. 거꾸로 말하면 위험은 상당 폭의 기업가치의 변동을 초래하는 충격을 유발하지 않는다. 즉 특정한 형태의 위험상황이 정규적으로 발생하더라도, 이는 기업의 이윤흐름의 변동에 측정 가능한 효과를 갖는다. 그러나 불확실한 상황이 발생하면, 기업가치는 재평가될 필요가 있을 정도로 변화되고, 이러한 기대하지 않은 충격은 기업가에게 이윤, 즉 기대하지 않은 이득을 가져다준다는 것이다.

그는 불확실성의 상황하에서 기업가의 일차적 역할은 기업활동을 수행하는 것이 아니라 무엇을, 어떻게 할 것인가를 결정하는 것이라고 보았다(Knight, 1921, p.268). 즉 다양한 목표가 어떻게 달성되며, 어떠한 목표가 가치 있는 것인가를 결정하는 일이 바로 기업가의 역할이라는 것이다. 이때 요구되는 기업가의 자질은 예견력(foresight)과 자신감(confidence)이라고 한다.[3] 개인마다 예견력이 다르며, 시장경쟁은 다른 사람에 비해 예견력이 큰 사람을 생산의사결정에 전문화하게 만든다고 보았다.

3) 소유자로서의 기업가

미국의 경제학자인 호울리(F.B. Hawley)는 1907년에 집필한 「기업과 생산과정」이라는 저서를 통하여 기업가를 불확실한 상황하에서 소유권을 통해 책임을 지는 사람으로 보았다. 기업가는 생산의 동인(動因) 혹은 목적으로 노동, 자본, 토지 등 생산수단을 통제하는 역할을 수행하는데, 자신의 의사결정하에 생산수단을 임의로 사용하기 위해서는 생산수단에 대한 소유권을 가져야 한다는 것이다. 물론 생산되는 산출물의 소유권도 기업가가 갖게 된다. 즉 기업가는 소유권을 가짐으로써 생산수단과 산출물을 통제한다. 이때 문제는 기업가가 불확실한 상황에서 이러한

3 나이트는 예견력 있고 자신감 넘치는 사람은 기업가로서 위험을 전제하고, 소심하고 의심 많은 사람들에게 특정한 소득을 보장함으로써 위험을 회피하게 해준다고 주장한다(Knight, 1921, pp. 269~270). 그렇다고 하여 예견력 있고 자신감 넘치는 기업가가 항상 소심하고 의심 많은 사람을 고용하거나, 기업가는 하나의 기업을 소유하거나 조직해야 한다는 것은 아니다.

활동을 수행한다는 것이다. 만약 산출물이 파손되거나, 경쟁기업이 보다 좋은 제품을 생산하여 고객을 빼앗거나, 기타 다른 불확실한 사건이 기업가를 파멸시킨다면, 그 부담은 결국 책임 있는 소유자로서의 기업가가 지게 될 것이다.

호울리는 기업가는 소득분배의 주체로서 수요공급의 원리에 따라서 노동에 대해서는 임금을, 자본에 대해서는 이자를, 토지에 대해서는 지대를 각각 지불하고, '불확실한 남는 소득'을 이윤으로 가지게 된다고 보았다. 바로 이러한 이윤은 불확실한 상황하에서 소유에 대한 대가라고 하였다. 더 나아가서 이윤이 모든 인간의 생각 및 행동의 유일한 원천으로, 이러한 이윤을 얻는 기업가는 단순한 생산요소가 아니라 불확실성의 감수자이며, 활동의 동기부여자라고 주장하였다.

3.2 중개자

기업가를 동태적인 시장과정에서 중개자로 보는 관점은 오스트리아학파에 의해서 발전되었다. 오스트리아학파의 창시자인 멩거(C. Menger)는 기업가의 가장 중요한 역할은 계속되는 불균형의 상태하에서 자원배분을 지시하고 수정하는 일이라고 보았다. 그는 위계적 생산관계 속에서 기업가는 투입자원의 배분 및 산출물의 유형을 결정하는 역할을 수행하므로 가장 높은 위계에 있는 생산요소라고 보았다. 또한 자원배분을 올바로 수행하기 위해서는 기업가는 정보가 필요하고, 그것을 분석할 능력을 가져야 함을 강조하였다.

이러한 생각은 하이에크(F.A. Hayek)로 이어졌다. 하이에크는 신고전학파 경제이론이 정태적인 시장균형의 개념에 바탕을 두고 있기 때문에 기업가에 대한 분석이 결여될 수밖에 없다고 주장한 최초의 경제학자이다. 그에 의하면, 균형을 전제하는 것은 완전한 정보를 가정하는 것이나 마찬가지인데, 경제현실은 하나의 균형을 향한 조정과정이며, 이 과정은 지식의 획득과 교류를 포함한다고 보았다. 그는 다음과 같이 기술하고 있다.

어떠한 조건들하에서 사회의 상이한 구성원들의 지식과 의도는 한 곳으로 점차 수렴해 가며, 구체화되어 갈 것이다. 사람들의 기대, 특히 기업가들의 기대는 올바른 것으로 판명되어질 것이다. 단지 문제가 있다면 그것은 우리가 아직도 (a) 이러한 현상이 진행되는 조건들과 (b) 개인들의 지식이 변화되는 과정의 본질에 대해서 모르고 있다는 점이다(Hayek, 1949, p.45).

이러한 문제제기에 대해서 그는 가격기구에 바탕을 둔 자발적인 교환의 분권화된 과정, 즉 시장과정을 답으로 제시하였다. 그는 현실세계를 획기적인 발명(혹은 지식)보다는 특정시대와 장소에서 개인의 요구에 따른 기술변화, 즉 점진적인 기술진보가 진행되는 과정으로 보고, 시장이 개인들로 하여금 자신들의 기술지식을 다른 사람에게 전하게 할 뿐만 아니라 다른 사람이 이룩한 기술진보를 배우게 한다고 하였다. 그리고 이것이 개인들로 하여금 그들의 의사결정을 조정하게 하고, 그럼으로써 균형상태로 움직인다고 보았다.

이와 같은 시장과정 및 기업가의 역할에 관한 오스트리아학파의 견해에 대해서 Kirzner(1979)는 보다 정교한 분석을 제공하였다. 그에 의하면 바로 가격조정, 즉 시장이 균형으로 향하도록 하는 동인(動因)이 기업가이다. 이때 기업가에게 요구되는 유일한 자질은 기회포착능력(alertness to opportunity)이다. 다시 말하면 기회에 대해서 경각심을 갖는 사람의 집단을 기업가로 정의하였다.[4] 그에 있어서 기업가는 생산과정에서 조정기능이나 관리기능 등의 특정한 능력을 가진 존재도 아니다. 그는 다음과 같이 기술하고 있다.

기업가가 필요로 하는 것은 단지 구매자가 '너무' 많이 지불하는 곳이 어디인지와 판매자가 '너무' 적게 받는 곳이 어디인지를 찾아서, 그 상품을 좀 더 비싸게 구매하여 좀 더 싸게 판매하겠다고 제안함으로써 양자의 갭을 메워주는 것이다. 이러한 활용되지 않은 기회를 발견하는 데는 경각심이 요구된다. 계산, 최적화, 효율 등은 이러한 지식에 도움이 되지 못할 것이다(Kirzner, 1973, p.41).

4 이와는 달리 커즈너의 스승이었던 미제스(L. von Mises)는 모든 사람은 기업가적인 자질, 즉 기회포착능력을 가지고 있다고 보았다.

기업가에 대한 커즈너의 접근방법은 교환으로부터 이득 중 소진되지 않은 이득을 생각하고 있다는 것이다. 시장의 불균형은 무지(無知)에 연유하며, 무지가 이윤창출가능성의 직접적인 요인이다. 기대는 환경에 대한 인식의 오류 때문에 실현되지 않는다. 이 상황에서 커즈너는 기업가를 학습능력이 있는 사람으로 보았다. 즉 기업가는 새로운 정보의 관점에서 과거의 의사결정을 재평가할 능력을 가지고 있는 것이다. 위의 인용문에서 언급한 바와 같이 기업가는 시장중개자의 역할을 수행함으로써 이윤을 얻을 수 있다. 점차적으로 기업가 간의 경쟁이 심해지면 가격이 조정되면서 시장은 균형으로 수렴하게 된다.

커즈너에 있어서 기업가는 생산요소가 아니므로 임금, 지대, 이자 등과 같이 취급되지 않으며, 기업가의 수입은 시장중개인의 역할에 대한 보수이다. 즉 기업가가 받는 순수이윤은 구입가격과 판매가격의 차이이다(Kirzner, 1973, p.48). 어떤 수입이 기업가가 인식한 기회에 근거하여 행한 의사결정에 연유한 것이라면 그것은 이윤이 되지만, 단순히 자산의 판매에 의한 것이라면 이윤이 아니라는 것이다. 이러한 이윤에 대한 기대가 기업가를 행동에 착수하게 하는 동인이며, 기업가는 시장과정의 동인이 된다는 것이 그의 이론의 핵심이다.

한편 드러커(P. Drucker)는 변화에 초점을 맞춤으로써 커즈너의 기업가와 궤를 같이 하는 기업가이론을 전개하였다. 그는 기업경영의 관점에서 다음과 같이 기술하고 있다.

> 기업가는 변화를 일상적이고 바람직한 것으로 본다. 통상적으로 그들은 스스로 변화를 유발하지는 않는다. 그러나 기업가는 항상 변화를 추구하고, 변화에 반응하며, 변화를 기회로서 활용한다. 바로 변화가 기업가 및 기업가정신을 규정한다(Drucker, 1986, p.42).

즉 기업내부에서 초점은 비교 정태적인 것보다는 동태적인 것에 두어져야 하며, 새로운 기회를 활용하여 이를 자본화할 수 있는 기업가정신이 개발되어야 함을 강조하고 있다. 특히 드러커는 기업가정신이 개인들로 구성된 하나의 그룹에 국한되지 않는다고 주장하였다. 기업가는 특정한 자질을 가지고 태어난 사람이 아니며, 기업가적 행동은 경쟁우위를 획득하기 위하여 기존의 기업조직에 속해 있는 개인들 간에 발전되어진다고 보았다.

3.3 생산의 조정자

프랑스의 경제학자이자 자신이 직접 사업을 경영했던 세이는 깡띠옹의 영향을 받아 기업가에 관한 비교적 명확한 이론을 전개하였다. 그는 기업가를 깡띠옹과 마찬가지로 불확실성의 감수자로 보았다. 그는 불확실성에 대해서 다음과 같은 관점을 가지고 있었다.

> 복잡한 경영활동의 과정에서 극복되어야 할 장애, 억제되어야 할 걱정, 보상받아야 할 재난, 그리고 고안되어야 할 임시조치가 수없이 기다리고 있다(Say, 1803, p.285).

세이에 의하면 기업가는 기대되지 않은 문제들을 해결하는 전문가로 간주된다. 그러나 기업가에 대한 그의 관점은 불확실성의 감수자로서보다는 조정자로서의 기업가의 역할에 초점이 맞추어져 있다. 그는 다음과 같이 기술하고 있다.

> (기업가는) 사업뿐만 아니라 세상물정에 관한 지식, 판단, 그리고 인내력을 갖추어야 한다. 그는 상당한 정도의 정확도를 가지고 특정제품의 중요성, 잠재수요량, 그리고 생산을 위한 수단들에 대해서 일괄적으로 추정해야 한다. 그는 다수의 종업원을 고용해야 하며, 한편으로는 원재료를 구매하고, 소비자를 찾아 나서며, 경제 및 질서에 대해 부단 없는 관심을 기울여야 한다. 요컨대 그는 관리 및 감독의 기술을 소유해야 한다(Say, 1803, p.285).

이상과 같이 그는 기업가를 생산요소를 결합 조정하는 능력을 갖춘 특이한 존재로 정의하였다. 특히 깡띠옹이 상정했던 단순한 거래상황에서와는 달리 기업가는 다양한 상품 및 생산요소시장에서의 이윤창출가능성에 대해서 계산을 한다고 보았다. 따라서 기업경영이 성공하려면, 기업가는 요구되는 모든 자질을 갖추어야 한다고 주장하였다.

더 나아가서 세이에게 있어서 기업가는 시장경제를 작동시키는 주체였다. 그의 생산 및 분배이론에 의하면, 생산요소는 인적자원, 자본, 그리고 자연자원으로 구분되고, 다시 인적자원은 다시 이론가, 기업가, 노동자 등으로 구성되는데, 그는 기본적으로 인적자원이 자본과 자연자원을 '통제(command)'하며, 인적자원 중에서는 기업가가 이론가의 이론을 현실에 적용하여 노동자에게 구체적인 일을 지시하는 가장 중요한 역할을 수행한다고 보았다. 그리고 생산의 조정자인 기업가에게 돌아가는 임금이 바로 이윤이라고 보았다.

따라서 세이에 있어서 기업가의 활동은 기본적으로 시장과정과 연관을 맺고 있다. 즉 기업가가 행동을 취하지 않고는 시장과정은 결코 변하지 않는다. 그러므로 조정과정에서의 기업가의 역할, 즉 불균형상태하에서 시장과정을 조정하는 기업가를 상정할 수 있다. 이러한 생각은 앞에서 살펴본 오스트리아학파의 이론의 바탕이 되었다.

최근에는 라이벤스타인(H. Leibenstein)이 기업가이론과 관련하여 세이의 주장과 궤를 같이 하고 있다. 그는 X-효율이론을 전개함으로써 세이와 마찬가지로 다양한 상이한 시장으로부터 생산요소를 효율적으로 조합하기 위해서는 성공적인 기업가가 요구됨을 강조한다.

> 어떤 한 기업이 판매 가능한 제품을 만드는데 여섯 가지의 생산요소가 필요하다면, 그들 중 다섯 가지만 조달하는 것은 소용없는 일이 될 것이다. 이러한 격차를 메우고, 생산요소를 완벽하게 조달하는 능력은 기업가의 독특한 자질이다(Leibenstein, 1968).

즉 라이벤스타인은 기업가의 역할을 요소조합의 격차메우기(gap-filling)와 요소조합의 완성(input completion)이라고 보았다. 격차메우기는 커즈너에 의해 강조된 중개자의 역할과 유사하고(Casson, 1982, p.366), 요소조합의 완성은 기존생산방법의 효율을 개선시키고 새로운 생산방법의 도입을 부추기기 위하여 가용한 생산요소를 조정하는 활동을 포함한다. 그러므로 그에 있어서 기업가정신이란 X-효율을 달성하기 위한 창의적인 노력으로 해석된다. 즉 기업가가 필요한 이유는 현실적으로 X-효율을 달성하기 위해서 최선의 노력을 하지 않는 많은 사람들이 존재하고, 이들을 고용하는 조직에서는 비효율이 발생하기 때문인데, 기업가적인 활동은 비효율적인 조직에 경쟁적인 압력 혹은 위협으로 작용한다는 것이다.

3.4 기술혁신자

어느 누구보다도 기업가의 경제적 역할에 대해서 명시적으로 다룬 사람은 슘페터였다. 그는 기업가를 기술혁신의 주체 또는 '새로운 조합(new combinations)'의 수행자로서 자본주의 경제의 엔진으로 보았다. 그에 있어서 기업가적인 활동은 경제발전과 경기변동의 궁극적인 요인이다. 따라서 슘페터의 기업가이론은 경제발전의 과정을 언급함으로써 이해할 수 있다. 그는 경제발전을 정태적인 경제상태와 대비시키면서 급격한 교란의 관점에서 다음과 같이 정의하고 있다.

> 기존의 균형상태를 영원히 변화시키는 것은 균형의 교란, 즉 경제순환의 경로에서의 불연속적이고 충동적인 변화이다. 나의 경제발전이론은 이러한 현상과 과정을 다루는 것에 불과하다(Schumpeter, 1934, p.64).

잘 알려진 바와 같이 그에 있어서 경제발전은 신제품의 소개, 신생산공정의 소개, 신시장의 개척, 새로운 원자재 공급원의 개척, 그리고 신산업조직의 창출 등 다양한 내부적인 변화로 인해 가능하다(Schumpeter, 1934, p.66). 즉 경제발전은 내생적(endogenous)인 변화로 정의되며, 인구나 부의 증가로 인한 '단순한 성장(mere growth)'은 경제발전이 아니다.

슘페터에 있어서 기업가는 시장경제에서 위와 같은 변화를 유발시키는 역할을 하는 사람이다. 이러한 기능을 수행하는 사람은 그가 독립적인 사업가이든 전문 경영인이든 상관없이 기업가라고 보았다. 그리고 사회 속에서 기업가를 희소한 자원으로 믿었다. 즉 기업가는 상상 불가능한 사건을 가져오는 비상한 사람이며, 혁명적이며, 기존의 상식을 뒤집는 혁신가로 새로운 것을 창출하는 사람이라고 보았다. 여기서 참신성이란 규모가 아니라 기술적인 견지에서이다. 예를 들어 철도나 전력 등은 물론이고 소시지나 칫솔 같은 것도 참신한 것이다. 그는 기업가는 경각심, 전문성 등 자질 면에서가 아니라 심리적인 관점에서 희소하다고 보았다. 그는 심리적인 관점에서 기업가의 동기유발요인을 다음과 같이 기술하고 있다.

> 무엇보다도 개인적 왕국을 건설하려는 꿈과 의지이다. 현대사회에서 이러한 지위는 존재하지 않지만, 상업적인 성공을 통해서 얻어지는 지위는 중세 영주의 지위에 견줄 수 있다. 이러한 탐닉은 사회적인 명예를 달성할 다른 방도를 가지지 못한 사람들에게 특히 강하다. (중략) 다음은 정복하려는 의지이다. 싸우려는 충동, 다른 사람보다 내가 더 우월하다는 것을 증명하려는 충동, 성공의 결실보다는 성공 자체를 위해서 성공하려는 충동 등이다. 이러한 관점에서 경제적 행동은 스포츠에 비유할 수 있다. (중략) 마지막으로 창조의 즐거움, 성취감, 또는 단순히 자신의 에너지와 독창력을 발휘하는 것이다(Schumpeter, 1934, pp.93~94).

뿐만 아니라 기업가활동을 위축시키는 일련의 장애들이 존재하며, 이들 역시 기업가를 희소하게 만드는 요인으로 작용한다고 보았다. 첫째, 기업가는 결과가 알려지지 않은 상태에서 어떤 지침도 없이 행동해야 하고, 둘째, 인간의 기본 속성은 변화가 특정한 어려움을 수반하지 않는다고 하더라도 새로운 것에 대해서 거부감을 가지며, 셋째, 기업가가 속한 사회 역시 어떤 변화에 대해서도 꺼려한다는 것이다(Schumpeter, 1934, pp.85~86).

그러므로 슘페터에 있어서 기업가는 단순히 위험을 감수하려는 사람도 아닐 뿐만 아니라, 기업을 관리, 감독, 조정하는 사람도 아니며, 발명가와도 구분되며, 사회적 계급의 관점에서도 정의될 수 없는 존재이다. 그에 의하면 위험부담은 생산수단 혹은 화폐자본 소유자의 몫이다(Schumpeter, 1934, p.75). 또한 발명은 혁신에 우선하지만, 기업가의 역할을 구분지어 주는 것은 '새로운 조합'의 실행 여부이다.

이상과 같은 경제발전과 기업가의 개념하에서 경제의 동태적 움직임을 이해할 수 있다. 기업가에 의한 기술혁신을 가장 잘 유발할 수 있는 상태는 경제가 하나의 균형에 접근하고 있을 경우이다. 가장 유능한 기업가들에 의해서 시작된 초기의 기술혁신이 성공적인 것으로 판명되면, 이는 이들보다 덜 유능한 기업가들을 따라오도록 자극한다. 후발 기업가들은 선발 기업가들이 개척자로서 이미 시행했던 아이디어를 활용하기 때문에 후발 기업가들을 후원하는 자본가가 감수하는 위험의 정도는 낮다. 일련의 기술혁신의 파고가 뒤따르고 소진된다. 요컨대 기업가가 경제발전의 궁극적 요인이라는 것이 슘페터가 전개한 동태이론의 핵심이다.

슘페터는 기업가적인 이윤에 대해서도 분명한 이론을 전개하였다. 먼저 그는 정태적 경제순환하에서는 이윤이 존재하지 않는다고 보았다. 바꾸어 말하면 기술혁신에 의해 발전하는 경제에서만 이윤이 발생한다는 것이다. 물론 그도 비용을 초과하는 잉여, 즉 수입과 지출의 차이를 이윤으로 보았다(Schumpeter, 1934, p.128). 즉 일반적으로 기술혁신은 제품의 평균비용의 감소를 초래하므로 현재의 균형가격과 낮아진 평균비용의 격차가 발생한다는 것이다. 이러한 이윤은 일시적으로 존재할지라도[5] 순이득이며, 다른 생산요소비용으로 흡수되지 않는다(Schumpeter, 1939, p. 15). 자연히 이윤은 새로운 요소의 조합을 도입한 사람, 즉 기업가에게 귀속된다.

3.5 의사결정자

기업가를 의사결정자로 보는 견해는 기본적으로 나이트에 근거하고 있다. 앞에서 언급한 바와 같이 나이트는 기업가를 위험의 감수자로 보았는데, 효율적인 시

5 기술혁신가에 의한 초기이윤은 모방자들에게는 정상이윤(normal profit) 이상의 이득이 가능할 수 있음을 보여주는 일종의 신호등이다. 이 신호등을 보고 진입과 경쟁이 진행되면, 초기이윤은 소진되고 새로운 균형점이 달성된다.

스템하에서는 어떤 한 의사결정으로 인한 금전적 결과에 대한 책임은 그 의사결정에 대한 책임문제와 분리될 수 없다고 하였다. 즉 그는 불확실한 상황뿐만 아니라 그러한 상황에서 책임 있는 의사결정자로서의 기능에도 초점을 맞추었다.

이러한 나이트의 생각을 이어받은 사람은 카슨이었다. 카슨은 기존의 기업가이론들을 통합하는 과정에서 의사결정자(decision-maker)로서의 기업가의 역할을 강조하였다. 그에 의하면 기업가는 "희소한 자원의 조정에 관한 '판단적 의사결정'(judgemental decisions)에 전문화하는 사람"이다(Casson, 1982, p.23).

이러한 정의에서 핵심적 개념은 '판단적 의사결정'이라는 용어이다. 그는 판단적 의사결정을 '상이한 여러 사람들이 동일한 목적을 가지고 동일한 여건하에서 행동하나 상이한 의사결정을 하는 것'이라고 정의한다. 이러한 차이는 '상황에 대한 상이한 인식에 기인하는데, 이는 정보에 대한 상이한 접근 혹은 해석 때문에 발생한다'고 보고, 의사결정들간의 차이는 의사결정에 소요되는 비용이나 자원 등 정량적인 데 있는 것이 아니라 의사결정 자체의 정성적인 차이에 있다고 설명하였다(Casson, 1982, p.24). 그러므로 카슨에 있어서 기업가는 다른 사람보다 더 나은 판단능력을 가지고, 복잡한 문제나 해결이 어려운 문제를 다룰 수 있는 사람이다. 물론 어느 누구도 다른 사람에 비해서 더 우월한 판단능력을 갖고 있다고 확신하기는 어려우나, 일부 사람들은 그러한 능력이 있다는 확신 속에서 행동한다고 한다. 예를 들면 자신이 다른 사람은 가지고 있지 못한 정보를 가지고 있다고 믿는 사람이다.

기업은 바로 이러한 사람들에 의해서 정보가 제시하는 효율적인 방법으로 자원을 재분배하는 기구로서 설립된다. 즉 기업가는 다른 사람들이 모르는 정보를 가지고 '희소한 자원을 조정'한다는 것이다. 따라서 카슨은 커즈너와 마찬가지로 기업가를 시장중개인으로 보고 있는 것으로도 해석할 수 있다. 기업가는 자원을 배분하는 사람으로, 이를 달성하기 위하여 소유권을 거래해야 하며 기업을 조직 혹은 재조직한다. 기업가는 하나의 기업이 조직되면 이윤이 창출될 수 있을 것이라고 보는 사람, 기업을 구입하는 사람, 경영방식을 바꾸는 사람, 그리고 이익을 위해서 그것을 파는 사람, 현재는 독립적으로 일하고 있는 일련의 사람들이 팀으로 모이면 더 효과적일 것이라고 생각하는 사람, 기존의 소득에 걸맞는 임금을 지급함으로써 사람을 고용하고 팀을 만드는 사람, 그럼으로써 팀의 노력을 통해서 생산성을 향유하는 사람이다.[6]

카슨은 기업가에 대한 기대보수는 임금의 성격을 갖는다고 해석한다. 장기에서의 기대보수는 단순히 시간과 노력, 즉 의사결정의 문제를 규정하고 실행하는 데 쓰여지는 시간과 노력에 대한 대가이다. 반면에 단기에서 기업가에 대한 보수는 우월한 정보에 대한 보수라고 본다. 이는 일종의 독점이윤이다.

3.6 종합

기업가를 역할 측면에서 정의한다면, "기업가란 기업가가 하는 일 자체(an individual entrepreneur is what he or she does)"라고 할 수 있다. 따라서 만약 기업가의 역할이 기술혁신활동이라고 본다면, 기술혁신을 수행하는 그 어느 누구도 지위에 관계없이 기업가가 될 수 있으며, 새로운 조합에 대한 실행동기가 중요한 자질이라고 할 수 있다. 그리고 그가 얻는 이윤은 기술혁신에 대한 대가이다(〈표 3-1〉 참조).

그렇다면 이상의 다양한 기업가정신 이론 중에서 어떤 이론이 가장 타당하다고 볼 수 있겠는가? 이는 매우 어려운 질문이다. 왜냐하면 각 기업가정신 이론은 당시의 사회·경제적 배경하에서 성립된 것으로서 나름대로의 근거를 가지고 있기 때문이다. 다만 다양한 이론들에 공통되는 요소를 찾는다면, 그것은 '새로운 가치창출'이라고 할 수 있다. 위험감수, 기회포착, 조정, 기술혁신, 의사결정 등은 결국 '가치창출'로 귀결될 수 있기 때문이다. 이를 반영하여 최근에는 통합적인 관점에서 기업가를 가치창출자(value creator)로 정의하는 연구들도 나타나고 있다(Bruyat and Julien, 2001). 이러한 관점에서 기업가정신을 "전에 존재하지 않은 노력을 통해

6 카슨은 기업가를 기본적으로 팀, 위원회, 조직 등으로 보지 않고, 개별적인 사람으로 보고 있다.

표 3-1 기업가에 대한 대안적 이론들(요약)

기업가의 기능	위험감수자			시장중개인	조정자	기술혁신가	의사결정자
	투기자	위험의 판단자	소유자				
주장자	Cantillon	Knight	Hawley	Menger, Hayek, Kirzner, Drucker	Say, Leibenstein	Schumpeter	Casson
기업가의 자질	위험감수 동기	예견력과 자신감	위험에 대한 책임감	기회포착능력	조정능력, 노력	새로운 조합의 실행 동기	정보보유 및 판단능력
기업가의 행동유형	–	–	–	시장신호에 단순히 반응	점진적 변화 추구	혁신적 아이디어의 창출	–
시장변화 속에서 기업가의 역할	–	기업가활동과 변화는 동반되는 현상	–	주어진 시장 여건하에서 기업가가 변화를 유발	기업가활동과 변화는 동반되는 현상이나, 기업가가 시장 시스템을 창출	기업가가 변화를 유발. 그러나 시장여건을 파괴하고 창출하는 역할	기업가활동과 변화는 동반되는 현상
생산과정에서의 역할	–	–	타생산요소를 통제함	멩거는 상위위계에 속하는 생산요소, 커즈너는 생산요소로 보지 않음	다른 자원을 통제하는 네 번째 생산요소	단순한 생산요소가 아닌 경제발전과 경기변동의 원동력	–
이윤의 본질	투기에 따른 위험에 대한 대가	측정불가능한 위험의 감수에 대한 대가	소유에 대한 대가로 동기부여하는 힘	시장중개 역할에 대한 보수	생산의 조정 기능에 대한 임금	기술혁신의 성과로서 변화의 신호등	단기: 우월한 정보에 대한 대가 장기: 의사결정에 소요되는 시간과 노력에 대한 대가

자료: 성태경(2002)

서 기술혁신을 달성하기 위해서 기회를 발견하고, 평가하며, 활용하는 활동"으로 정의하는 Shane and Venkataraman(2000), Shane(2003) 등의 연구는 매우 시사적이다.

3.7 적용사례: 한국경제에서 기업가의 역할 및 자질

역사적으로 볼 때 우리나라는 유교전통하에서 '사농공상(士農工商)'의 가치체계가 근저에 깔려 있었기 때문에 기업가정신이 뿌리를 내리기 어려웠다. 물론 기업가정신이 발현된 사례가 전혀 없는 것은 아니다. 세종대왕의 한글창제, 거상 임상옥, 정약용을 중심으로 한 실학사상, 조선말기의 개화사상 등이 대표적인 사례이다. '개성상인(송상)', '의주상인(만상)' 등이 말해주듯이 지역적 특성을 가지는 기업가정신을 지칭하는 말들도 있었다. 하지만 나라가 일본의 지배하에 들어가면서 기업 활동 자체가 많은 제약을 받게 되었다. 일제 강점기 36년 동안 일본은 한국 사람들의 정상적인 기업 활동을 허용하지 않았다.

기업 활동이 활발해지고 기업가정신이 발현되기 시작은 것은 경제개발계획이 시작된 1960년대 초반 이후이다. 정부는 공업중심의 수출주도형 경제성장정책을 시행하였고, 이에 호응하는 많은 기업가들이 활발하게 기업 활동을 수행하였다. 이 과정에서 대표적인 기업가가 삼성의 이병철, 현대의 정주영, 대우의 김우중 등으로 자신들이 일군 기업을 토대로 한국의 경제발전에 이바지하였다. 현대경영학의 아버지로 불리는 피터 드러커(Peter Drucker)는 이러한 한국경제의 발전상을 보면서 한국의 기업가정신이 세계에서 가장 높은 수준이라고 평가하기도 하였다(Drucker, 2002).

이와 같이 한국경제의 고도성장 과정에서 기업가의 역할이 분명 있었고, 당시 상황에 적합한 바람직한 기업가의 자질이 요구되었다. 1960년대와 1970년대에 걸쳐 우리나라의 성공적인 창업자들에 대해 설문조사 한 Jones and Sakong(1980)[7]은 기업가의 주요 자질로서 노력(hard work), 인재의 운용기술(skill in handling people) 등을 들었다. 위험감수의지(willingness to take risks)는 별로 중요하지 않는 요인으로 지적되었으나, 1963년 이전에 기업을 설립한 창업자들은 1968년 이후에 기업을 설

7 이 연구는 기업의 성공요인을 창업자 자신이 평가하였다는 한계를 가지고 있다.

립한 창업자들에 비해서는 위험감수의지가 더 컸던 것으로 분석되었다. 또한 상식을 초월한 의사결정의지(willingness to make unpopular decisions)가 영향력 있는 요인으로 나타나, 당시 기업가들은 새로운 목적을 추구하여 기존의 사회규범을 무시하는 일종의 사회적 변종(social deviants)이었다고 해석하였다. 이러한 연구결과를 앞에서 설명한 기업가의 역할 측면에서 보면, 소위 '개발연대'에 있어서 요구되었던 기업가적 자질은 세이와 라이벤스타인이 주장한 조정자로서의 역할이었다고 할 수 있다. 또한 당시에 기업들이 기술개발보다는 기술도입에 의존하는 상황에서 실질적으로 발명활동을 하거나 기술개발을 지휘하는 활동에 전념하지 못했지만, '상식을 초월한 의사결정의지'는 슘페터의 혁신가로서의 역할과 연결지을 수 있겠다. 여기에 하나 덧붙인다면, 수출주도 경제성장을 추진하는 과정에서 시장중개인으로서의 역할을 수행한 기업가들의 공헌을 지적할 수 있을 것이다. 이들은 세계시장에서의 기회포착능력을 통하여 기업의 성장은 물론 국가경제에도 도움을 주었다.

비교적 최근의 상황을 반영하는 박영배·윤창석(2000)의 연구에서는 창업자의 성취욕구, 모호함에 대한 인내성향, 위험감수성향 등 심리적 특성과 창업동기의 명확성, 창업동기의 차별성, 카리스마적 리더십, 위험대처노력 등 행위적 특성 중 성취욕구와 창업동기의 명확성만이 경영성과에 정(+)의 영향을 미치는 것으로 분석되었다. 따라서 이 연구는 벤처기업의 성공요인 중 '자신의 왕국을 건설하려는 꿈과 의지' 혹은 '성공하려는 충동' 등 슘페터의 동기유발요인의 중요성을 부각시켜 준다고 하겠다.

그러나 기술진보가 가속화되고 정보혁명이 심화될 미래의 신경제(new economy)에서는 단순한 성취감이나 생산의 조정능력만 가지고는 창업을 성공시키는 데는 한계가 있을 것이다. 신경제는 지식기반경제(knowledge-based economy)로서 컴퓨터와 통신기술을 근간으로 하는 네트워크경제이다. 먼저 지식기반경제에서 가장 요구되는 기업가의 역할은 카슨의 의사결정자로서의 기능으로 여겨진다. 즉 정보보유 및 이를 근거로 한 판단능력이 기업가의 중요한 자질이 될 것이다. 이는 정보가 노동, 자본, 토지, 경영 등 전통적인 생산요소와 함께 새로운 생산요소로서 그 중요성을 더해 가기 때문이다.

급속한 기술진보와 관련하여서는 슘페터의 기술혁신가로서의 기능이 필요할 것이다. 자신이 직접 새로운 조합의 실행동기를 갖추고, 혁신적 아이디어를 창출할 뿐만 아니라 종업원과 연구조직으로 하여금 그러한 활동에 전념하게끔 하는 기업가의 자질이다. 특히 단순한 시장개척이나 조직혁신이 아닌 신제품 및 신공정의 개발을 추진할 수 있는 기업가적 능력이 요구된다. 최근에는 기술내용이 복잡화·융합화되는 추세이므로 기술에 관한 전문적인 지식도 요구된다. 따라서 경영전공자로서 시장과 재무 측면에만 관심을 가지는 사람보다는 공학도로서 경영마인드를 가진 사람, 혹은 경영 전공자이지만 기술적 지식을 보유한 사람이 벤처기업의 경영자로서 적합할 것이다. 이러한 바탕 위에서 슘페터가 강조한 지위상승욕, 성취욕, 정복욕, 독창력 등 동기유발요인도 갖추어야 함은 물론이다.

더 알아보기 3.1 독자는 기업가적 특성 및 자질을 가지고 있는가?

이상에서 기업가적 특성과 자질에 대해서 공부하였다. 그렇다면 독자 자신의 기업가적 특성은 어떠한가? 다음의 질문들에 대해서 답을 해보면 어느 정도 기업가적 특성을 가늠해 볼 수 있다. 결과에 대해서는 너무 심각하게 받아들이지 않기 바란다. 독자의 응답결과가 독자가 기업가로 성공할 수 있는지, 아니면 실패할 것인지에 대해서 결정해 주지 않는다. 다만 기업가로서 자신이 적합한지에 대해서 간단히 점검해 볼 수 있을 뿐이다. 질문지 뒤에서 기존 기업가들이 일반적으로 대답한 결과를 보여줄 것이다.

1. 당신은:

① 기혼인가? ( )

② 미혼인가? ( )

③ 결혼 후 혼자 사는 여성인가? ( )

④ 이혼했는가? ( )

2. 당신의 성별은:

① 남성 ( )

② 여성 ( )

3. 왜 창업하기를 원하는가?

① 돈을 벌기 위해서 ( )

② 독립하기 위해서 ( )

③ 직업을 갖기 위해서 ( )

④ 권력을 갖기 위해서 ( )

⑤ 유명해지기 위해서 ( )

4. 당신은 불확실성에 대해서 어떻게 생각하는가?

① 익숙하고 매우 편안하다. ( )

② 어느 정도 불안함을 느낀다. ( )

③ 불안하다. ( )

5. 당신이 기업가로서 성공하기 위해서 무엇이 가장 필요하다고 보는가?

① 자금 ( )

② 행운 ( )

③ 열심히 일하는 것 ( )

④ 좋은 아이디어 ( )

⑤ 이상의 모두 ( )

6. 위험에 대한 당신의 태도는?

① 위험감수자 ( )

② 어느 정도의 위험감수자 ( )

③ 위험기피자 ( )

답

1. ① 기혼

대부분의 기업가들은 기혼이라고 답한다. 물론 이는 모든 기업가들이 벤처기업을 창업할 때 또는 기업을 운영하는 동안에 기혼상태를 유지한다는 것은 아니다. 일반적으로 많은 기업가들이 창업할 즈음에 기혼상태에 있다. 왜냐하면 그들이 창업에 소요되는 시간과 돈을 위험을 감수하고 투자하는 동안 배우자가 지속적인 소득을 벌 수 있기 때문이다. 하지만 최근에는 독신기업가들이 젊은 나이에 창업하는 사례(특히 dot-com 벤처기업)가 늘어가는 추세이다.

2. ① 남성

아직은 여성보다는 남성들이 창업하는 경향이 강하다. 그러나 변화가 일어나고 있다. 여성기업가들의 증가율이 남성기업가의 증가율에 비해서 커지고 있다. 특히 결혼해서 가정을 이루기 전인 20대와 결혼 후 아이들이 다 자란 후의 여성들의 창업이 활발하다.

3. ② 독립하기 위해서

가장 많은 답이 "독립하기 위해서"이다. 대부분의 기업가들은 자신이 창업한 기업에서 열심히 일하다 보면 "돈"은 부수적으로 따라온다고 생각한다. 그러나 특정 계층의 기업가들은 부의 축적을 창업의 가장 큰 이유로 본다. 매스컴에서 dot.com을 창업해서 어마어마한 돈을 번 사람들(예: 마윈)을 소개할 때 전자상거래가 큰돈을 쉽게 버는 방법이라고 잘못 생각하기도 한다. 하지만 창업을 통한 일확천금의 꿈은 허황된 것이다. 왜냐하면 창업에 자금을 대주는 모험자본가들은 약 3년의 기간에 걸쳐 가치를 창출하여 이윤을 실현하는 기술창업기업들에게 중점적으로 투자하기 때문이다.

4. ① 익숙하고 매우 편안하다.

대부분의 기업가들은 불확실성에 대해서 편안하게 생각한다. 왜냐하면 불확실성이 기회를 가져온다고 생각하기 때문이다. 하지만 일반적으로 생활 속에서 예측을 해야만 하는 사람들은 기업가의 세계에 대해서 불안하다고 생각한다.

5. ⑤ 이상의 모두

대부분의 기업가들은 기업가로서 성공하기 위해서는 자금, 행운, 노력, 좋은 아이디어 모두가 약간씩 필요하다고 말한다. 그러나 그들은 계산된 위험을 감수하고 거래 네트워크를 구축함으로써 행운을 얻는다고 생각한다.

6. ② 어느 정도의 위험감수자

기업가들은 극단적인 위험감수자도 위험기피자도 아니다. 그들은 적정한 혹은 계산된 위험수준을 감수할 뿐이다. 그들은 성공의 기회라고 믿는 것을 바탕으로 위험을 관리하고 의사결정을 한다. 기업을 창업하여 경영한다는 일은 본질적으로 위험한 일이다. 그러나 자동차를 운전하는 일 등을 포함하여 우리 주변의 많은 삶 역시도 위험을 내포하고 있다. 기업가들은 위험을 보다 잘 판단하고 그것을 관리하는 방법을 찾는 사람들일 뿐이다.

사례: 대표적인 기업가들

이상에서 기업가의 역할을 위험감수자(risk-taker), 거래중재자(arbitrageur), 조정자(coordinator), 기술혁신자(innovator), 의사결정자(decision maker) 등 다섯 가지로 구분하였다.

그렇다면 우리가 알고 있는 대표적인 기업가들은 어떠한 역할을 수행하였는가? 예를 들면 삼성의 이병철, 현대의 정주영, 대우의 김우중, 애플의 스티브 잡스 등은 어떠한 기업가적 자질과 성격을 가지고 어떠한 역할을 수행하였나? 물론 다섯 가지 중 하나의 역할만 아닌 복합적인 역할을 수행하였을 것이다. 그럼에도 불구하고 그들의 가장 특징적인 역할을 중심으로 그들의 기업가정신을 알아보기로 하자.

1. 의사결정자로서의 이병철

이병철(1910~1987년) 삼성그룹의 창업자는 1910년 경남 의령에서 2남 1녀 중 막내로 천석군의 집안에서 태어났다. 어린 시절 서당에서 공부하다가 당시 보통학교와 중학교를 들어갔으나 공부에 취미를 붙이지 못했다. 16세에 결혼한 뒤 일본으로 건너가 와세다대학에 입학했으나 건강상의 이유로 학업을 중단하고 귀국하였다.

27세 되던 1936년에 부친으로부터 상속받은 쌀 3백 석을 밑천으로 하여 경남 마산에서 정미업을 시작으로 운수업, 부동산업 등 사업을 펼쳤다. 그러나 성공하지 못했다. 1938년에는 다시 자기 돈 3만원과 은행자금 20만원으로 삼성상회라는 무역회사를 설립하였다. 이 회사는 국수, 청과물, 건어물을 국내에 판매하고 만주에까지 수출하는 기업이었다. 해방 후 1948년에 서울 종로에서 현재 삼성물산의 모태인 삼성물산공사를 창업하였다. 이어 1953년 제일제당, 1954년 제일모직 등 소비재 산업에 진출하였고, 1969년 삼성전자를 필두로 석유화학, 건설, 중공업 등으로 사업을 확장하였다.

이병철 삼성그룹의 창업자는 합리주의, 원칙주의, 일등주의를 강조한 것으로 알려져 있다. 예를 들어 '제일', '삼성', '중앙' 등의 상호명을 사용한 것으로부터 그가 일등주의를 추구하였음을 짐작할 수 있다.

1936년부터 1987년까지 약 50여 년 동안 그는 기업가적 생애를 통해서 많은 업적을 남겼지만, 가장 중요한 역할은 1977년 반도체 사업에 진출하기로 한 의사결정과 1983년에 반도체 산업에 집중투자하기로 한 의사결정이었다고 할 수 있다. 당시 일본 업체들이 세계 반도체시장을 장악하고 있던 상황에서 '무모한 짓' 혹은 '달걀로 바위치기'라는 주위의 만류에도 불구하고 미래를 내다보는 예견력을 바탕으로 한 그의 대규모 투자결정(이른바 '2·8 도쿄선언')은 삼성전자의 성장과 한국경제에 가장 큰 영향을 미친 대표적인 순간으로 꼽힌다. 만약 그러한 의사결정이 없었더라면 오늘날 세계 최고의 IT 기업인 삼성전자의 출현은 불가능했을 것이다.

1983년 '2·8 도쿄선언' 이후 삼성은 반도체 분야에서 일본기업들을 추월하게 되었다. 동경대학 오쿠무라 교수는 그 원인에 대해서 다음과 같이 말하고 있다.

> "일본이 DRAM 사업에서 강점을 지녔던 1980년대 반도체 투자는 100억엔에서 200억엔 수준에 머물러 있었다. 즉 설비투자의 결재권이 아직 사업부에 있었던 시절에는 일본기업도 경쟁력을 유지할 수 있었던 것이다. 불행하게도 설비투자금액이 1,000억엔이라는 거액에 도달하게 되면서 투자결정권은 사업부로부터 벗어났다. 이에 따라 투자판단의 기동성이 떨어져서 투자 타이밍을 매번 놓치는 결과를 낳았다. 전사적인 합의를 통해 투자결정을 하는 일본기업의 경영체제가 반도체 사업에 필수적인 스피드를 죽여버렸던 것이다."(주간 다이아몬드, 2002.2.13)

이상과 같이 당시 반도체 사업은 1조원 이상의 대규모 투자로서 투자결정권이 최고경영자에게 있었으며, 특히 타이밍이 매우 중요한 상황이었다. 이러한 상황에서 이병철 회장의 반도체 사업에 대한 투자결정은 그의 '판단적 의사결정에 전문화하는 자'로서의 기업가적 자질을 극명하게 보여주고 있다. 그는 일본의 반도체 업계의 많은 지인들로부터 반도체 사업에 대한 정보를 얻고 있었으며, 앞으로 반도체가 '산업의 쌀'이 될 것이라는 통찰력과 확신을 가지고 있었다. 그의 의사결정자로서의 기업가적 자질과 역할은 다음과 같은 1977년 신년사에서 잘 나타나고 있다.

"우리들의 일상사는 크든 작든 판단의 연속이다. 사장은 사장으로서, 사원은 사원으로서 맡겨진 판단을 피할 길이 없다. 시작이 반이라는 말이 있지만, 시작보다 더 중요한 반은 바로 이 판단력에 있다."(1977.1.1, 신년사)

2. 조정자로서의 정주영

정주영(1915~2001년) 현대그룹 창업자는 1915년 강원도 통천군에서 빈농의 6남 2녀 중 장남으로 태어났다. 가난 때문에 보통학교만 다니고 농사에 전념하던 중, 가난에서 벗어나려고 소를 판 돈 70원을 가지고 가출하였다.

19세인 1934년부터 서울 소재 '복흥상회'라는 쌀가게 배달원으로 취직하여 일했고, 신뢰를 바탕으로 1937년 주인으로부터 가게를 물려받아 '경일상회'로 이름을 바꾸어 그 가게 주인이 되었다. 하지만 1939년 일본의 전시체제령에 따른 쌀 배급제의 실시로 문을 닫게 되었고, 이어 자동차 정비공장을 인수하여 경영하였으나 실패로 끝났다.

해방 후 1946년 서울 중구 초동에 '현대자동차공업사'라는 상호를 내걸면서 현대그룹 창업의 발을 내디뎠다. 이어 그는 은행에서 건설업자들이 공사대금으로 뭉칫돈을 받아가는 것을 보고 '현대토건사'(현대건설의 모태)를 창업하였다. 특히 그는 1968년 29개월이라는 세계 최단기간으로 429km의 경부고속도로를 건설하였다. 그 후 1967년 현대자동차, 1972년 현대조선, 1983년 현대전자 등 유수의 기업들을 설립하여 한국경제의 성장을 주도하였다.

정주영 현대그룹 창업자 하면 많은 사람들은 '캔두이즘'(CanDoism)'을 떠올린다. 그는 생전에 항상 "이봐 해보기나 했어?"라는 말을 즐겨 사용했다고 한다. 어떤 문제든지 부딪혀서 최선의 노력을 다하면 해결할 수 있다는 신념을 강조한 것이다. 이는 다음의 사례에서 잘 나타나고 있다.

"현대건설은 1980년대 초반 서해안 서산에서 간척사업을 진행중이었다. 하지만 서산 앞바다는 조수간만의 차가 너무 커서 물막이로 20만 톤 이상의 돌을 투입해야만 매립이 가능한 상황이었다. 이때 어느 누구도 해결책을 내놓지 못하였지만, 정주영 회장은 "이 공사는 현재의 인력으로는 거의 불가능하며 그것이 가능하다고 하더라도 엄청난 비용이 문제"라고 하며, "밀물과 썰물 때의 빠른 물살을 막기 위해 폐유조선을 바다에 빠뜨려 물줄기를 차단하거나 감속시킨 다음 일시에 토사를 대량 투입하면 공사를 완성할 수 있다"고 제안하였다. 기술진이 이 제안을 면밀히 검토한 결과 성공 가능성이 있다고 판단되자, 정주영 회장은 1984년 2월 24일 직접 유조선에 올라서 물막이 공사를 진두지휘했다. 후에 '정주영 공법'이라고 불린 이 방법은 공사 기간을 9개월이나 단축시켰고 공사비도 280억원 정도 절감하였다.

이상의 사례에서 우리는 J. B. Say가 말한 대로 문제해결자 혹은 조정자로서의 기업가의 역할을 발견할 수 있다. 무엇인가 하나가 결핍된 상황에서 최선의 노력으로 이 갭을 메워주는 역할을 수행한 것이다. 특히 문제해결과 더불어 효율성을 추구하는 정주영 회장의 기업가적 마인드를 엿볼 수 있다. 정주영 회장의 조정자로서의 자질, 즉 일하는 즐거움을 가지고 최선의 노력을 다하겠다는 의지, 그리고 문제를 해결할 수 있다는 긍정적 사고방식은 다음의 연설에서 잘 나타나고 있다.

"내가 평생 새벽에 일찍 일어나는 것은 그날 할 일 생각에 기대와 흥분으로 설레기 때문이다. 나의 아침은 언제나 소학교 소풍날 아침, 밤에는 늘 숙면할 준비를 하고 잔다. 날이 밝으면 즐겁고 힘차게 일하겠다는 생각에서다. 내가 행복을 느끼며 사는 것은 세상을 희망차게 보기 때문이다."

3. 거래중재자로서의 김우중

김우중(1936~2019년) 대우그룹 창업자는 1936년 대구에서 6남매 중 4남으로 태어났다. 6.25전쟁으로 아버지가 납북되자 14세에 홀어머니 아래서 소년 가장으로 가족들의 생계를 도왔다. 휴전 후 상경해 경기중학교와 경기고등학교에 진학하고

1960년 연세대학교 경제학과를 졸업하였다.

대학졸업 후 1966년까지 섬유 수출업체인 한성실업에 근무했고, 1967년 32세에 트리코트 원단생산업체인 대도섬유의 도재환과 공동출자해 자본금 500만원으로 대우실업을 설립했다. 대우(大宇)는 대도섬유의 대(大)와 김우중의 우(宇)를 따서 만든 것으로 알려졌다. 첫해 싱가포르에 트리코트 원단과 제품을 수출해 58만 달러 규모의 수출실적을 올렸고, 인도네시아, 미국 등지로 시장을 넓혀 성공을 거두었다. 1970년대 초반부터 대우건설, 대우증권, 대우전자, 대우조선 등을 창립하며 1974년에 1억 달러의 수출탑을 달성하면서 신흥 재벌이 되었다. 1981년에 대우그룹의 회장으로 취임하였고, 1982년 1월에는 ㈜대우를 출범시키며 재계 4위에 올랐다.

김우중 대우그룹 창업자의 기업가적 자질은 청소년 시절부터 잘 알 수 있다. 그는 대구 피난 시절 아버지는 납치되고 형들은 모두 군에 입대하자 14세 소년 가장으로서 신문팔이할 때의 경험담을 다음과 같이 얘기하고 있다.

> "내가 신문을 받아서 주로 팔던 곳이 방천시장이었다. 나는 신문을 받아들면 중간에서는 한 장도 팔지 않고 방천시장까지 달려갔다. 방천시장에는 사람이 많은데 중간에 몇 장 파느라고 다른 사람에게 그 좋은 장소를 빼앗기고 싶지 않아서였다. 중간에서 한두 장 파느라 시간을 허비하면 다른 사람이 앞질러서 나보다 먼저 방천시장에 달려가 버리기 때문이었다. 그래서 나는 신문을 파는 사람들 중에 항상 맨 먼저 방천시장에 도착했다. 항상 1등이었다. 그러나 1등으로 도착한다고 해도 그 시장을 독차지 할 수는 없었다. 신문을 한 장 팔면 거스름돈을 주어야 하는데 그렇게 하다 보니까 시간이 많이 걸렸다. 내가 아무리 맨 먼저 도착하여 열심히 신문을 팔더라도 3분의 1쯤 파는 사이에 뒤에 따라온 아이가 나를 앞질러서 팔아 버렸던 것이다.
>
> 그러나 하루에 100장을 팔아야 네 식구의 끼니를 해결할 수 있었다. 집에는 어머니와 두 명의 어린 동생이 기다리고 있었다. 궁하면 통한다는 말이 있다. 나는 더 효과적인 방법을 쓰기로 했다. 그것은 거스름돈을 미리 삼각형으로 접어서 주머니에 잔뜩 넣어 가지고 있는 것이었다. 확실히 효과가 있었다. 언제나 1등으로 도착해 신문과 거스름돈을 던져 주고 돈을 받으며 앞으로 나아가니 시간을 상당히 절약할 수 있었다. 그러나 그렇게 해도 그 시장 전체에 내 신문만을 팔 수는 없었다. 한 3분의 2쯤 가다 보

면 또 뒤에서 다른 아이가 좇아와서 앞서 나가기 때문이었다.

마지막으로 내가 생각한 방법은 아예 신문값은 받지 않고 신문만 던져주고 나서 나중에 그 길을 돌아오면서 느긋하게 신문값을 받아내는 것이었다. 그렇게 하니까 이제 아무도 나를 뒤쫓아 올 수가 없게 되었다.

물론 그러다가 신문값을 떼이는 경우도 있었다. 그렇지만 한두 사람에게 떼이더라도 신문을 다 파는 편이 더 이익이라고 나는 계산했다. 또 그 당장에 못 받은 신문값도 며칠 후에 만나서 다 받아낼 수 있었다. 몇 달 동안 내가 이런 식으로 신문을 팔자 다른 신문팔이는 그곳에 나타날 생각을 하지 않게 되었다. 그래서 방천시장을 나 혼자 차지하기에 이르렀다."(김우중, 세계는 넓고 할 일은 많다, 김영사, 1989)

김우중 대우그룹 창업자는 〈세계는 넓고 할 일은 많다〉라는 책으로 널리 알려져 있다. 그는 여기서 대우는 기회의 창이 열린 곳을 개척해 나갔다고 말한다. 미국과 유럽 국가는 물론 당시에 외교 관계조차 없었던 수단, 나이지리아, 리비아, 앙골라, 알제리, 중국, 헝가리, 체코, 소련 등으로 기회를 찾아 나섰다. 국내에서도 북한의 남포지구에 관심을 가졌으며, 사회간접자본이 미약했던 광주, 군산 등 호남지역에 투자하였다.

김우중 대우그룹 창업자는 2019년 고인이 되었지만, 건강이 악화되기 전까지도 베트남 하노이에 거주하면서 젊은이들 교육에 매진하였다. 전직 대우맨들의 모임인 '대우세계경영연구회'를 통해 '글로벌 YBM'(GYBM: Global Young Business Managers) 과정을 베트남에 개설하고 2012년부터 운영하였다. 과거 세계시장을 휘젓고 다닌 대우맨들을 길러낸 것처럼 한국 젊은이들을 동남아에서 뿌리를 내려 글로벌 경영을 제대로 하는 일꾼으로 길러내는 것이 목적이라고 한다.

4. 기술혁신자로서의 스티브 잡스

스티븐 폴 '스티브' 잡스(영어: Steven Paul 'Steve' Jobs)(1955~2011년)는 미국의 기업가였으며 애플의 전 CEO이자 공동 창립자이다. 스티브 잡스는 1955년 시리아인 압둘파타 존 잔달리와 미국인 조앤 시블과의 아들로 태어났지만, 조앤 시블 아버지의 반대로 폴 잡스와 클라라 잡스 부부에게 입양되었다. 잡스에게 그가 생물학적 부모에게 버림받고 입양되었다는 사실은 그의 성격을 형성하는 데 큰 영향을 미쳤다. 제품개발그룹의 책임자였던 잡스의 오랜 동료 델 요캄은 그의 가정환경과 성격의 관계에 대해 이렇게 말하였다.

> "무엇을 만들든 완전히 통제하려 드는 그의 집착은 출생 직후 버려졌다는 사실과 그의 성격에서 직접적으로 비롯한다고 생각합니다."

스티브 잡스는 고등학교 시절에 휴렛패커드(HP)의 생산라인에서 조립하는 일, 전자제품 상점에서 재고품을 정리하는 일, 그리고 신문을 배달하는 일까지 두루 경험하였다. 스티브 잡스는 HP에서 동료 직원들보다는 다른 부서에서 일하는 엔지니어들과 더 친했으며, 전자제품 상점에서는 다양하고 새로운 기기들을 접하며 즐거워했다. 이 시절 잡스는 앞으로 자신이 해야 할 일에 대해서 고민하면서, 전자공학과 창작의 교차점에 서 있는 자신을 발견하였다. 그는 과학 분야는 물론 다른 여러 분야의 책들도 관심을 가지고 읽기 시작했고, 음악도 많이 들었다. 잡스는 특히 '리어왕'과 '모비딕', 그리고 딜런 토머스의 시를 좋아했다고 한다. 이러한 청소년기의 경험은 스티브 잡스가 컴퓨터, 음악, 영화 등 다양한 분야로 진출하는 데 있어서 초석이 되었다.

1972년 스티브 잡스는 오레곤주 포틀랜드 소재 리드대학교 철학과에 입학하였다. 하지만 필수과목들을 반드시 이수해야 한다는 학교규정이 마음에 들지 않아 자신이 듣고 싶은 과목만 이수하였다. 이때 들을 가치가 없는 수업을 위해서 부모님이 비싼 학비를 낸다는 것에 대해 죄책감을 느껴 한 학기만 수강한 후 학교를 중퇴하였다. 그러나 기숙사 주임을 설득하여 중퇴 후에도 학교에 머물면서 18개월 동안 자기가 관심을 가지는 과목을 자유롭게 수강하였다. 특히 캘리그래피 강의에 흥미를 보였는데, 이는 트루타입 폰트를 애플 제품에 적용하면서 수려한 글자체를 만들어 내는 데 도움이 되었다.

1976년 스티브 잡스는 스티브 워즈니악, 로널드 웨인과 함께 애플을 공동 창업하고, 애플 2를 통해 개인용 컴퓨터를 대중화했다. 또한, GUI와 마우스의 가능성을 처음으로 내다보고 애플 리사와 매킨토시에서 이 기술을 도입하였다. 1986년 경영분쟁으로 애플에서 나온 이후 NeXT 컴퓨터를 창업하여 새로운 개념의 운영체제를 개발했다. 1996년 애플이 NeXT를 인수하게 되면서 다시 애플로 돌아오게 되었고 1997년에는 임시 CEO로 애플을 다시 이끌게 되었다. 2001년 아이팟을 출시하여 음악산업을 주도하였고, 2007년 아이폰을 출시하면서 스마트폰 시장을 바꾸어 놓았다. 2010년 아이패드를 출시함으로써 포스트 PC 시대를 열었다. 한편 스티브 잡스는 애니메이션 영화 '인크레더블'과 '토이 스토리' 등을 제작한 픽사의 소유주이자 CEO이기도 하였다.

스티브 잡스는 췌장암 악화로 2011년 56세의 젊은 나이로 사망하였다. 미국의 Time지는 그를 'Mourning Technology's Great Reinventor'라는 제목하에 생전의 업적을 기렸다(2011년 10월 5일). 스티브 잡스는 컴퓨터나 기계, 혹은 산업 디자이너도 아니었지만 다양한 산업에 걸쳐서 재발명(reinvention)을 수행하였다는 것이다. 따라서 그는 원천기술을 통한 신제품의 발명자는 아니었다고 볼 수도 있다. 하지만 슘페터가 정의한 바와 같이 기술혁신을 '새로운 조합'(new combination)이라고 보면, 그는 분명 기술혁신가(technological innovator)였다고 평가할 수 있다. 그의 혁신가로서의 기업가적 역할과 자질은 애플의 공식 성명에서 잘 나타나고 있다.

> "애플은 명확한 비전과 창의성을 지닌 천재를 잃었습니다. 그리고 세계는 정말 놀라웠던 한 사람을 잃었습니다. 스티브와 함께 일하는 행운을 누렸던 저희는 사랑하는 친구이자 늘 영감을 주는 멘토였던 그를 잃었습니다. 이제 스티브는 오직 그만이 만들 수 있었던 회사를 남기고 떠났으며, 그의 정신은 애플의 근간이 되어 영원히 남을 것입니다."

1

Chapter 04

기업가정신의 측정 및 비교

“

기업가정신의 수준은 국가차원에서 다르게 나타난다.
이 장에서는 기업가정신의 측정문제를 다루고 GEM의 자료를 토대로
우리나라의 기업가정신 수준을 알아보고 주요국과 비교·분석한다.

”

기업가정신의 수준은 국가차원에서 다르게 나타난다. 이 장에서는 기업가정신의 측정문제를 다루고 GEM(Global Entrepreneurship Monitor)의 자료를 토대로 우리나라의 기업가정신 수준을 알아보고 주요국과 비교·분석한다.

4.1 기업가정신 수준의 국가별 차이

기업가정신의 수준은 개인, 기업, 산업, 지역, 국가 등 여러 차원에서 다르게 평가될 수 있다. 특히 국가 차원에서 기업가정신의 수준은 다르게 나타난다. 현대경영학의 아버지로 불리는 피터 드러커(Peter Drucker)는 1990년 중반 한 인터뷰에서 한국의 기업가정신이 세계에서 가장 높은 수준이라고 평가하고, 미국의 기업가정신은 대만, 일본, 독일 등에 비해서도 뒤떨어진다고 언급하였다(〈더 알아보기 4-1〉 참조). van Stel(2005), Reynols et al.(2005), Grilio and Thuirk(2006) 등도 국가 차원에서 기업가정신의 수준이 다르다고 보고하고 있다.

그렇다면 기업가정신의 수준은 왜 국가별로 다르게 나타나는가? 국가 간 기업가정신의 차이는 기업가정신의 환경적 결정요인의 차이에 기인한다고 할 수 있다. 즉 기업가정신에 영향을 미치는 경제적 요인, 사회문화적 요인, 제도적 요인, 그리고 정책적 요인이 국가별로 다르기 때문이다. 경제적 요인 중에서는 경제발전의 단계에 따라서 기업가정신의 수준이 다르게 나타나고 있다. 사회문화적 요인으로는 인구특성이나 국민들의 태도, 규범 및 가치관 등을 들 수 있다. 제도적 요인 중에서는 경제체제의 차이가 중요하다. 특히 자유를 토대로 한 시장경제체제와 명령을 토대로 하는 중앙집권적 계획경제체제에서 기업가정신의 수준은 다르게 나타날 것이다.

이하에서는 먼저 기업가정신의 국가별 비교를 위한 객관적인 지표들을 살펴본 다음에 GEM의 자료를 활용하여 우리나라의 기업가정신 수준을 알아보고 미국, 일본, 대만, 중국, 독일 등 주요 국가와 비교한다.

더 알아보기 4.1 국가별 기업가정신의 수준

Peter Drucker는 현대경영학의 아버지로 불리며 기업가정신 연구에 많은 업적을 남긴 경영학자이다. 그의 저서인 『*The Next Society*』에 다음과 같은 인터뷰 장면이 나온다. 1996년 Inc. Magazine 편집장인 George Gendron이 질문하고 Drucker가 답하는 형식으로 진행되었다.

Gendron 미국이 기업가정신을 가장 잘 실천하고 있는 나라라고 보는 주장에 대해, 그리고 미국이 다른 나라보다 훨씬 더 앞서 있다는 주장에 대해 동의하는지?

Drucker 전혀 아니다. 그것은 정말 위험한 착각이다. 미국은 신규창업회사들이 가장 많기 때문에 실패하는 비율이 가장 높은 것이 사실이지만 그것뿐이다. 기업가정신을 실천한다는 측면에서 보면 어쩌면 2등도 아니다.

Gendron 그렇다면 1등은 어느 나라인가?

Drucker 의심할 나위 없이 한국이다. 약 40년 전만 해도 한국에는 기업이 전혀 없었다. 한국을 몇십 년 동안 지배한 일본이 그것을 허용하지 않았다. 일본은 고등교육도 허용하지 않았으므로 한국에는 실질적으로 교육받은 사람이 없었다. 한국전쟁이 끝날 무렵 남한은 완전히 파괴되었다. 그러나 오늘날 한국은 약 24개 분야의 산업에서 세계 일류 수준이고, 조선과 몇몇 분야에서는 세계 선두주자다.

Gendron 한국이 1등이라면 미국은 2등인가? 아니면 어느 나라인가?

Drucker 한국을 바짝 뒤쫓고 있는 나라는 대만이다. 대만 역시 1950년에는 한국과 마찬가지로 미개발 국가였다. 오늘날 대만은 마이크로 칩을 필두로 몇몇 첨단산업분야에서 세계 선두주자다. 그리고 중국을 간과해서는 안 된다. 현재 중국에서는 태평양 연안을 따라 창업이 줄을 잇고 있다.

Gendron 좋습니다. 그럼 미국은 3등은 되는 것인가?

Drucker 미국의 성적은 일본이나 독일보다 더 낫다고 할 수 없다. 일본은 40년 전만 하더라도 대기업들이 존재하지 않았거나 구멍가게 수준의 기업밖에 없었지만, 지금은 세계수준의 거대 기업을 다수 보유하고 있다. (중략) 독일은 제

2차 세계대전 후 폐허에서 재기해, 현재의 풍요—세계 제3위의 경제에다 국민 1인당 공산품 수출 1위 국가—를 누리는 까닭은 수많은 새로운 기업들의 창업 또는 기존의 소규모 기업을 세계 수준의 제조업체로, 그리고 산업의 선두주자로 만든 기업가정신의 발흥에 힘입은 바 크다. (중략)

Gendron 조금 전 미국의 기업가정신은 위험한 착각이라고 했는데, 그 이유는?

Drucker 미국은 기업가정신이 우월하다는 일반적인 믿음이 단지 사실이 아니라는 것보다 나를 더 언짢게 만드는 것은, 그것이 미국을 위험한 자만심으로 몰고 간다는 사실이다. 이는 1970년대 초 미국의 경영에 대한 자만심과 다르지 않다. 그 당시 우리는 미국의 경영이 최정상에 도달했다고 확신했으나, 일본은 대량생산과 고객 서비스 분야에서 미국보다 몇 갑절 더 잘하고 있었다. 미국의 기업가정신과 혁신에 대한 자만심이 미국을 또다시 일본뿐만 아니라 한국에게마저 뒤지게 하지 않을까 걱정이다.

Gendron 그런 일이 일어나는 이유는 무엇인가?

Drucker 대체로 미국에서는 기업가정신이란 큰 아이디어를 창출하는 것이고, 또 혁신이란 주로 R&D, 즉 기술이라고만 생각하는 경향이 여전히 남아있기 때문이다. 물론 (중략) 기업가정신은 새로운 사업을 창출하는 것이다. 분명 기업가정신은 바로 100년 전 토마스 에디슨(Thomas Edison, 1847~1931)을 커다란 성공으로 이끈 요인이다. 그러나 미국의 기업들은 일부 몇몇을 제외하면 여전히 혁신은 체계적인 것도 아니고, 조직되는 것도 아니고, 역동적 원칙도 아닌, "천재의 번뜩이는 재주"로 간주되고 있는 듯하다. 일본 사람들은 혁신을 조직적으로 접근한다. 한국도 마찬가지이다. 그들은 새로운 사업을 확인하고 또 개발하는데 혁신의 원칙을 체계적으로 적용하기 위해, 회사의 뛰어난 사람들로 소집단을 구성한다

(이재규 옮김, The Next Society, 2002 중에서)

4.2 기업가정신의 측정

국가별 기업가정신을 비교하기 위해서는 기업가정신 수준의 측정이 필수적이다. 하지만 제3장에서 언급한 바와 같이 기업가의 역할 및 자질은 다양한 관점에서 정의될 수 있기 때문에 기업가정신의 수준을 측정하기는 쉬운 일이 아니다. 기업가를 위험감수자로 보는 관점에서는 기업가는 불확실한 소득을 획득하여 고용한 종업원들에게 안정적으로 지급하는 사람이다. 이 경우에는 위험을 감수하려는 정도를 기업가정신의 측정치로 사용해야 한다. 기업가를 혁신가로 보는 슘페터적인 관점에서는 혁신성 혹은 창의성을 측정치로 사용해야 한다. 기업가를 시장중개인으로 보는 관점에서는 기회포착능력을 기준으로 측정해야 할 것이다.

또 하나의 문제는 기업가정신을 행위 혹은 의도의 관점에서 볼 것인가 아니면 실제로 나타난 결과의 관점에서 볼 것인가의 여부이다. 기업가정신을 행위 혹은 의도의 관점에서 보면 설문조사나 면접 등을 통하여 사전적으로 파악할 수 있을 것이다. 이와 달리 기업가정신을 현시된 행위(revealed behavior)의 관점에서 보면 객관적인 통계자료를 통해서 측정할 수 있다.

그렇다면 기업가정신을 측정하기 위해서 실제로는 어떤 지표들이 사용되고 있는가? 특정한 한 관점 혹은 지표를 사용하기보다는 다양한 관점에서 절충적으로 기업가정신을 측정하고 있다. 지금까지 많이 사용되고 있는 지표는 신규벤처창업, 초도기업가, 소기업, 자가고용(혹은 자가소유) 등이다.

1) 신규벤처창업

기업가 및 기업가정신에 대한 다양한 정의들이 있지만 주로 현실 문제를 다루는 경영학에서는 기업가정신을 기회포착 및 혁신의 관점에서 정의하고 있다(Shane and Venkatraman, 2000). 즉 기업가는 "기회를 인식하고 그것을 추구하기 위해서 새로운 조직을 창출하는 어떤 사람"이다(Bygrave and Hofer, 1991). 따라서 기업가정신의 하나의 현시된 행동으로서 새로운 벤처창업활동은 중요한 측정치가 될 수 있다. GEM에서도 기업가를 이러한 관점에서 정의하고 기업가정신의 수준을 측정하고 있다.[1] GEM은 기업가를 "업력이 42개월 이하인 신규벤처기업을 설립하여 운영하고 있는 성인"으로 구체적으로 정의하고 있다. GEM은 이러한 정의에 따라서 TEA(Total Entrepreneurship Activity)라는 지수를 산정하여 국가간 기업가정신의 수준을 비교하고 있다. TEA는 업력이 42개월 이하인 신규벤처기업을 설립하여 운영하고 있는 성인들이 전체 인구에서 차지하는 비중이다.

하지만 기업가정신을 이와 같이 정의하고 측정할 경우 기회를 포착하여 새로운 조직을 만들지 않는 기업가들이 포함될 수 있다. 이 문제를 해결하기 위하여 GEM은 기업가정신을 생계형 기업가정신(necessity entrepreneurship)과 기회형 기업가정신(opportunity entrepreneurship)으로 구분하고 있다. 생계형 기업가는 기업가가 되는 경우 이외에는 다른 대안이 없는 사람이고, 기회형 기업가는 매력적인 다른 대안이 있음에도 불구하고 자신이 포착한 기회를 추구하는 사람이다. 기술혁신 및 경제성장은 기회형 기업가정신과 연관이 있는 반면에 생계형 기업가정신은 국가의 사회복지정책에 의해서 영향을 받게 된다. GEM에서는 생계형 기업가 대비 기회형 기업가 비율을 동기지수(Motivational Index: MI)로 발표하고 있다.

2) 초도기업가

기회포착 및 혁신의 관점에서 기업가정신을 보다 명확하게 측정하기 위해서 초도기업가(nascent entrepreneur)라는 개념을 사용하기도 한다. 초도기업가는 기업가적 과정 중에서 기회인식 → 착수 → 자원조달 → 창업의 단계에 걸쳐서 활동하는 사람(들)이다. GEM에서는 초도기업가를 다음과 같이 추출한다. 먼저 초도기업가는 독립적인 기업의 설립과 잉태의 과정에 있어야 한다. 그리고 다음과 같은 질문에 대해서 '예'라고 답한 사람들이다. 첫째, 당신은 지금 혼자 혹은 다른 동료들과

1 GEM은 매년 GEM Global Report를 발표하고 있다. 이외에도 OECD Entrepreneurship at a Glance, World Bank Doing Business, Global Entrepreneurship and Development Index, Ernst & Young G20 Entrepreneurship Barometer 등이 있다. 자세한 내용은 이윤준 외(2014) 참조.

새로운 기업설립을 추진하고 있습니까? 둘째, 당신은 새로운 기업의 소유자입니까? 셋째, 당신은 지난 12개월 이내에 새로운 기업을 설립하는 데 적극적이었습니까? 넷째, 당신의 기업은 3개월 이상 동안 비용을 상쇄하지 못했습니까?

초도기업가 비율은 전체인구 중에서 초도기업가가 차지하는 비중이다. 이 지표는 신규기업의 진입과정을 파악할 수 있다는 점에서 유리하다. 왜냐하면 기업설립을 추진하는 사람들 중에서 약 50% 정도만이 실제로 기업을 설립하고(생존편의), 반대로 실제로 설립된 기업들도 창업을 시도했던 기업가들을 모두 포함하지 않기 때문이다(사후확신편의).

3) 중소기업

1980년대 이전에는 기업가정신의 대리변수로 단순히 한 국민경제 내에서 중소기업이 차지하는 비중을 사용하였다. 이 지표는 각국에서 공식통계로 발표하기 때문에 별도로 측정하지 않아도 된다는 점에서 유리하다. 하지만 기업가정신을 나타내주는 지표로 삼기에는 많은 문제점이 있다. 나라마다 중소기업의 범위가 다르며, 산업별 특성을 반영하기가 쉽지 않다. 모든 중소기업들이 기업가에 의해서 운영되는 것은 아니며, 반대로 모든 기업가들이 중소기업을 운영하지 않는다.

결론적으로 기업가정신을 측정하기 위해서 중소기업의 수를 사용하는 것은 무리가 있다. 중소기업지표는 기업이나 산업, 더 나아가서 국민경제 차원에서는 매우 유용하나, 기업가정신은 개인적인 측면, 특히 기회를 포착하여 신규기업을 설립하는 개인에 관한 것이라는 점에서 적정하지 못하다.

4) 자가고용

기업가를 위험감수자의 관점에서 보면 자가고용(self-employment)을 기업가정신의 측정지표로 삼을 수 있다. 자가고용이란 규칙적으로 임금이나 봉급을 받는 것이 아니라 자신의 전문가적 자질을 사업화하거나 자신이 위험을 감당하면서 사업을 영위함으로써 수익을 얻는 사람이다. 자가고용된 사람들은 대부분 개인사업체를 운영한다. 이와 같이 기업가들 중 고용주가 아닌 사람들도 있기 때문에 이들을 포함하는 지표라는 점에서 장점이 있다.

하지만 자가고용을 측정지표로 삼는 경우 다른 기준에서 측정된 지표와는 거리가 멀 수 있다. 예를 들어 GEM에 따르면 초도기업가의 80%가 그들이 창업을 준비할 때 취업상태이거나 다른 사업체를 운영하는 것으로 나타나고 있다.

이상에서 살펴본 바와 같이 기업가정신을 측정하는 지표들은 만족스럽지 못하다. 그러나 하나의 현상을 다른 측면에서 보고 있다는 점에서 각 측정지표들은 경쟁적이기보다는 상호보완적이다.

4.3 우리나라의 기업가정신

제3장에서 언급한 바와 같이 우리나라에서 기업활동이 활발해지고 기업가정신이 발현되기 시작한 것은 경제개발계획이 시작된 1960년대 초반 이후이다.[2] 정부는 공업 중심의 수출주도형 경제성장 정책을 수립하여 시행하였고, 이에 호응하는 많은 기업가들이 활발하게 기업활동을 수행하였다. 아마도 Peter Drucker가 이러한 기업가들의 역할을 보고, 세계에서 가장 기업가정신이 가장 투철한 국가로 한국을 꼽았던 것으로 보인다.

그렇다면 2000년대 이후에 우리나라의 기업가정신의 수준은 어떻게 평가할 수 있는가? 이는 매우 주관적인 작업이지만 다행히 GEM에서 국가별로 기업가정신을 나타내는 지표를 보고하고 있으므로 이를 활용할 수 있다. 우리나라에 대해서는 2002년부터 간헐적으로 자료가 발표되고 있다.

먼저 성인(18~64세) 인구 중 "업력이 42개월 이하인 신규벤처기업을 설립하여

2 해방이 되면서 우리나라에서도 기업가군이 형성되기 시작하였다. 하지만 해방 후 약 20여 년 동안 그들은 일본인들이 남긴 적산불하, 해외원조, 장기저리의 외자 등을 놓고 지대추구행동(rent-seeking behavior)에 전념하였다는 지적이 있다(김영록, 1964).

그림 4-1 우리나라 기업가정신 수준의 추이

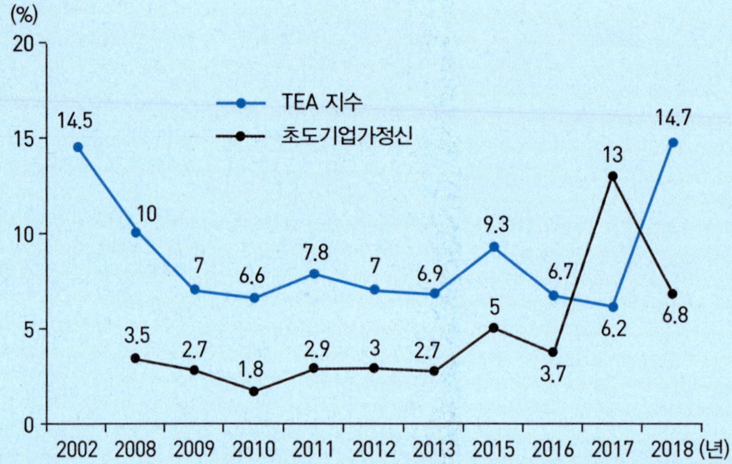

주: 1) TEA는 성인(18~64세) 인구 중 "업력이 42개월 이하인 신규벤처기업을 설립하여 운영하고 있는 성인"의 비중

2) 초도기업가정신(nascent entrepreneurship)은 전체인구 중에서 초도기업가(창업을 고려하는 사람)가 차지하는 비중

자료: GEM 각 년도 보고서에서 발췌하여 작성함

운영하고 있는 성인"의 비중을 나타내는 TEA(Total Early-stage Entrepreneurial Activity)를 보면, 〈그림 4-1〉에서 보는 바와 같이 2002년에는 14.5%로 매우 높게 나타났으나 계속 하락하여 오다가 2018년 현재 다시 14.7%를 기록하고 있다. 전체인구 중 초도기업가의 비중을 나타내는 지표는 2008년 3.5%에서 하락세를 보이다가 2018년 6.8%로 증가하였다.

앞에서 언급한 바와 같이 TEA 중에는 기회를 포착하여 새로운 조직을 만든다고 보기 어려운 기업가, 즉 생계형 기업가가 포함되어 있다. 이를 제외한 기회형 기업가의 비중을 보면, 〈그림 4-2〉에서 보는 바와 같이 2002년에는 59%로 매우 높았으나 2011년에는 36.2%로 크게 감소하였다. 하지만 2018년에는 다시 77.7%를 기록하고 있다. 이에 따라 생계형 기업가 대비 기회형 기업가 비율을 나타내는 동기

그림 4-2 우리나라의 동기지수 변화 추이

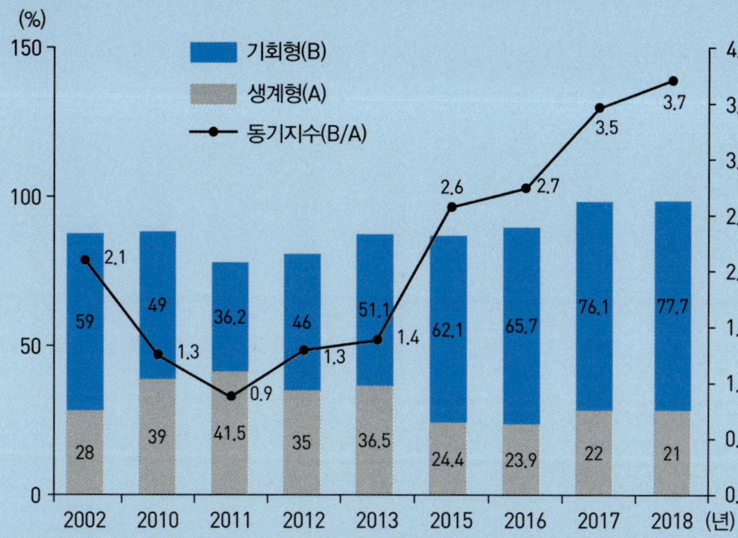

주: 1) 기회형 기업가는 매력적인 다른 대안이 있음에도 불구하고 자신이 포착한 기회를 추구하는 사람이고, 생계형 기업가는 기업가가 되는 경우 이외에는 다른 대안이 없는 사람
2) 동기지수(Motivational Index)는 TEA 중 생계형 기업가수 대비 기회형 기업가수의 비율
자료: GEM, 2018/2019 Report를 토대로 작성함

지수(MI: Motivational Index)는 2002년 2.1에서 2011년 0.9로 떨어졌다가 2018년에는 다시 3.7로 증가하였다.

한편 기업가적 자질을 측정한 지표를 보면, 〈그림 4-3〉에서 보는 바와 같이 2008년에 비해서 2013년에는 그 수준이 감소한 것으로 나타나고 있다. 기회인식의 비중이 2008년 20%였으나 2013년에는 12.7%로 감소한 반면에, 실패에 대한 두려움은 2008년 32%에서 2013년 42.2%로 증가하였다. 하지만 2018년에는 기회인식의 비중이 45.7%로 크게 높아지고 실패에 대한 두려움의 수준이 32.8%로 감소한 것으로 조사되었다.

그림 4-3 우리나라의 기업가적 자질 변화 추이

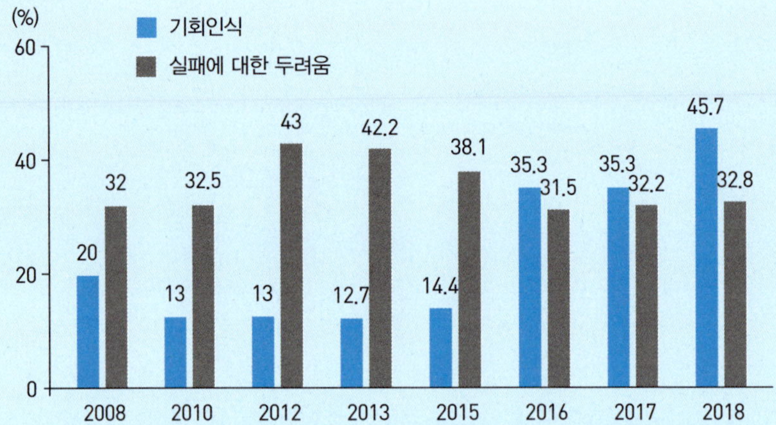

주: 1) 기회인식은 성인(18~64세) 중 향후 6개월 이내에 새로운 벤처기업을 창업할 기회가 있다고 보는 사람들의 비중임
2) 실패에 대한 두려움은 사업기회가 있다고 보는 성인(18~64세) 대비 비율임
자료: GEM 각 년도 보고서에서 발췌하여 작성함

4.4 주요 국가 간 기업가정신의 비교

Peter Drucker가 1990년대 중반경 매긴 국가별 기업가정신 순위를 보면 한국 1위, 대만 2위, 일본 3위, 독일 4위이고 미국에 대해서는 기업가정신과 기술혁신에 대한 자만심을 경고하고 있다. 특히 중국의 부상을 예측하였다. 하지만 이러한 Peter Drucker의 평가는 개인의 주관에 따른 것이었다. 이제 GEM이 발표하는 객관적인 지표들을 통해서 이들 국가 간 기업가정신의 수준을 비교해 보기로 하자.

먼저 성인(18~64세) 인구 중 "업력이 42개월 이하인 신규벤처기업을 설립하여 운영하고 있는 성인"의 비중을 나타내는 TEA(Total Early-stage Entrepreneurial Activity)를 보면, 〈그림 4-4〉에서 보는 바와 같이 2002년에는 한국이 14.5%로 1위에

그림 4-4 주요 국가 간 TEA 수준 비교

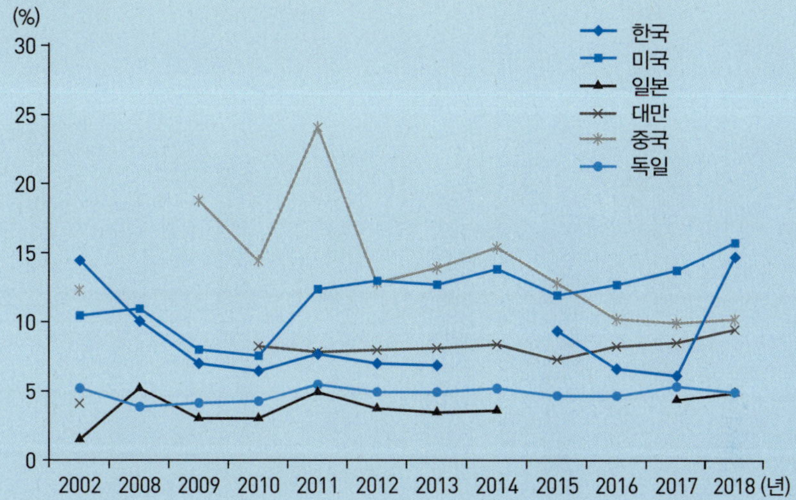

주: TEA는 성인(18~64세) 인구 중 "업력이 42개월 이하인 신규벤처기업을 설립하여 운영하고 있는 성인"의 비중

자료: GEM 각 년도 보고서에서 발췌하여 작성함

랭크되어 있다. 그 뒤를 이어서 중국, 미국, 독일, 대만, 일본 순으로 나타나고 있다. 1990년 중반 경 Peter Drucker의 예측은 직관에 의한 것이었지만 이와 같은 객관적인 지표와 거의 일치하는 것으로 보인다. 특히 그는 한국의 기업가정신 수준과 중국의 부상을 정확하게 예측하였다.

그 후 약 15년이 지난 2018년 국가별 기업가정신의 순위에는 많은 변화가 있었다. 미국이 1위로 랭크되고, 한국, 중국, 대만, 독일, 일본 순으로 이어지고 있다. 한국의 기업가정신 수준은 2002년 이후 계속 낮아져 왔으나 2018년에 와서 다시 회복하는 현상을 보이고 있다. 독일의 기업가정신 수준은 과거 10여 년 동안 거의 변동이 없었으며, 일본의 기업가정신 수준은 2002년 수준에 비해서는 약간 증가하였으나 정체되어 있다.

다음으로 생계형 기업가 대비 기회형 기업가 비율을 나타내는 동기지수(MI)를

그림 4-5 주요 국가 간 동기지수 비교(2018년 기준)

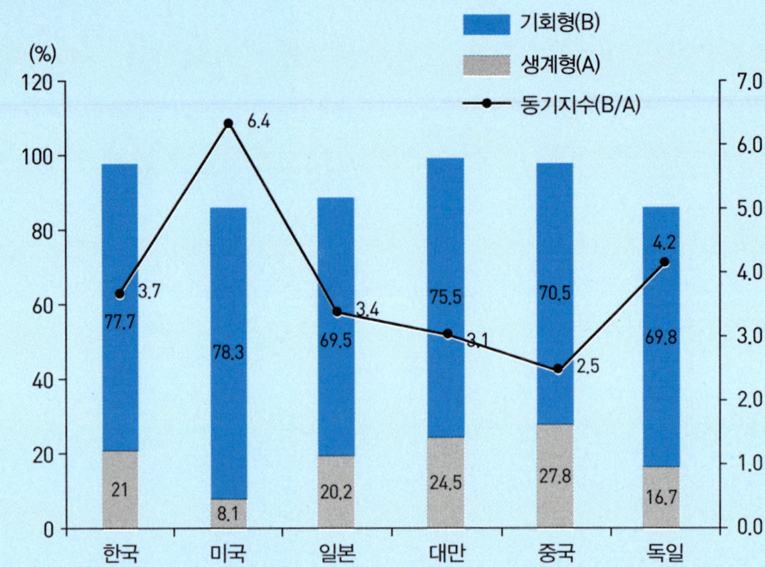

주: 1) 기회형 기업가는 매력적인 다른 대안이 있음에도 불구하고 자신이 포착한 기회를 추구하는 사람이고, 생계형 기업가는 기업가가 되는 경우 이외에는 다른 대안이 없는 사람

2) 동기지수(Motivational Index)는 TEA 중 생계형 기업가수 대비 기회형 기업가수의 비율

자료: GEM, 2018/2019 Report를 토대로 작성함

보면(〈그림 4-5〉), 2018년 기준으로 미국이 6.4로 가장 높고 독일 4.2, 한국 3.7, 일본 3.4, 대만 3.1 순이며 중국이 2.5로 가장 낮은 수준이다. 이는 중국은 TEA 지수는 높지만 주로 생계형 창업의 결과로 인한 것임을 보여준다. 한국의 경우는 2018년 동기지수는 과거에 비해서 높아진 수준이지만 미국에 비해서는 아직도 기회형 기업가보다는 생계형 기업가들의 수가 많은 것으로 나타나고 있다.

마지막으로 기업가들의 태도 혹은 자질 면에서 평가한 지표를 보기로 하자. 두 가지 지표, 즉 기회인식과 실패에 대한 두려움을 기준으로 보았을 때 2018년 기준으로 미국, 한국, 독일 등은 기회인식의 비중이 실패에 대한 두려움보다는 더 큰 것으로 나타나고 있다. 특히 미국 기업가들은 절대적으로나 상대적으로 기회인식

능력이 매우 높은 반면에 실패에 대한 두려움은 낮은 것으로 조사되었다. 이와 대조적으로 일본의 기업가들은 절대적으로나 상대적으로 기회인식의 능력은 매우 낮은 반면에 실패에 대한 두려움은 매우 높은 것으로 나타나고 있다. 대만과 중국의 경우도 일본의 경우와 크게 다르지 않은 것으로 보인다.

그림 4-6 주요 국가 간 기업가 자질 비교(2018년 기준)

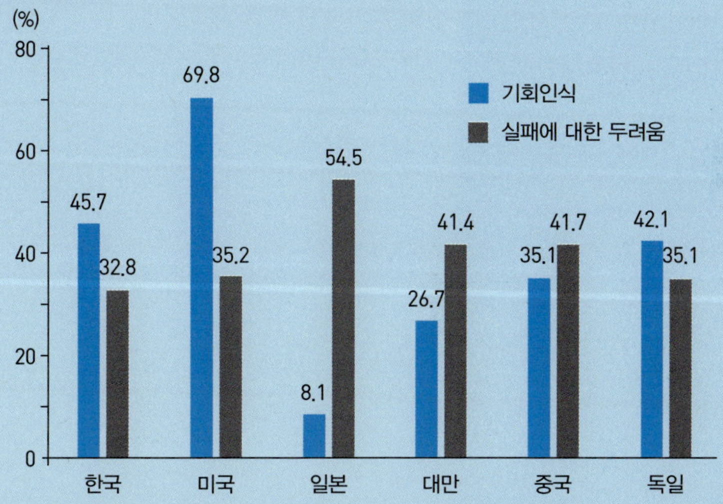

주: 1) 기회인식은 성인(18~64세) 중 향후 6개월 이내에 새로운 벤처기업을 창업할 기회가 있다고 보는 사람들의 비중임

2) 실패에 대한 두려움은 사업기회가 있다고 보는 성인(18~64세) 대비 비율임

자료: GEM 각 년도 보고서에서 발췌하여 작성함

5

Chapter 05

기업가적 기회인식

“

기업가적 기회인식(recognition of entrepreneurial opportunity)은
기업가적 과정의 첫 단계이다.
이 장에서는 기업가적 기회란 무엇이며, 어디로부터 오며,
어떻게 현실에서 구현할 수 있는지를 알아본다.

”

읽을거리 기회의 법칙

벌목꾼과 식물학자와 수도자가 숲속을 거닐고 있다. 세 사람은 무엇을 볼까? 식물학자는 연구할 만한 식물을 보고, 벌목꾼은 목재로 쓸 만한 나무를 보고, 수도자는 존재의 기적을 본다. 세 사람 모두 현실을 보는 관점이 각각 다르다.

우리는 세상을 살면서 자신의 개성과 경험에 따른 자신만의 프리즘을 통해 사물을 본다. 타고난 감각은 비슷하지만, 각자 다른 버전의 현실을 살며, 현실을 보는 방법에 따라 기회를 인식하는 방법도 다르다.

식료품점에 들어가는 세 사람이 있다고 가정해 보자. 한 사람은 할인 판매하는 토마토를 싸게 살 기회를 노리고, 한 사람은 사람들을 만날 기회로 노리고, 또 한 사람은 건너편에 더 좋은 식료품점을 차릴 기회를 노릴 것이다. 자신만의 독특한 방식으로 기회를 모색하는 것은 자연스러운 일이다. 하지만 훈련을 통해 새로운 방식으로 세상과 기회를 엿볼 수도 있다.

로버트 프로스트는 '가지 않은 길'이란 유명한 시에서 숲속의 두 갈래 길을 인생에서 맞이하는 기회와 선택에 비유했다. 그가 선택한 길, '사람들이 덜 다닌 길'이 그의 인생을 모두 바꾸어 놓았다. 이처럼 기회를 이해하고 이를 잘 활용하는 것은 곧 삶을 성공으로 이끄는 열쇠다.

(Eben Pagan 지음, 김희주 옮김, 기회의 법칙, 2019 중에서 일부 수정 발췌)

5.1 기업가적 기회의 중요성

모든 벤처기업은 하나의 아이디어로부터 출발한다. 그러나 좋은 아이디어라고 해서 항상 좋은 기회는 아니며, 따라서 좋은 아이디어라고 해서 성공적인 벤처기업을 보장하는 것은 아니다. 그러므로 기업가가 되려는 사람은 아이디어를 좋은 사업기회로 전환시키고, 이를 사업화시켜야 한다.

1) 아이디어에 대한 잘못된 생각

흔히 기업가들은 엄청난 아이디어를 창출하는 능력을 천부적으로 가지고 있다고 생각하는 경향이 있다. 하지만 천재가 밤에 꿈을 꾸다가 엄청난 아이디어를 생각하였다고 이것이 현실화되기는 어렵다. 이와 달리 좋은 아이디어는 서로간의 상호작용으로부터 온다. 아이디어에 대해서 친구, 동료, 잠재고객들과의 토론을 거쳐서 수정되면서 좋은 아이디어로 발전해 나가는 것이다.

아이디어에 대한 또 하나의 오류는 어떤 하나의 아이디어는 유일하다고 생각하는 것이다. 하지만 그렇지 않다. 좋은 아이디어를 생각해 내었다고 하더라도 대부분 이미 기존에 존재했던 아이디어인 경우가 많다. 따라서 중요한 것은 아이디어를 발전시키고 변화시키고 제품화하여 시장에 내놓아 고객들로 하여금 관심을 갖게 만드는 일이다. 이때 비로소 아이디어가 좋은 기회가 되는 첫 걸음마를 딛게 된다.

2) 아이디어에서 기회로

성공한 기업가들을 보면 그들은 꿈을 실현하는 과정에서 마술을 부린 것 같은 느낌을 가지게 된다. 하지만 기업가가 아이디어를 기업가적 기회로 전환하는 과정은 순탄하지 않다. 그들은 오랜 실무경험(long-standing Industry experience)과 사회적 네트워크(social connections)를 바탕으로 기회를 포착하여 성공시킨다. 물론 경험 없는 사람이라고 해서 사업에 성공하지 못한다는 것은 아니다. 그만큼 아이디어를 기회로 만드는 작업은 쉽지 않다는 의미이다.

기업가적 기회는 지식이 부단한 노력 및 집중과 결합하여 창출된다. 기업가적 기회들은 아이디어, 창의성, 개방성 등을 갖춘 사람들에 의해서 만들어진다. 성공적인 기회포착자들은 숫자에 민감하고, 분석적으로 일하며, 기대와 가치 그리고 욕구를 공부한다. 특히 아이디어를 증명하기 위해서 다른 사람과 얘기하기를 좋아하고 획득한 다른 사람의 의견을 반영한다.

5.2 기업가적 기회란

그렇다면 기업가적 기회(entrepreneurial opportunity)란 정확히 무엇을 말하는가? 사전에서 기회의 일반적 의미를 찾아보면, '어떠한 일을 하는데 적절한 시기나 경우'이다. 따라서 기업가적 기회는 '사업을 함에 있어서 적절한 시기나 경우'라고 할 수 있다. 즉 "어떤 사람이 이윤창출 가능성을 가진 새로운 사업아이디어를 개발 혹은 활용할 수 있는 상황"이라고 정의할 수 있다(Baron and Shane, 2008, p.39).

기업가적 기회는 미래의 재화 및 서비스를 창조할 수 있는 아이디어, 신념, 그리고 행동으로 구성된다. 예를 들어 스티브 잡스가 창안했던 스마트폰의 경우 기업가적 기회는 (a) 휴대전화와 컴퓨터의 결합이라는 아이디어; (b) 이 아이디어가 상업화될 수 있다는 신념; (c) 그리고 강력한 추진력 등을 포함한다.

기업가적 기회는 일반적으로 새로운 제품이나 서비스의 창출의 형태로 나타난다. 이외에도 새로운 생산공정의 도입, 새로운 시장의 확대, 또는 새로운 공급원의 발견 등을 통해서 활용될 수 있다. 예를 들어 내연기관의 발명은 자동차라는 제품과 관련된 사업기회를 가져왔고, 인터넷은 어떤 특정한 제품보다는 e-tailing이라는 새로운 비즈니스 과정을 통해서 엄청난 기회를 만들고 있다.

사례 작은 발명, TissueKup

흔히 기업가는 특이하고 비상한 사람이라고 생각하기 쉽다. 예를 들어 이병철, 정주영, 김우중, Steve Jobs, Bill Gates 등과 같은 입지전적인 인물을 기업가라고 본다.

하지만 기업가는 '작은 발명'(petty invention)을 통해서도 태어날 수 있다. 이는 Lorraine Santoli라는 미국 여성이 발명한 TissueKup의 사례에서 발견된다. 그녀의 아이디어는 일상생활의 경험에서 나왔다. 그녀는 자동차를 운전하는 중에 얼굴을 닦을 티슈가 필요하였는데 바로 찾기가 어려웠다. 그래서 생각해 낸 것이 모든 차량에 설치되어 있는 컵 홀더 크기에 맞을 뿐 아니라 티슈를 컵에 담아서 한 번에 사용할 수 있는 TissueKup이었다. 그녀는 이 아이디어를 살려서 TissueKups Inc.이라는 회사를 창업하였고 수백만 개의 TissueKup을 팔았다고 한다. 이것은 결코 하이테크(High-tech) 제품은 아니었다. 감각적인 하이터치(High-touch) 제품도 아니었다. 획기적인 신제품도 아니었다. 다만 수많은 잠재적인 고객들을 일깨운 효과적인 제품이었다. 그리고 Lorraine Santoli라는 여성이 이 아이디어를 내기 전에는 존재하지 않았던 제품이었다.

5.3 기업가적 기회의 원천

벤처창업에 있어서 기회포착이 중요하다. 그렇다면 기회는 어디로부터 오는가? 기회는 기술적 변화, 사회적 변화, 정책적 변화로부터 포착될 수 있다(Bhide, 2000).

1) 기술변화

기술변화는 기업가적 기회의 가장 중요한 원천이다. 왜냐하면 기술혁신은 사람들로 하여금 새로운 제품을 개발하거나 더 생산적인 방법을 고안할 수 있는 길을 열어 주기 때문이다. 예를 들어 초고층 빌딩이라는 사업기회가 열린 것은 초고속의 안전한 엘리베이터가 이미 개발되었기 때문이었다.

2) 사회문화적 변화

사회문화적 변화도 기업가적 기회의 중요한 원천이다. 왜냐하면 사회문화적 변화 과정에서 사람들의 기호와 수요패턴이 달라지기 때문이다. 예를 들어 비만과 음식에 대한 사람들의 인식변화는 새로운 사업기회를 창출하고 있다. 특히 인구수, 연령구조, 고용, 소득분포, 교육수준 등 인구의 변화는 수요측면에서 상당한 영향력을 갖는다. 고령화가 진행되면서 실버산업 관련 사업기회가 출현하는 것이 대표적인 예이다.

3) 정부정책의 변화

정부의 규제완화도 새로운 사업기회를 창출한다. 예를 들어 미국의 경우 통신, 전기, 항공, 철도, 은행 등 일련의 산업에 대한 정부의 규제가 완화되면서 많은 새로운 사업기회들이 창출된 것으로 보고되고 있다(Shane, 2003).

더 알아보기 5.1 피터 드러커가 말한 7가지 기회의 원천

현대 경영학의 아버지라 불리는 Peter Drucker는 기업가적 기회는 변화가 일어나는 상황에서 포착되기 쉽다고 하였다. Drucker(1985)는 기회는 다음 7가지 원천으로부터 온다고 한다. 기대하지 않은 사건(unexpected occurrences), 부조화(incongruities), 절차상의 필요(process needs), 산업/시장의 변화(industry and market changes), 인구변화(demographic change), 인식의 변화(changes in perception), 새로운 지식(new knowledge) 등. 이 중에서 처음 3가지는 회사 안에서 찾을 수 있는 기회인 반면에 나머지 4개는 회사 밖에서 찾을 수 있는 기회들이다. 이들 7가지 기회의 원천들은 중복되기도 하며, 여러 가지 기회의 원천들이 결합하여 하나의 기회를 만들어내기도 한다.

1) 기대하지 않은 사건

기업가적 기회는 기존 기업에서 예상치 못한 실패 혹은 성공으로부터 나타날 수 있다. 실패한 실험과 같은 실패는 관료주의적 기업조직하에서는 활용되어지기보다는 처벌된다. 반대로 별로 중요하지 않게 생각하던 제품의 매출이 급격히 증가하는 것처럼 예상치 못한 성공은 종종 관심을 받지 못할 수 있다. 왜냐하면 사람들은 자기가 원하는 것만을 보려는 경향이 있기 때문이다. 하지만 성공이든 실패든 기대하지 않는 사건은 기업가적 기회의 중요한 원천이 된다.

2) 부조화

부조화(incongruities)란 현실과 당위성과의 갭을 말한다. 예를 들어 바이오분야처럼 성장하는 산업임에도 불구하고 기업들은 계속적으로 적자를 면치 못하는 경우이다. 이러한 경우 분명히 현재는 이윤을 내기 힘들지라도 상황에 적절하고 빠르게 대응하는 기업들에게는 기업가적 기회를 열어줄 것이다. 부조화 상황하에서 기회는 산업 내부에 있는 사람들에 의해서 포착된다.

3) 절차상의 필요

절차상의 필요로부터 초래되는 기회는 절차의 개선, 즉 기존 절차상에서 취약한 연계를 제거하거나 새로 발견된 지식을 토대로 절차를 재설계하는 과정에서 찾을 수 있다. 이러한 기회는 상황보다는 과업에서 나타난다. 이러한 기회들은 미미한 것들로서 세심한 집중을 요하며, 필요로 하는 것이 무엇인지를 정확히 이해해야만 발견될 수 있다. 따라서 절차상의 필요는 그 절차를 사용하는 사람들에 의해서 인식되는 경우가 많다.

4) 산업/시장의 변화

기업을 둘러싸고 있는 산업 및 시장의 변화는 매우 많고도 중요한 기회들을 창출한다. 대표적인 예가 통신시장이다. 인터넷이 출현하고 모바일화됨에 따라서 스마트폰, 어플 프로그램 등 다양한 사업기회들이 나타나고 있는 중이다. 미래에는 기술과 기술, 기술과 산업, 산업과 산업이 융합되면서 많은 기회들이 창출될 것으로 전망된다. 스마트 팜, 스마트 공장, 드론 등이 그러한 사례들이다.

산업 및 시장의 변화에 의한 사업기회는 시장 내에 있는 사람들보다는 시장 밖에 있는 사람들에게서 잘 포착된다. 왜냐하면 외부 사람들은 변화를 하나의 위협으로 간주하기 때문이다. 이러한 이유로 기회를 잡은 기업들은 기존 기업들을 쉽게 따라 잡을 수 있게 된다.

5) 인구구조의 변화

인구구조의 변화는 확실하고도 다양한 기회들을 유발시킨다. 인구규모, 연령구조, 고용, 교육수준, 소득 등은 소비자들의 구매행동을 예측하게 해 주기 때문이다. 앞에서도 언급했듯이 고령화가 진행되면서 실버산업 관련 사업기회가 출현하는 것이 대표적인 예이다.

6) 인식의 변화

인식의 변화 역시 기업가적 기회를 유발한다. 예를 들어 사람들은 종전과 달리 음식을 생존을 위한 것이라기보다는 건강과 취미의 대상으로 보게 되었고, 이에 따라 건강기능식품과 관련된 사업기회가 크게 증가하고 있다. 각종 맛집에 관한 관심도 증가하면서 이를 연결해 주는 앱 프로그램도 개발되어 사업화되고 있다.

또 다른 예로 비만에 대한 인식변화를 들 수 있다. 미디어에서는 비만을 일종의 병으로 각인시키고 정부도 이에 대한 지원 프로그램을 내어 놓으면서 각종 운동기구, 비만방지 및 억제식품 등 사업기회들이 창출되고 있다.

7) 새로운 지식

획기적인 발명, 즉 전에 없던 새로운 기술, 새로운 제품은 새로운 사업기회를 창출한다. 바이오 분야에서 유전자에 대한 지식이 증가하면서 새로운 제품들이 출현하고 이는 기업가들에게 다양한 사업기회를 제공하고 있다. 물론 새로운 지식의 출현과 이의 사업화 사이에는 많은 시간이 필요하지만 성공할 경우에는 엄청난 경제적 이득을 얻을 수 있게 된다.

5.4 기업가적 기회의 유형

기업가적 기회의 유형은 신규성(newness)을 기준으로 〈그림 5-1〉과 같이 네 가지 유형으로 구분할 수 있다. 그림에서 횡축은 시장 혹은 수요의 신규성 정도를 나타내고, 종축은 생산 혹은 공급의 신규성 정도를 나타낸다. 그림에서 유형 I 은 인식되는 기회이다. 유형 II 는 발견되는 기회로서 새로운 생산/공급이 창출되는 경우

그림 5-1 사업기회의 창출 유형

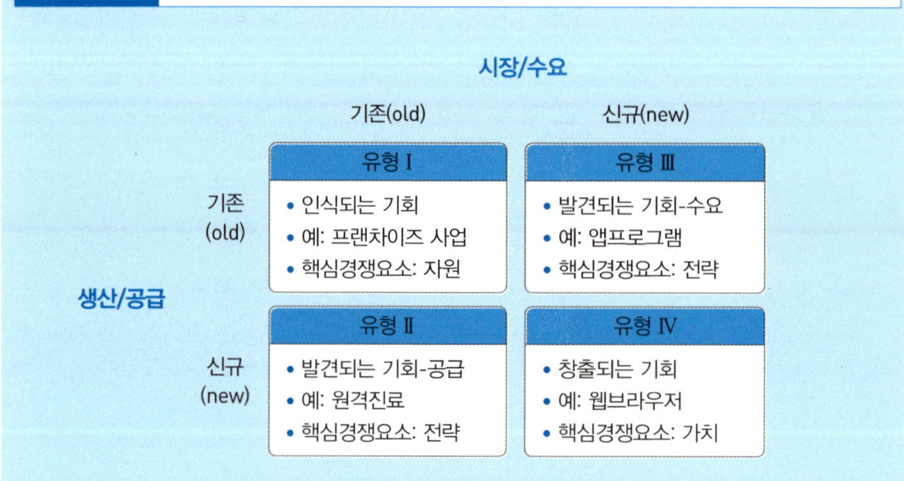

이고, 유형Ⅲ은 역시 발견되는 기회이나 새로운 시장/수요가 창출되는 경우이다. 유형Ⅳ는 창출되는 기회이다.

1) 유형 Ⅰ: 인식되는 기회

인식되는 기업가적 기회는 기존시장의 활용(exploitation)에서 나타나는 기회이다. 만약 제품이나 서비스에 대한 수요와 공급이 둘 다 존재하고 있다면, 양자를 결합하는 기회는 '인식되어(recognized)'질 수 있고, 양자 간의 연결이 실제로 기존 기업이나 신규기업을 통해서 수행되어질 수 있다. 예를 들어 프랜차이즈사업, 중개서비스 등이다. 인식되는 기회가 사업화되는 과정에서 핵심경쟁요소는 자원(resource)이다.

2) 유형 Ⅱ: 발견되는 기회-공급측면

발견되는 기업가적 기회는 기존시장 혹은 숨어있는 시장의 탐색(exploration)에서 나타나는 기회이다. 이러한 유형의 기회는 수요와 공급이 동시에 존재하는 것이 아니라 공급만 있고 수요가 없는 경우, 아니면 수요만 있고 공급이 없는 경우에 '발견되어(discovered)'질 수 있는 기회이다. 유형Ⅱ는 발견되는 기회 중에서 수요는 존재하지만 공급이 존재하지 않는 경우에 찾을 수 있는 사업기회이다. 예를 들어 원격진료는 수요는 존재하지만, 공급이 존재하지 않는 상황에서의 공급측면의 기회이다. 발견되는 기회가 사업화되는 과정에서 핵심경쟁요소는 전략(strategy)이다.

3) 유형 Ⅲ: 발견되는 기회-수요측면

유형Ⅲ 역시 유형Ⅱ와 마찬가지로 발견되는 기회이나, 유형Ⅱ와는 반대로 공급은 존재하지만 수요가 존재하지 않는 경우에 찾을 수 있는 사업기회이다. 예를 들어 스마트폰을 기반으로 한 앱프로그램 같은 정보기술의 응용은 공급은 존재하는 상황에서 수요측면에서 발견되어지는 기회이다. 유형Ⅲ이 사업화되는 과정에서 핵심경쟁요소는 유형Ⅱ와 마찬가지로 전략(strategy)이다.

4) 유형 Ⅳ : 창조되는 기회

창조되는 기업가적 기회는 새로운 시장의 창출(creation)에서 나타나는 기회이다. 이른바 블루오션시장(blue ocean market)의 창출이다. 이러한 유형의 기회는 기존에 수요는 물론 공급도 존재하지 않는 상황에서 양자가 모두 '창출되어져(created)' 새로운 제품과 시장을 탄생시킨다. 전구, 웹브라우저, 김치냉장고 등을 대표적인 예로 들 수 있다. 창출되는 기회가 사업화되는 과정에서는 핵심경쟁요소는 가치(value)이다.

5.5 기업가적 기회의 현실화: 사업타당성 검토

앞에서 언급한 바와 같이 좋은 기회는 항상 좋은 사업기회가 되는 것은 아니다. 따라서 기업가가 해결해야 하는 가장 중요한 문제는 기회를 어떻게 하면 현실로 가져올 수 있는가이다. 기회를 현실화하기 위해서는, 즉 시장으로 가져오기 위해서는 사업에 대한 이해가 필수적이다. 즉 기업가는 기회가 포착된 산업과 그 산업에서의 신제품, 산업발전추세에 대해 충분한 이해해야 하며, 사업기회에 대하여 객관적으로 평가한 후에 실제 실행 여부를 결정해야 한다. 우선 기업가는 창업의 사결정을 하기 위해서 다음과 같은 일에 체계적으로 착수해야 한다.

- 제품/서비스 타당성: 창업도전자는 기회로부터 창출되는 제품이나 서비스를 고객이 진정으로 원하는지, 지불의사(willingness to pay)가 큰지 등을 확인해야 한다. 만약 기업가가 고객을 제대로 규정하지 못하면 단지 아이디어 수준에 머물러 있다고 볼 수 있다.
- 산업/시장 타당성: 창업도전자는 시장구조 및 경쟁상황을 파악해야 하고, 실제로 달성 가능한 시장점유율 등을 예측해야 한다.

- 조직 타당성: 새로운 벤처기업을 설립할 때 능력 있고 믿을 만한 동료나 팀을 구성할 수 있는지를 검토해야 한다. 특히 정직하고 통합력 있는 인재를 찾아야 한다.

- 재무적 타당성: 무엇보다도 착수되는 사업으로부터 지속적으로 이윤이 실현될 수 있는지를 검토해야 한다. 예를 들어 10~15%의 이윤율이 지속될 수 있는지를 확인해 보아야 한다. 특히 손익분기점(break-even-point)은 어느 시점에서 실현되는지를 분석하는 일은 매우 중요하다. 이외에도 잠재적인 투자수익률(ROI: Return on Investment), 현금흐름, 추가적인 투자소요액 등을 계산해 보아야 한다.

- 개인적 적합성: 마지막으로 새로운 사업과 자신의 적성이 맞는지를 검토해야 한다. 흔히 성장속도가 높거나 잠재력이 높은 기회를 전제하는 경향이 있으

표 5-1 벤처사업기회 평가기준

항목	내용
산업과 시장	• 사람들의 일상생활을 바꿀 수 있는 제품이나 방식 • 시장 선도 • 아직 미성숙한 시장 • 1,000억원 이상의 시장 규모 • 5년 이내에 20% 이상의 시장점유율
재무적 측면	• 2년 이내에 손익분기점 도달 • 25% 이상의 ROI (Return on Investment) • 매출액의 20% 이상의 현금흐름과 지속적인 현금흐름 창출 • 40% 이상의 매출총이익 • 10% 이상의 당기순이익
회수적 측면	• 20배 이상의 PER(Price Earning Ratio) • 공개시장에서 높은 가치평가 및 유동성 공급 가능
경쟁 이슈	• 낮은 고정비용 • 적절하고 배타적인 법적, 계약상 위치
경영진	• 시장에서 높은 위치 및 실적 보유 • 높은 도덕성 • 부족한 점에 대하여 정확히 인식하고 해결하는 자세

자료: Timmons et al.(2009)

나, 어떤 기업가에게는 저성장이라도 인생을 즐길 수 있는 사업기회가 자신에게 맞을 수도 있다.

참고로 벤처사업기회의 성공확률에 대한 평가기준을 소개하면 〈표 5-1〉과 같다.

5.6 기회인식과 타이밍

"버스 지나간 뒤에 손들어 봐야 소용없다"는 말이 있다. 기회도 마찬가지이다. 잠재적인 기회를 인식하는 일뿐만 아니라 기회활용의 타이밍을 잡는 일이 매우 중요하다. 적절한 타이밍을 잡고 기회를 활용하면 사업성과는 극대화될 것이다. 반대로 사업이 너무 빠르게 착수되거나 너무 느리게 착수되면 모든 노력은 헛수고가 될 수 있다.

하지만 적정한 타이밍을 잡는 일은 쉽지 않다. 사람들은 기회의 창(window of opportunity)이 막 열리고 있는 순간보다는 이미 어느 정도 열려져 있는 상황을 보는 것이 쉽기 때문이다. 그래도 고객과 시장상황을 주시하면 타이밍을 맞출 수 있다. 먼저 고객을 보면 된다. 특히 신기술이나 과학지식을 가지고 창업하려는 기업가들은 시장에서의 반응을 보기 위하여 그들의 아이디어를 잠재적인 고객들에게 설명하고 홍보한다. 다음으로 경쟁자들을 보면 시장의 상황을 파악할 수 있다. 만약 자신이 들어가려는 분야에 많은 대기업들이 포진하고 있다면 그것은 너무 늦은 타이밍이다.

5.7 기회분석: 사업개념제안서 작성

본격적인 사업계획서(Business Plan: BP)를 작성하기 전에 A4 용지로 2페이지짜리의 사업개념제안서(Business Concept Proposal: BCP)를 작성하는 것이 좋다. BCP는 하나의 기회에 어떠한 장점들이 있는지를 검토하는 것으로, 사업을 할 것이지, 아니면 하지 않을 것인지를 의사결정하는 자료가 된다. BCP 작성은 조기에 착수되어야 하고, 여러 번 작성하는 것이 좋다. 짧아야 한다. BCP 포함 내용은 다음과 같다.

- 아이디어나 기회에 대한 설명(최대 6줄을 넘어서는 안 된다)
- 고객에 대한 이득은 무엇인가? 최종 고객이 있다면, 그들의 이득은 무엇인가?
- 기회의 원천은 무엇인가?
- 시장잠재성은? 즉 시장규모와 가능한 시장점유율은?
- 현금흐름을 포함한 수입과 이윤의 예측(5년간)
- 벤처창업을 하지 않을 수 있는 중요한 상황이 있는가?

벤처창업자는 위 사항을 검토 후 기술사업화의 채택 혹은 기각을 결정한다. 만약 결과가 채택이라면 BCP를 BP로 발전시키는 작업을 진행한다.

5.8 기회보호전략

기업가적 기회에 관한 정보는 일종의 공공재라고 볼 수 있다. 왜냐하면 정보가 다른 사람에게 쉽게 퍼질 수 있기 때문이다. 그렇다고 너무 과도하게 비밀로 하게 되면, 다른 사람들(예: 동료, 잠재적 고객, 엔젤투자자 등)로부터 좋은 의견을 통해서 기회를 현실화하거나 개선할 수 없게 된다. 따라서 기업가는 적정한 수준으로 기회에 대한 정보를 공유하고 자문을 구하는 것이 좋다.

이와 함께 가능하다면 기회로부터 오는 이득을 실제로 향유하기 전까지 몇 가지 사전적 조치를 취할 수 있다. 첫째는 기회와 관련된 기술에 대한 특허권 등 법적 권리를 획득해 놓는 것이다. 둘째는 한 번의 거래로 이윤을 얻기 어려운 경우에는 거래당사자간 신뢰를 바탕으로 장기공급계약 등을 체결하는 것이다. 셋째는 투기나 중재를 통해서 기회로부터 오는 이득을 얻을 수 있다.

예시: 사업개념제안서(BCP)

1. 회사명 대한 문서작성 솔루션스(Daehan-Works Content Solutions: DWCS)

2. 제안
- DWCS는 기술전문회사들과의 상호 간 계약하에서 다양한 문서작성 서비스를 제공한다.
- 서비스는 사용자 가이드, 튜터리얼, 비디오, 웹문서, 교육·훈련, 사회적 매체 내용 등에 관련된 문서작성을 포함한다.

3. 제안 이유
- 시장: 2020년 현재 서울, 경기 등 수도권 지역에는 1,500여 개의 기술전문회사가 있다. 이들은 대부분 중소기업들이다.
- 수요: 일반적으로 이들 기업은 필요로 하는 기술적 정보를 창출할 수 있는 전문가나 혹은 이러한 작업을 수행할 시간을 갖고 있지 못하다. 이 기업들은 기술적 정보에 대한 문서를 작성할 전문가를 정규직으로 고용하기 어렵다. 따라서 다른 전문기업과의 계약을 통해 이 일을 해야만 한다.

4. 고객 세분화 및 시장 확대
- 초기 시장은 서울과 경기지역에 있는 기술전문회사들이다.
- 후에는 이 지역에 있는 8개의 연구센터로 확장할 것이며, 대학과 연구단지가 밀집해 있는 대전 부근 대덕연구단지로 확대할 것이다.

5. 마케팅 계획
- 잘 관리된 홈페이지를 통해서 고객 유치
- 효과적인 문서작성을 위한 교육·훈련 세미나 개최
- 기술정보 창출 관련 블로그 개설

6. 서비스 개발 및 유통

- 계약은 고객의 요구에 따라서 사무실이나 온라인상에서 이루어질 것이다.
- 초기의 계약은 창업자가 직접 개입하여 완결한다.
- 계약 건수가 늘어나면 문서작성 능력이 있는 종업원을 채용할 것이다. 이에 따라 사무실도 확장할 것이다.

7. 필요한 추가 자원

- 초기자본은 창업자의 자금으로 충당하되, 사무실을 확장하고 종업원을 더 채용하게 되면 엔젤펀드나 은행융자를 통해서 조달할 것이다.
- 법률문제나 회계처리를 위한 전문가가 필요하다.

8. 기업가치

- DWCS의 가치는 고용된 기술문서 작성 전문가의 경험과 능력에 있다.
- 또한 전문가들이 창출하는 빠르고 적절한 문서작성 프로세스도 하나의 장점이다.

9. 재무계획

- 초기 고정비용은 사무실 임대료, 시설비 등 포함하여 5천만원이다.
- 월평균 지출비용은 인건비, 정상이윤, 재료비 등 5백만원이다.
- 손익분기점: 월 계약 건수가 10건이 될 때 손익분기점(Break-Even Point: BEP)이 달성된다. 이는 창업 후 6개월 때부터이다.

10. 향후 성장계획

- 1년 차는 창업자와 2명의 전문가가 문서를 작성하여 공급한다.
- 2년 차는 4~5명의 문서작성 전문가, 사무실 운영자, 판매직 종업원을 채용한다.

11. 위험관리

- DWCS의 주된 기업가치는 기술문서작성 전문가의 두뇌와 이들이 창출하는 계약들이므로 고용된 문서작성 전문가를 보유하는 것이 위험을 피하기 위한 최선의 방책이다.
- 문서작성 오류에 대해서는 보험에 가입한다.
- 교육·훈련 교재와 같은 문서는 저작권에 대한 사항을 명기한다.

6

Chapter 06

사업계획서

“

이 장에서는 벤처기업 창업의 로드맵인 사업계획서(Business Plan)에 대해서 자세히 알아본다.

”

일단 사업개념제안서를 통해서 사업추진이 결정되면 사업계획서(BP: Business Plan)를 작성하여 이를 보다 구체화시켜야 한다. 사업계획서는 기업의 얼굴인 동시에 기업의 신용이므로 정확하고 객관성이 유지되어야 하며, 전문성과 독창성을 갖춰서 작성하여야 한다.

6.1 사업계획서 개관

1) 사업계획서(BP)란

BP는 초기 아이디어를 사업개념제안서(BCP)로 구체화한 다음, 기회를 평가하는 하나의 문서(document)이다. 즉 벤처기업의 기회, 제품/서비스, 체제, 전략, 팀, 요구되는 자원, 예상수익 등을 보여주는 문서이다.

BP는 기업의 로드맵(road map)으로서 기업경영과 관련한 다음의 세 가지 질문에 답하는 것이다. 첫째는 지금 우리는 어디에 있는가(Where are we now)? 둘째는 우리가 가고자 하는 곳은 어디인가(Where do we want to be)? 셋째는 어떻게 그곳에 도달할 수 있는가(How are we going to get there)?

2) 왜 BP를 작성하는가

기업은 다음의 여러 가지 이유들로 BP를 작성한다.

- 벤처기업 창업이 자신에게 가치가 있음을 스스로 확신하기 위해서
- 재원조달을 위한 설명 자료로 활용하기 위해서
- 종업원들에게 동기를 부여하고 일에 집중시키기 위해서
- 중요한 거래계약을 따내기 위해서
- 핵심인력을 영입하기 위해서
- 전략적 제휴를 성사시키기 위해서
- 성공적인 M&A를 위해서

위의 여러 가지 이유 중에서 가장 중요한 이유는 재원조달이라고 할 수 있다. 특히 창업기업의 경우에 BP를 가지고 투자자들을 설득시킴으로써 창업자금을 조달하는 일은 무엇보다도 중요하다. 하지만 창업자는 BP를 통해서 자신이 꿈꾸고 있는 사업기회를 이해할 수 있는 점도 매우 중요하다. Bobson 대학의 Andrew Zacharakis 교수는 "BP를 작성하는 과정을 통해 창업자는 중요한 질문을 스스로에게 던지고 그 질문에 대한 답을 연구하고 찾아냄으로써 자신이 생각했던 당초의 비전을 더 나은 기회로 구체화시킬 수 있게 된다"고 설명한다.

3) 누가 BP를 작성하는가

자원이 항상 부족한 창업자들은 BP도 외부의 도움을 받아 작성하는 경우가 많다. 컨설턴트 혹은 사내 인턴들의 도움을 받아 작성하기도 하고 정부기관이 창업기업의 BP 작성을 대행해 주기도 한다. 물론 이러한 외부적 도움은 유익할 때도 많지만 창업자 혹은 창업 팀의 의도를 정확히 반영하기 어렵다. 따라서 BP를 발표하고 방어하며 궁극적으로 그것을 실행할 창업 팀이 직접 작성하는 것이 좋다.

4) 누가 BP를 읽는가

하나의 사업에 하나의 BP만 작성되는 것은 아니다. 왜냐하면 BP를 읽는 사람들의 관심이 서로 다르기 때문이다. 따라서 동일 사업이라고 하더라도 읽는 사람들의 관심에 맞게 BP를 작성할 필요가 있다. 예를 들어 기업 내부 종업원들이 읽을 BP라면 기업운영에 관한 내용에 중점을 두어 작성하는 것이 좋다. 만약 은행, 엔젤투자자, 벤처투자자, 기관투자자 등 잠재적 투자자들에게 설명할 BP라면 기업의 사업성이나 현금흐름 등에 대해서 자세히 설명하는 것이 바람직하다. 요컨대 BP는 이해관계자들의 입맛에 맞게 작성하여야 한다.

5) BP에는 어떤 내용이 들어가는가

BP는 용도에 따라서 그 초점과 양은 다를 수는 있지만 전체적인 구조는 동일하다. BP의 일반적인 목차 및 내용은 다음과 같다.

- 표지 및 목차
- 개요
- 현재 상황: 회사정보, 제품/서비스, 경영팀, 조직, 미래목표, 비전, 임무
- 기회 및 시장: 구매자, 경쟁자, 기업의 경쟁우위
- 비즈니스 모델과 마케팅전략
- 재무상태: 현금흐름, 손익계산서(Income Statement: I/S), 재무상태표(Statement of Financial Position: SFP), 소요투자자금
- 위험분석 및 출구전략
- 결론
- 부록: 이력서, 참고문헌, 기술분석 등

BP의 일반적인 구성요소는 다음과 같다.

- 벤처 팀(New Venture Team)
- 시장분석(Market Analysis and Sizing)
- 산업 및 경쟁자분석(Industry and Competitor Analysis)
- 마케팅계획(Marketing Plan)
- 자금조달(Financing the Venture)
- 위험요소(Taking about Risk)

더 알아보기 6.1 사업계획서 작성 시 주의사항

벤처기업은 먼저 사업기회에 대하여 평가하고, 그것이 긍정적이면 본격적인 실행에 옮길 것이다. 그 첫걸음은 사업계획 수립이며, 사업계획을 준비할 때 필수사항과 금지사항으로 다음과 같은 것들이 있다(Timmons et al., 2009).

필수사항

- 사업계획을 수립할 때에는, 모든 경영진을 참여시켜라.
- 논리적이며 이해하기 쉽고, 읽기 쉽고, 가능한 짧게 작성하라.
- 계획을 준비할 때에는 많은 시간과 돈을 투입하고 그 헌신도를 주변에 알려라.
- 발생가능한 치명적 리스크와 그 원인에 대하여 분명히 하라.
- 현재 또는 미래 잠재적인 문제에 대하여 공개하고 토의하라.
- 재원조달의 다양한 방법을 강구하라.
- 사업계획은 실제 사업이 아니라는 것을 명심하라. 한 가지의 실행이 두 가지의 계획보다 더 가치가 있다.
- 설령 계획수립이 늦어지더라도, 현금흐름을 창출할 수 있는 기회가 있으면 우선 실행하라.
- 투자그룹에 대하여 인식하라. 그들의 희망사항과 반대사항에 대하여 연구하고, 그에 맞게 재원조달 계획을 수립하라.
- 재무계획의 기초는 현실적인 시장 및 매출 전망으로부터 출발해야 한다.

금지사항

- 적극적인 참여의사가 불분명한 사람을 경영진에 포함시키는 것
- 모호하거나 지속성이 떨어지는 근거
- 전문가만 이해할 수 있는 전문용어를 사용하여 설명하는 것
- 화려한 안내책자, 발표 자료에 돈 낭비
- 판매를 하고 돈을 벌어야 하는 순간에도 사업계획서 작성에 시간을 허비하는 일
- 실제로 현금이 유입되어야 거래가 된 것임에도 불구하고, 단지 구두 약속 또는 악수하는 행위를 거래 성사로 가정하는 것

6.2 벤처 팀

1) 벤처 팀의 구성

창업은 기업가 개인 혹은 가족 단위로 수행하는 경우가 많다. 하지만 기술창업이나 고도의 지식을 요하는 사업의 경우에는 기업가 혼자의 힘만으로는 버거울 수 있다. 따라서 창업 시에 벤처 팀을 꾸리는 것이 좋다. 팀을 꾸리게 되면 다양한 지식을 활용할 수 있고, 분업이 가능하며, 네트워크를 형성시킬 수 있다. 경영에 관한 의사결정과 책임을 팀원과 공유할 수 있으며 서로에게 정서적인 도움을 줌으로써 창업과정에서 발생할 수 있는 심리적인 스트레스를 낮출 수도 있다. 연구결과에 따르면 투자자나 은행은 1인 창업보다는 1인 이상의 창업에 대하여 대출을 선호하는 경향이 있다고 한다. 물론 창업 시 동업은 결혼과 같으므로 신중해야 한다. 창업 후에 동업자 간 다툼으로 동업 파기 등 어려움에 봉착할 수 있기 때문이다.

벤처 팀은 주로 친구, 동향, 동호인 등을 중심으로 구성되는 경향이 있다. 고도의 사업의 경우에는 같은 업종 혹은 같은 경험을 가진 사람과 팀을 꾸리게 된다. 상호 보완적인 능력이나 기술을 갖는 사람끼리도 동업을 하는 경우가 많다. 한 사람이 기술자라면 다른 한 사람은 마케팅 전문가인 경우이다. 벤처 팀의 구성은 두 개의 유형으로 진행된다. 하나는 창업 초기부터 팀이 짜여진 경우이고, 다른 하나는 사업 후 수년간 3~4명 정도가 유입되는 상황이다.

2) 벤처 팀 및 이해관계자

벤처 팀, 즉 창업자 혹은 창업자 그룹과는 별도로 기업 외부에서 창업을 도와 줄 수 있는 그룹들도 있다. 그들은 창업될 기업에 관련된 자문단, 이사회, 전문가그룹 등이다. 투자자나 은행 등도 창업을 돕는다. 따라서 이들 역시 벤처 팀과 마찬가지로 신중하게 선정하여야 한다.

그림 6-1 벤처 팀 및 이해관계자

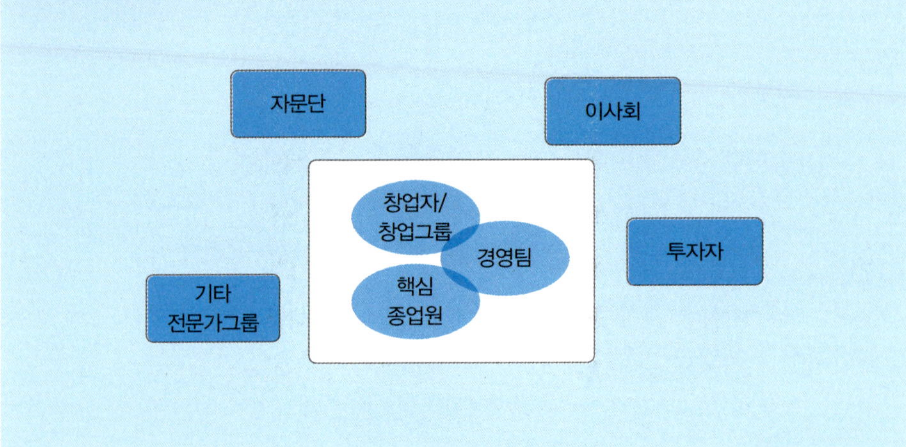

3) 벤처 팀의 질

벤처기업의 창업은 현장훈련(OJT: On the Job Training) 없이 수행된다. 따라서 벤처 팀 구성원의 역할과 능력이 매우 중요하다. 창업자가 동종업종에서 경험과 능력을 가지고 있으면 가장 좋다. 그렇지 못한 경우에는 지식이나 직감을 제공하는 그룹이 필요하다. 또한 팀원 간에 서로 보완적이어야 한다. 특히 팀원들이 같은 배경과 가치를 가지고 일하는 것이 바람직하며, '건설적인 비판'이 수용되는 분위기가 중요하다.

4) 자문위원회의 역할

창업은 아직 가보지 못한 길을 걷는 것이다. 따라서 기업의 방향성을 제시하는 멘토로서 자문위원회의 역할이 필요하다. 가치 있는 자문은 기업이 직면하는 상황과 이에 대응하는 전략을 적절히 제시하는 것이다. 특히 팀의 행동에 대한 비판을 주저해서는 안 된다. 따라서 자문위원은 산업에 대해 잘 아는 전문가나 기업에서 근무해본 경험자를 선정하여 구성하는 것이 바람직하다.

6.3 시장분석: 규모, 성장 및 잠재력

BCP에서도 시장에 대한 대략적인 정보를 파악하지만 BP에서는 보다 신뢰성 있는 시장정보를 조사하고 분석해야 한다. 시장에 대한 분석은 두 가지 차원에서 분석해야 한다. 하나는 거시적 차원의 분석(macro-level analysis)이고 다른 하나는 미시적 차원의 분석(micro-level analysis)이다.

1) 거시적 차원의 분석

거시적 차원의 분석은 기업을 둘러싸고 있는 거시적 환경에 대한 분석이다. 예를 들어 고객의 수, 총지출액, 제품사용빈도수, 시장성장속도, 미래성장률 등이다. 정치적, 기술적, 사회문화적 추세에 대한 분석도 포함한다.

거시적 분석을 위한 자료로는 경제신문, 잡지, 산업협회 발간물 등이면 충분하다. 거시적 차원의 분석을 보다 정교하게 수행하려면 PEST(Political, Economic, Social, Technological)라는 분석도구를 활용하면 된다.

2) 미시적 차원의 분석

미시적 차원의 분석은 시장을 세분화하고 잠재적인 고객들에 대하여 명확히 하는 작업이다. 벤처기업의 성공 여부는 개발한 제품 혹은 서비스에 대해 기꺼이 지불하려고 하는 고객들을 찾아내는 데 달려 있기 때문에 미시적 분석은 매우 중요하다. 미시적 차원에서 해결해야 할 문제들은 다음과 같다.

- 기업이 들어갈 목표시장(target market segment)이 있는가?
- 고객이 지불하려는 가격에서 고객에게 분명한 이득을 줄 수 있는가?
- 고객이 생각하기에 이러한 이득은 차별화되는가? 다른 대안에 비해 우월한가? 더 좋고, 빠르며, 싼가?
- 목표시장은 얼마나 크며, 성장속도는?

• 다른 시장영역과의 연관성은? 이는 미래에 가능한가?

미시적 분석을 위한 자료로는 소비자 인터뷰, 인터넷 정보, 관련 서적 등을 활용할 수 있다.

6.4 산업 및 경쟁자분석

흔히 시장과 산업을 혼동하는 경우가 있다. 하지만 창업자는 양자를 분명히 구분할 필요가 있다. 앞에서 언급한 시장은 제품을 구입할 능력과 의사가 있는 기존 혹은 잠재적인 고객들로 구성되어 있는 반면에 산업은 경쟁기업들로 구성되어 있다. 따라서 시장분석이 고객에 대한 분석이라면 산업분석은 경쟁자에 대한 분석이라고 할 수 있다. 산업분석의 방법으로 가장 많이 활용되는 것은 SWOT분석과 Porter's 5 Forces 모델이다.

1) SWOT

SWOT분석은 기업의 입장에서 기업이 직면하는 외부환경과 기업의 내부능력을 분석하여 전략을 수립하는 도구이다. SWOT에서 S와 W는 각각 강점(Strength)과 약점(Weakness)이고 OT는 기회(Opportunity)와 위협(Threat)이다.

SWOT분석은 많은 사업보고서들에서 '약방의 감초'격으로 널리 사용되고 있으며 그 작성방법은 잘 알려져 있다. SWOT분석에 들어갈 내용들은 다음과 같이 예시할 수 있다.

① 기회(O)

• 경쟁기업의 이탈
• 새로운 시장의 출현
• 유리한 산업정책 및 제도

② 위협(T)

- 잠재적 경쟁의 격화
- 구매자 및 공급자의 협상력 증대
- 대체상품 및 서비스의 출현
- 수출 시 무역규제 강화
- 정부의 규제강화(예: 안전성, 환경규제 등)

③ 강점(S)

- 특허기술의 보유
- 자금조달능력
- 안정적인 유통망
- 높은 생산성으로 인한 가격경쟁력

④ 약점(W)

- 다양하지 못한 제품포트폴리오

그림 6-2 Starbucks에 대한 SWOT분석 사례

기회(O)	위협(T)
• 신규커피시장의 확대(예: 중국) • 커피시장의 글로벌화 • 사업다각화(커피제조기계 등) • 다른 경쟁기업들과의 전략적 제휴	• 커피시장 내 경쟁의 격화 • 미국시장의 정체 • 커피원료가격의 변동 • 커피가 건강음식이 아니라는 인식
강점(S)	**약점(W)**
• 막강한 국제적인 커피 브랜드 명성 • 고품질의 커피 제공 • 종업원에 대한 높은 복지수준 • 지속적인 기술 및 제품 개발	• 상대적으로 높은 커피가격 • 커피 맛이 명성에 미치지 못함 • 일부 국가에 지나치게 집중 • 제품 표준화로 현지시장에 부적합

- 브랜드 이미지 미흡
- 불리한 공장입지
- 마케팅 능력 부족

〈그림 6-2〉는 우리가 잘 알고 있는 Starbucks에 대한 SWOT분석 사례이다.

2) 5 Forces 모델

미국의 경영학자 M. Porter는 산업분석의 수단으로서 5 Forces 모델을 제안하였다. 이 모델의 핵심은 기업의 이윤율은 그 기업이 속한 산업의 매력도(attractiveness of industry)에 의해서 결정된다는 것이다. 어떤 산업은 다른 산업에 비해서 평균적으로 이윤율이 높을 수 있다. 예를 들어 제약산업의 이윤율은 철강산업에 비해서 이윤율이 평균적으로 더 높다. 따라서 경영자는 그가 속한 산업의 매력도와 자기 기업의 경쟁력을 충분히 이해해야 한다.

M. Porter는 산업의 매력도와 기업의 경쟁력 포지션을 결정하는 요인으로서 〈그림 6-3〉에서 보는 바와 같이 새로운 기업의 진입위협, 기존기업 간 경쟁, 공급자의 협상력, 구매자의 협상력, 대체재의 위협 등 5가지를 들었다. 즉 이상의 다섯

그림 6-3 5 Forces 모델

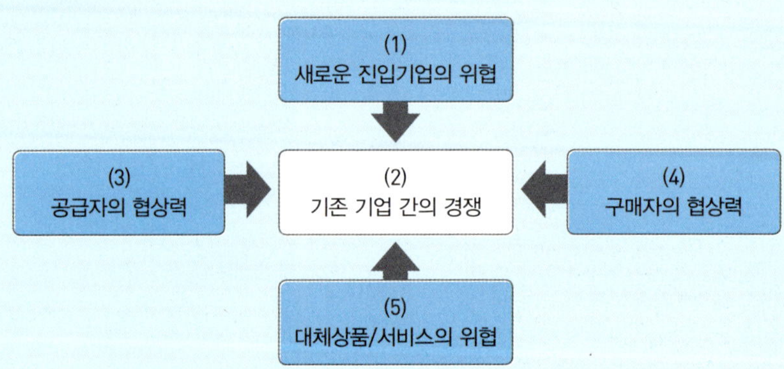

가지 요인이 가격결정능력, 비용감소능력, 소요투자를 결정하므로 궁극적으로 이윤율을 결정한다는 것이다.

〈그림 6-3〉에서 (1) 새로운 기업의 진입위협이 커지면 잠재이윤이 제약을 받으며, (2) 기존기업 간 경쟁이 심화되면 가격책정에 제약을 받고, (3) 공급자의 협상력과 (4) 구매자의 협상력이 각각 커지면 이윤이 감소하며, (5) 대체재의 위협이 커지면 R&D나 광고의 과당경쟁이 초래되어 비용이 증가한다.

그렇다면 5 Forces를 결정하는 것은 무엇인가? 그것은 산업구조(industrial structure)이다. 예를 들어 구매자의 협상력은 구매자의 수에 의존하며, 신규진입의 위협은 브랜드 로열티, 규모의 경제(EOS: economies of scale), 유통채널침투 등 진입장벽에 의존한다. 산업마다 특성이 있다. 예를 들어 제약산업은 진입장벽이 높은데, 이는 제품개발비가 크고, 병원에 약품을 판매할 때에 규모의 경제가 있어야 하기 때문이다. 기업차원에서도 5 Forces에 의해서 영향을 받기도 하고 5 Forces에 영향을 주기도 한다. 예를 들어 항공사들은 전자정보시스템에 수억 달러의 투자비용을 들이면서 진입장벽을 설치하기도 한다.

더 알아보기 6.2 5 Forces 모델에 의한 Amazon.com의 경쟁력 분석

다음은 Amazon.com을 5 Forces 모델에 의해서 분석한 내용이다. (+)는 Amazon.com의 경쟁 포지션에 긍정적으로 작용하는 요인이며, (-)는 Amazon.com의 경쟁 포지션을 위협하는 요인을 의미한다.

① 기존 경쟁

- Amazon.com은 전 세계적으로 경쟁자들이 많다.(-)
- 경쟁자들이 다양하다.(-)
- 경쟁기업에 대해 소비자들은 보다 큰 부가가치를 요구하고 그에 대한 기대가 점차 커지고 있다.(+)

- 수익예측이 어렵고, 미래의 수요 대비 등의 인프라의 개발로 시장진입비용이 발생하고 있다.(+)
- Amazon.com의 차별적 경쟁요소는 막강한 브랜드 명성과 효과적인 고객 서비스를 가능하게 하는 기술적인 능력이다.(+)
- Amazon.com은 널리 알려진 인터넷 브랜드이다.(+)

② 신규 진입기업들의 위협

- E-commerce, 즉 인터넷 사업에 소요되는 비용이 낮다.(-)
- 규모의 경제에서 Amazon.com은 예상 수요 이상의 유통능력을 구축하고 있다.(+)
- 차별화는 Amazon.com의 기술활용능력과 강력한 브랜드 이미지 때문에 중요한 역할을 한다.(+)
- Amazon.com은 'One Click' 시스템과 같은 소프트웨어를 개발하여 특허를 보유하고 있다.(+)
- Amazon.com은 기술집약적이고 매우 특화된 기술을 개발하고 있다.(+)

③ 구매자의 협상력

- 구매자들은 인터넷에서 쉽게 가격을 비교할 수 있다.(-)
- 구매자들은 인터넷 쇼핑 시에 낮은 전환비용을 부담한다.(-)
- Amazon.com은 고부가가치 활동으로 고객충성도를 높이고 재구매율을 높인다.(+)
- 고객 서비스향상을 통해 구매자들이 다른 경쟁업체로 이동하는 것을 방지하고 있다.(+)

④ 공급자의 협상력

- Amazon.com은 책을 오직 세 기업에서만 구입하고 있다.(-)
- Amazon.com의 제품포트폴리오가 다양해짐에 따라 공급자의 힘이 약화되고 있다.(+)
- 소요자본 규모가 작기 때문에 수직적 통합의 위협이 높다.(-)

⑤ 대체재의 위협

- 낮은 전환비용 때문에 구매자들은 쉽게 어디에서든 구매활동이 가능하다.(−)
- Amazon.com은 새로운 상품제공으로 대체재의 위협이 완화되고 있다.(+)
- Amazon.com은 고객이 선호하는 제품을 추천하고 이를 구입할 수 있도록 고객들의 구입습관에 관한 정보를 활용하고 있다.(+)

3) 경쟁우위

산업분석에서 가장 중요한 것은 결국 벤처기업이 자신의 경쟁우위요소를 찾아내고, 과연 이것이 장기적으로 지속 가능할 것인지를 파악하는 것이다. 경쟁우위(competitive advantage)란 다른 기업들이 동일한 기회를 활용하는 것을 막는 능력으로서 평균보다 높은 이윤율을 보장해 준다. 일반적이면서도 가장 강력한 경쟁우위는 지식재산권(intellectual property right)과 비즈니스 모델(business model)이다.

지식재산권은 새로운 아이디어에 대한 배타적인 법적 권리이다. 기업이 지식재산권을 획득하게 되면 법이 정하는 일정기간 동안 다른 기업들의 진입을 막을 수 있다. 지식재산권에는 특허, 실용신안권, 의장권, 상표권, 저작권 등이 있는데, 특허를 출원하여 획득하게 되면 20년 동안 다른 기업의 진입을 막을 수 있다.

비즈니스 모델은 한 기업이 시장에서 어떻게 경쟁하며, 이러한 경쟁활동으로부터 이윤을 어떻게 획득할 수 있는지를 정의한다. 즉 기업의 수익창출구조이다. 다른 사정이 동일하다면, 기업의 수익은 올바른 비즈니스 모델을 선택하는지에 달려 있다. 예를 들어 인터넷 포털 사이트들(예: 네이버)은 회원들로부터 회비를 받는 것이 아니라 회원가입은 무료이지만 광고를 통해서 수익을 창출하는 수익창출구조를 가지고 있다. 비즈니스 모델을 구성하는 요소들은 다음과 같다.

- **고객가치:** 경쟁자보다 더 큰 가치를 고객에게 제공하는가?
- **범위:** 누구에게 이 가치를 제공하는가?
- **가격:** 이 가치를 어떻게 가격으로 매길 수 있는가?

- 수입원천: 돈은 어디로부터 오는가? 어떤 가치에 대해서 누가 지불하는가? 언제 지불하는가? 기꺼이 지불할 용의(willingness to pay)가 있는가?
- 관련된 활동: 가치를 제공하는 활동은 무엇이며, 어떻게 연결되어 있는가?
- 실행: 활동을 수행하는 조직, 시스템, 사람은?
- 역량: 기업의 역량은 무엇이며, 갭은?
- 지속가능성: 모방은 가능한가?
- 이윤원천: 경쟁우위는 무엇인가?
- 비용구조: 비즈니스 모델의 각 구성부분에서 비용을 발생시키는 것은 무엇인가?

6.5 마케팅분석 및 전략

창업기업은 자신이 기회로 포착한 새로운 제품 혹은 서비스를 고객들에게 잘 팔아야 성공할 수 있다. 따라서 마케팅 전략은 BP에서 가장 중요한 구성요소가 된다.

창업기업에 있어서 마케팅은 가장 도전적인 일이다. 기존기업의 마케팅과는 차이가 난다. 왜냐하면 창업기업은 신규기업이고, 규모가 작으며, 불확실성이 크기 때문이다. 각 요인에 따른 어려움은 다음과 같다.

① 신규기업이기 때문에 발생하는 어려움

- 잠재적 고객에 대한 이해 부족
- 신규기업의 능력 및 제품공급에 대한 신뢰 부족
- 거래관계의 부족
- 마케팅 관련 내부구조, 과정, 관례의 결여
- 마케팅 경험 부족
- 마케팅 자료 부족

② 규모가 작기 때문에 발생하는 어려움

- 마케팅에 투입되는 자금의 한계
- 마케팅 전담인력 부족
- 마케팅 핵심능력 미흡
- 협상력의 미흡

③ 불확실성 때문에 발생하는 어려움

- 시장에 대한 예측력 부족
- 마케팅 의사결정에 활용 가능한 정보 부족
- 변화하는 경쟁구조 및 불안정한 유통망
- 잘못된 마케팅 의사결정 시의 위험

따라서 창업자는 "내가 내 제품은 제일 잘 안다" 혹은 "내가 내 제품을 파는데 성공하지 못하면 누가 할 수 있겠는가"라는 자만심을 버리고 보다 체계적으로 마케팅 계획을 수립할 필요가 있다.

마케팅 계획에서 핵심은 자기 기업만의 유일한 판매 포지션을 정하는 것이다. 이를 USP(Unique Selling Position)라고 한다. USP는 다른 경쟁 기업에 비해서 제품 혹은 서비스의 인식된 가치이다. USP를 정하기 위해서는 "왜 소비자들이 이러한 특정 제품을 사고, 무엇이 그것을 유일한 선택이 되도록 만드는가"라는 질문에 답하면 된다. 정답의 핵심은 소비자들이 부여하는 가치(예: 편리성)에 있음을 간과해서는 안 된다.

일단 대략적인 마케팅 계획이 수립되면, 목표로 하는 고객들을 대상으로 4Ps, 즉 제품(Product), 가격(Price), 유통(Place), 판촉(Promotion)에 대한 의사결정 내용을 기술한다.

- 제품: 구성 및 소재 질, 디자인, 모양, 옵션, 포장, 크기, 활용 가능한 서비스, 보증조건 등

- **가격**: 가격 리스트, 할인조건, 신용, 지불기간 등
- **유통**: 지역, 재고, 수송, 대리점 등
- **판촉**: 광고, 특판, 할인행사 등

6.6 재무계획

새로운 벤처기업을 창업할 때 필요한 자금을 조달하는 일은 매우 중요하다. 창업기업의 자금조달은 제6장에서 자세히 다루기 때문에 여기서는 BP 작성과 관련된 유의사항만을 검토하고자 한다.

앞에서도 강조한 바와 같이 BP는 주로 투자자금을 조달하는 목적으로 작성된다. 따라서 최대한 많은 투자자금을 유치하기 위해서는 투자에 소요되는 자금과 예상되는 기대수익에 대한 자료가 준비되어야 한다. 즉 예상 손익계산서, 현금흐름, 재무상태표, 비용통제 등을 작성하여야 한다. 예측 기간은 3년 내지 5년 정도가 좋다. 특히 투자자들은 사업과정에서 수입이 비용을 넘어서는 시점, 즉 손익분기점(BEP: Break-Even Point)에 관심이 많으므로 여기에 초점을 맞추어 현실감 있게 준비해야 한다.

재무계획은 미래에 대한 예측이므로 여러 가지 가정을 바탕으로 작성된다. 따라서 투자자들에게 신뢰감을 주기 위해서는 가정을 뒷받침하는 믿을 만한 자료나 가정을 검증하는 계획 등을 제공해야 한다. 예를 들어 시장조사결과나 다른 경쟁기업들과의 비교자료(예: 가격비교) 등은 좋은 참고자료가 될 수 있다. 물론 정량적인 자료들 이외에 창업자의 경험이나 예견력에 따른 정성적인 자료도 필요하다. 이 경우에는 다른 산업전문가나 경험자들의 의견을 통해서 재무계획의 근거를 확인하여 이를 소개하는 일도 해야 한다.

마지막으로 재무계획에 출구전략(exit strategy)을 포함시키는 것이 좋다. 왜냐하면 투자자들은 기업이 성공하던지 실패하던지 마지막에 자신이 얻게 되는 수익에

대해서 관심을 갖기 때문이다. 예를 들어 다른 기업에 기업을 매각하는 경우 그 가치가 어떻게 투자자들에게 배분될 것인가에 대한 계획을 수립하여 제시하는 것이다. 출구전략에는 매각, 경영권인계, 종업원 승계 등 여러 가지 대안들이 있는데, 이에 대한 계획을 제시하면 상이한 유형의 투자자들의 관심을 유발할 수 있다.

6.7 위험요인분석

벤처기업 창업은 매우 큰 위험을 내포하므로 BP에서도 이를 고려해야 한다. 창업 후에 직면할 수 있는 위험을 예상하여, 이에 대한 대응방안을 준비한다. 위험분야는 모든 분야에서 발생할 수 있다. 특히 기술, 종업원, 산업환경의 변화, 시장, 자금 등에서 문제가 발생할 가능성이 크다.

위험관리전략은 단계적인 시험적 시도를 포함한다. 예를 들면 제한된 일부 제품이나 서비스를 가지고 특정지역에서 사업을 시작해보는 것 등이다.

사업계획서 작성 예시

나뭇결 장난감
Wooden Gray Toys Co.
(WGT)
사업계획서*

대표자: 홍길동

설립일: 2020년 1월 1일

* 이 사업계획서는 미국 중소기업청(Small Business Administration: SBA)의 홈페이지에 소개된 사례를 토대로 수정 보완한 것이다. 이 사례를 선택한 이유는 사업내용이 단순해서 이해하기 쉽기 때문이다. 즉 이 사례는 교육용으로서 독자들이 자신의 사업계획서를 작성할 때는 현실성과 구체성을 고려하여 작성하기를 바란다.

목차

1. 개요

1.1 제품

나뭇결 장난감(WGT)은 3세에서 10세 사이의 아이들을 위한 고품질 장난감을 제조하여 판매하는 회사이다. 장난감 재료는 단풍나무, 너도밤나무, 자작나무, 벚나무, 참나무 등으로 매우 단단하며 내구성이 강하다. 특히 나뭇결을 그대로 살려서 자연미를 느끼도록 한다. 제품은 아이들이 재미있게 놀 수 있도록 움직이는 연결된 부품으로 조립되며 창의성과 상상력을 자극하도록 디자인되어 있다.

1.2 고객

나뭇결 장난감(WGT)의 목표 고객은 어른들이다. 특히 아이들의 엄마, 아빠, 할머니, 할아버지 등으로 자녀나 손자들에게 튼튼하고 재미있을 뿐 아니라 창의성 개발에 도움이 되는 장난감을 선물하고자 하는 사람들이다.

1.3 회사의 현 상황 및 목표

현재 장난감 시장에서 회사 간 경쟁은 매우 심하다. 그러나 고품질이면서도 내

구성이 강하고 재미를 줄 수 있는 장난감의 틈새시장은 존재한다. 특히 가격이 낮아서 고객이 비교적 쉽게 살 수 있는 장난감은 찾기가 쉽지 않다. 나뭇결 장난감(WGT)의 목표는 아이들에게 즐거움을 선사하면서도 오래도록 잘 작동하는 장난감을 만들어 판매하는 것이다.

1.4 핵심 경쟁우위

나뭇결 장난감(WGT)의 핵심 경쟁우위는 제품의 품질 대비 가격, 즉 가성비이다. 즉 튼튼하고 재미있을 뿐 아니라 창의성 개발에 도움이 되는 목재 장난감을 중산층 정도의 고객들이 쉽게 살 수 있는 것이다.

1.5 자금조달 및 손익분기점

나뭇결 장난감(WGT)의 총 소요자금은 9,762만원이다. 이 중 5,000만원은 대표인 홍길동의 자기자본으로 충당하고 나머지 4,762만원은 은행으로부터 차입한다. 손익분기점은 월매출액 3,000만원에 달성되는 창업 후 7개월째 도달할 것으로 예상한다.

2. 회사소개

2.1 회사의 임무

나뭇결 장난감(WGT)의 임무(mission)는 하나의 가보로서 부모세대에서 자녀세대로 물려줄 수 있는 고품질의 장난감을 만들어 판매하는 것이다.

2.2 회사의 조직 및 담당업무

창업 초기에 아래의 4명의 임직원으로 시작하고 각자의 담당업무는 다음과 같다.

- 홍길동: 나뭇결 장난감(WGT)의 소유주(겸 대표)로 장난감 디자인과 생산을 담당한다.
- 김만덕: 소유주 홍길동의 부인으로 회사의 업무를 총괄하고 회계업무를 맡는다.

- 천만호와 향단이: 생산담당자로서 조립과 색칠이 주요 업무이다.
- 임상옥: 마케팅 및 홈페이지 관리자로서 고객의 주문에 따른 배송을 책임진다.

2.3 회사의 법적 형태

나뭇결 장난감(WGT)은 법인, 즉 주식회사나 유한회사가 아닌 개인기업이다.

3. 산업 및 경쟁자 분석

3.1 산업환경

나뭇결 장난감(WGT)은 장난감 제조산업에 속한다. 현재 장난감 산업은 전체적으로 경기가 좋지 않기 때문에 어려움을 겪고 있다. 특히 소비자들은 생활필수품이 아닌 제품에 대한 구매를 줄이고 있다. 하지만 장난감 산업의 시장규모는 2019년 2분기 현재 1조 2천억원으로, 경기만 좋아진다면 성장할 가능성이 매우 크다.

3.2 경쟁자 분석

나무로 만든 장난감은 틈새시장(niche market)으로 볼 수 있다. 하지만 다양한 규모의 기업들이 서로 경쟁하고 있다. ㈜플라스틱 장난감 천국이나 ㈜행복한 금속 장난감 등과 같은 대기업들은 글로벌 기업으로서 상당 수준의 재고를 보유하고 있다. 중소기업들은 대부분 국내시장을 목표로 가게, 공예품전시, 온라인 등에서 제품을 판매하고 있다.

3.3 경쟁우위 분석

나뭇결 장난감(WGT)은 다른 경쟁기업에 다음과 같은 강점을 가진다. 첫째, 제품 면에서 디자인이 기본적이고 실용적이며, 부품을 조립하기 매우 쉽다. 몸에 유해하지 않은 페인트를 사용하며 부품이나 장식품들이 안전하게 만들어져 있다. 모든 부품은 모두 국산이며 최상품의 목재, 고품질의 금속 및 고무 등을 사용한다.

둘째, 48시간 이내의 빠른 배송능력이다. 이를 위해서 각 제품의 재고를 최소한 50개 정도로 유지할 것이다.

셋째, 고품질의 상호 소통이 가능한 홈페이지를 제작하여 운영한다. 이 홈페이지를 통해서 고객들은 자신의 아이디어, 제안사항 혹은 개선점을 제시할 수 있다.

넷째, 전국적으로 공예전시 대회에 참여하여 고객들과 면대면으로 소통한다. 특히 유통에 대한 소비들의 불편사항이나 개선점을 카드에 적도록 한다.

다섯째, 나뭇결 장난감(Wooden Gray Toys)은 특허청에 상표로 등록되어 있다.

3.4 SWOT 분석

이상에서 분석한 산업환경 및 경쟁자 분석에 따른 나뭇결 장난감(WGT)의 기회, 위협, 강점, 그리고 약점을 SWOT(Strength, Weakness, Opportunity, Threat) 분석을 통해서 요약하면 〈표 1〉과 같다.

표 1 나뭇결 장난감(WGT)에 대한 SWOT분석

기회(O)	위협(T)
• 경기 회복 시 성장잠재력이 큼 • 나무로 만든 장난감이라는 틈새시장 공략 가능	• 현재 불경기로 생활필수품이 아닌 상품에 대한 소비 감소 • 틈새시장이지만 기업 간 경쟁 심화(Red Ocean) • 장난감에 대한 정부의 안전규제 강화
강점(S)	**약점(W)**
• 실용적 디자인 • 안전한 제품 • 조립이 쉬운 장난감 • 고품질의 국산 부품 및 소재 사용 • 신속한 배송 • 상호 소통 가능한 홈페이지 • 적당한 가격책정으로 구입 용이	• 틈새시장이지만 기업 간 경쟁이 심함

4. 마케팅 분석 및 전략

4.1 시장세분화 및 목표시장

나뭇결 장난감(WGT)은 두 그룹의 고객들에 관심을 가지고 있다. 하나는 자녀를 둔 18세에서 30세 사이의 부모그룹이고, 다른 하나는 손자를 둔 60세에서 75세 사이의 조부모그룹이다. 이들의 연간 소득은 대략 3,500만원에서 8,000만원 사이로 추정한다.

나뭇결 장난감(WGT)의 목표그룹은 자신의 자녀나 손자들에게 창의성 배양에 도움이 되는 장난감을 선물하고자 하는 부모 혹은 조부모들이다. 이들은 장난감의 품질에 고객가치를 두고 사고자 하는 제품을 면밀히 찾아보는 사람들이다. 요컨대 나뭇결 장난감(WGT)의 목표그룹은 고품질이면서도 내구성이 강한 제품에 기꺼이 지불하려는 의지(willingness to pay)를 가진 고객그룹이다.

4.2 4Ps

1) 제품(Products)

나뭇결 장난감(WGT)은 단풍나무, 너도밤나무, 자작나무, 벚나무, 참나무 등으로 매우 단단하며 내구성이 강한 목재와 철제 고정핀을 사용하여 장난감을 제작한다. 특히 나뭇결을 그대로 살려서 자연미를 느끼도록 만든다. 제품은 아이들이 재미있게 놀 수 있도록 움직이는 연결된 부품으로 쉽게 조립되며 창의성과 상상력을 자극하도록 디자인되어 있다. 창업 초기에는 다음과 같은 9개의 제품모델을 생산하여 판매할 예정이다.

- 다목적용 픽업 트럭
- 덤프트럭
- 작동하는 프로펠러가 달린 복엽 비행기
- 도시형 버스
- 기차와 레일

그림 1 제품 예시: 덤프트럭

- 견인차
- 앰뷸런스
- 스포츠 카
- 승용차

2) 가격(Price)

나뭇결 장난감(WGT)은 9개의 제품모델에 대해서 다음과 같이 가격을 책정하여 판매한다. 가격은 목표 그룹에 속한 고객들이 크게 부담을 가지지 않고 구입할 수 있도록 중저가 수준으로 책정한다.

- 다목적용 픽업 트럭: 25,000원
- 덤프트럭: 30,000원
- 작동하는 프로펠러가 달린 복엽 비행기: 20,000원
- 도시형 버스: 12,000원
- 기차(3개 연결)와 레일: 15,000원
- 견인차: 18,000원

- 앰뷸런스: 30,000원
- 스포츠 카: 20,000원
- 승용차: 15,000원

3) 유통(Place)

나뭇결 장난감(WGT)의 유통경로는 직영가게, 공예전시장, 그리고 홈페이지를 활용한 온라인판매이다. 특히 온라인판매를 중심으로 판매활동을 전개할 것이다.

4) 광고홍보(Promotion)

현재 나뭇결 장난감(WGT)의 판매 담당자는 임상옥으로 광고 및 홍보는 주로 홈페이지와 SNS를 통해서 이루어지고 있다. 공예품 전시회에 적극 참여하여 제품을 고객에게 알린다. 홈페이지에 가입한 회원의 경우에는 가격의 10%를 할인해 주며, 제품에 대해서 의견을 제시하거나 설문에 응한 고객에 대해서는 추첨을 통해서 사은품을 선물한다. 고객들과 소통하기 위해서 다음과 같은 활동을 추가로 전개한다.

- 회사소식, 제품정보, 공예품 전시회 일정 등이 담긴 이메일을 뉴스레터 형식으로 제공
- 구글, 페이스북, 유튜브 등을 통한 광고
- 회사 홈페이지에서 연락정보 제공
- 장난감에 회사명, 연락정보, 홈페이지 주소 등이 포함된 라벨을 붙임

5. 성장전략

5.1 제품전략

제품판매가 증가하고 기대수준의 이윤이 실현되면 신제품을 개발한다. 신제품은 간단한 인공지능 기술을 활용한 제품으로 장난감과 아이들이 서로 말을 할 수 있게 한다. 예를 들어 일정 시간이 되면 장난감이 “이제 공부해야지”라고 말을 하는 제품이다.

5.2 지역전략

제품판매가 증가하면 국내시장뿐만 아니라 해외시장에도 눈을 돌린다. 주요 목표시장은 일본과 미국시장이다.

6. 재무계획

6.1 소요자금 및 조달

나뭇결 장난감(WGT) 창업 시 초기비용은 9,762만원으로 그 내역은 〈표 2〉와 같다. 초기비용은 초기의 일시적 지출과 월별지출로 나누어 볼 수 있는데 초기의 일시적 지출은 7,920만원, 월별지출은 1,842만원, 총 9,762만원이다. 이 중 5,000만원은 대표인 홍길동의 자기자본으로 충당하고 나머지 4,762만원은 은행으로부터 차입한다(이자율은 연 3% 전제).

표 2 창업 초기의 일시적 지출 및 월별 지출액 예측 (단위: 만원)

초기 일시지출		월지출	
건물보증금	5,000	임대료	120
첫달임대료	120	인건비	1,000
인테리어비	1,000	이자비용	12
사무집기	200	재료비	500
장비	1,000	전기수도료	30
초기재료비	500	사무실운영비	30
기타	100	공장운영비	30
		판매비	50
		광고비	50
		수선유지비	20
	7,920		1,842

6.2 매출액 예측

1) 월별 매출액

나뭇결 장난감(WGT)의 창업 후 예상 월별 매출액은 〈그림 2〉와 같다. 예측을 위해서 9개 제품의 평균가격을 20,000만원으로 잡고, 1월에는 250개를 판매하는 것으로 전제하였다. 따라서 창업 첫 달에는 매출액을 500만원으로 예측하였다. 이후 월별로 판매량이 꾸준히 증가하고 7월에는 1,500개까지 증가하여 월 매출액 3,000만원을 달성할 것으로 예상된다.

그림 2 월별 매출액 예측

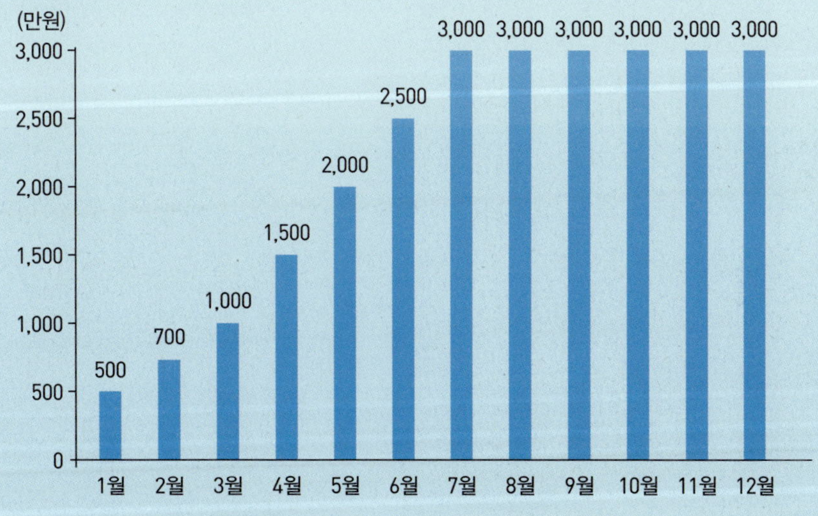

2) 연간 매출액

〈그림 2〉의 월별 매출액을 근거로 보면 창업 초기연도인 2020년에는 연간 매출액이 2억 6,200만원이 될 것이다(〈그림 3〉). 이후 2021년과 2022년의 매출액은 시장확대와 신제품개발의 추진으로 각각 4억원과 6억원으로 성장할 것으로 예측된다.

그림 3 연간 매출액 예측

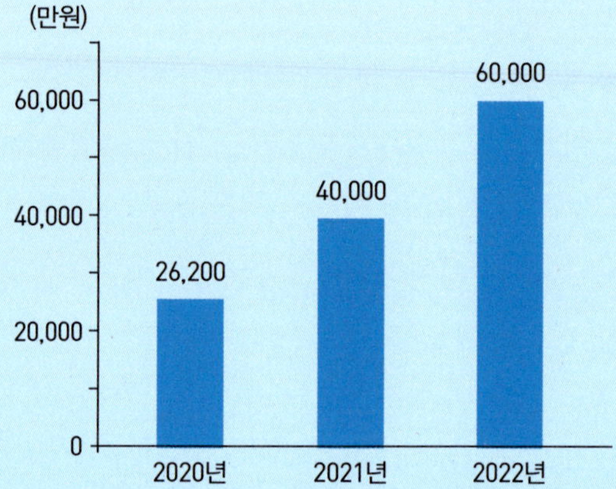

6.3 손익분기점

나뭇결 장난감(WGT)의 손익분기점(Break-Even-Point)을 월 기준으로 보면 〈그림 4〉에서 보는 바와 같이 총수입과 총비용이 같아지는 1,500개가 판매되는 지점이다. 이때 총수입과 총비용은 각각 3,000만원으로 일치한다. 이를 기간으로 보면

그림 4 나뭇결 장난감(WGT)의 손익분기점 예측(월 기준)

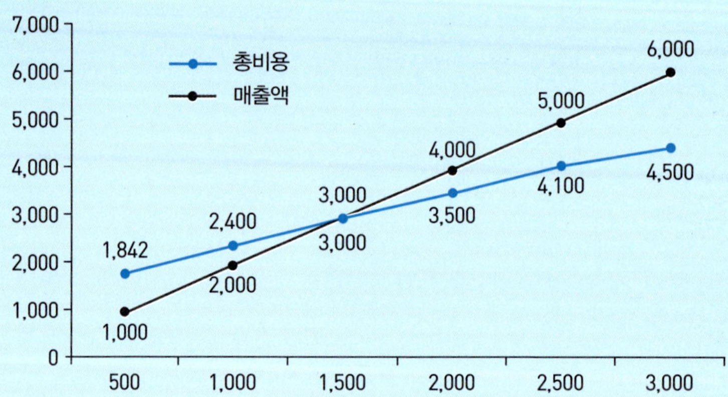

〈그림 2〉에 나타나 있듯이 월별 매출액이 3,000만원에 도달하는 7개월째에 손익분기점에 도달한다.

7. 위험요인

나뭇결 장난감(WGT)의 모든 제품에는 페인트 재료가 들어가 있다. 장난감의 경우 최근 어린이들에게 유해한 페인트에 대한 규제가 강화되고 있다. 따라서 환경규제의 기준에 맞추어 인증을 획득할 필요가 있다. 만약 환경인증을 받지 못하면 시장에 진출할 수 없다.

7

Chapter 07

자금조달

7.1 벤처기업 자금조달의 개념 및 특징

7.2 벤처기업 자금조달의 수단

7.3 엔젤펀드

7.4 크라우드펀딩

7.5 벤처캐피탈

7.6 지식재산금융

“

이 장에서는 벤처기업의 자금조달문제를 공부한다.
벤처기업 자금조달의 개념 및 특징, 그리고 조달방법을 엔젤펀드,
크라우드펀딩, 벤처캐피탈, 지식재산금융의 순으로 알아본다.

”

7.1 벤처기업 자금조달의 개념 및 특징

사업계획이 수립되고 이에 따라 벤처기업 설립이 착수되면, 벤처기업은 기업을 운영하는 데 필요한 인력, 설비, 기술개발 등을 위해서 투자재원을 조달해야 한다. 벤처기업의 자금조달의 문제는 순수한 재정문제라기보다는 기업성공에 필요한 광범위한 자원들, 즉 경영능력, 유통채널, 네트워크, 기술 등에 접근하는 방법도 포함한다.

벤처기업의 자금조달의 문제는 기존기업의 자금조달의 문제와 두 가지 차원에서 차이를 보인다. 하나는 위험(risk)이라는 특성이다. 기존기업들은 광범위한 제품 혹은 프로젝트들의 포트폴리오를 구성함으로써 위험을 분산 혹은 방어할 수 있지만, 이제 막 창업한 벤처기업들은 불확실성에 쉽게 노출될 수밖에 없다. 다른 하나는 성장(growth)이라는 특성이다. 벤처기업이 성장하려면 많은 자원을 필요로 한다. 특히 벤처기업의 능력을 벗어나는 성장을 추구하려면 위험이 더욱 커진다. 이러한 상황에서 투자자들이 경험도 없고 실적도 없는 벤처기업가를 믿고 투자하기란 어려운 일이다.

따라서 위험성이 매우 높은 벤처기업 초기단계에 적합한 자금조달 방법은 무엇인지, 그리고 어떤 투자자들을 대상으로 하여 자금을 조달할 것인지에 대해서 알아볼 필요가 있다.

7.2 벤처기업 자금조달의 수단

일반적으로 기업가가 창업한 기업 혹은 벤처기업의 발전단계는 다음과 같이 7단계로 구분할 수 있는데 각 단계별로 자금조달의 수단이 달라질 수 있다.

- 기술획득 단계
- '씨뿌리기(seed)' 단계

- ‘착수(start-up)’ 단계
- 1라운드 단계
- 2라운드 단계
- 3라운드 단계
- 후기 단계

제1단계인 기술획득 단계란 말 그대로 기술을 외부로부터 구입하거나 자체개발하는 단계이다.

제2단계인 ‘씨뿌리기’ 단계는 기술이 투자할 만한 가치가 있는 것인지 판단하는 단계로 생산이나 판매활동은 포함하지 않는다. 따라서 판단 및 조사와 관련된 소액의 자금이 필요하다.

제3단계인 착수 단계는 제품개발, 프로토타입 테스트, 테스트마케팅, 시장조사, 인력채용 등 일련의 활동이 이루어지는 단계로, 상당수준의 자금이 소요된다.

제4단계인 1라운드는 이윤은 실현되지 않지만 제품이 생산되고 시판되는 단계이다. 이 단계에서는 제품마케팅에 대한 자금이 조달되어야 한다.

제5단계 2라운드는 기업성장을 위해서 고정자산이나 운영자금이 조달되는 단계이다. 이 단계에서는 대부분의 경우 이윤이 실현된다.

제6단계인 3라운드는 기업은 이미 일정수준의 이윤은 확보하고 있지만, 추가적인 성장을 위한 자금을 확보해야 하는 단계이다.

제7단계인 후기단계는 기업이 잘 운영되고 있으나 추가적인 자금확보나 이탈 등을 포함하는 구조조정활동에 투입되는 자금이 필요한 단계이다.

〈그림 7-1〉에는 각 단계별로 적절한 역할을 수행하는 자금조달수단들이 예시되어 있다. 일반적으로 창업의 초기단계에는 회사의 신용도가 낮기 때문에 본인이나 가족, 친지, 주변의 지인들로부터 투자재원을 유치하게 되며, 사업이 진행됨에 따라 제품개발자금 및 제품양산을 위한 설비투자 등 보다 큰 자금 수요가 생기게 된다. 벤처기업은 이때 외부로부터의 자금유치를 고려하게 되는데, 자금유치 방법에

그림 7-1 기업성장 단계별 자금조달수단

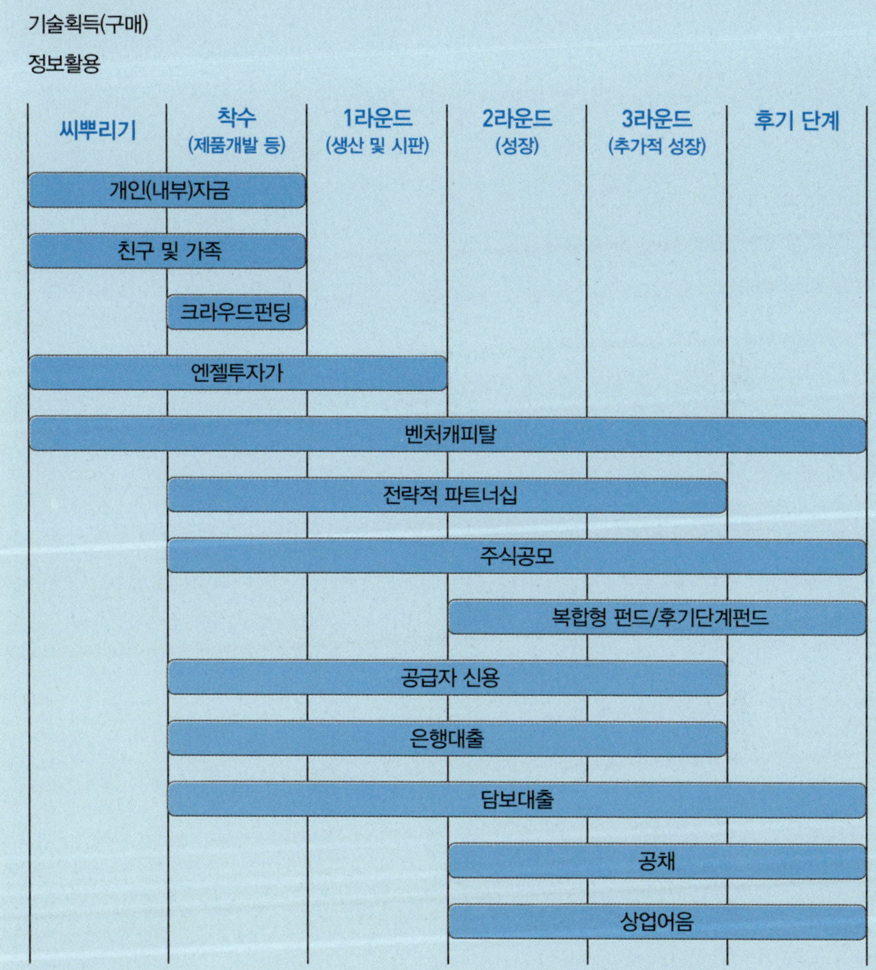

자료: Seifert et al.(2008)

는 금융기관으로부터 융자, 정부의 정책자금, 벤처캐피탈로부터의 투자유치 등이 있다. 이하에서는 창업초기단계에서 적절한 역할을 수행하는 엔젤펀드, 크라우드 펀딩, 벤처캐피탈, 지식재산금융 등에 대해서 차례로 살펴본다.

더 알아보기 7.1 기업자금조달의 일반적 방법

일반적으로 기업의 자금조달방법은 크게 내부금융(internal financing)과 외부금융(external financing)으로 나눌 수 있다. 내부금융방식은 사내유보이윤과 감가상각충당금, 즉 기업저축을 활용하는 것이다. 사내유보이윤이란 기업이 창출한 이윤 중에서 법인세와 주주에 대한 배당금을 제외한 나머지 부분으로 나중에 신규투자에 활용하는 재원이다. 감가상각충당금은 기업의 기계설비에 대한 소모부분을 축적해 놓았다가 나중에 기계설비를 대체할 때 활용하는 자금이다. 감가상각충당금은 비용으로 처리된다.

외부금융방식은 다시 직접금융(direct financing)과 간접금융(indirect financing)으로 나누어진다. 직접금융은 주식발행이나 사채발행 등을 통한 것이고 간접금융은 은행차입, 정부융자, 해외차입 등을 통한 방법이다. 일반적으로 간접금융을 제공하는 대여자들은 낮은 위험을 선호하고 낮은 이자율하에서 영업활동을 수행한다. 반면에 회사의 주식이나 회사채를 사는 사람들은 좀 더 높은 위험을 감수하고 더 큰 수익을 추구한다. 만약 기업이 도산하게 되면 그 기업의 주식을 산 주주들은 투자금의 모두를 잃을 수도 있다.

7.3 엔젤펀드

1) 엔젤펀드란

엔젤투자자(angel investor)는 사업을 착수(start-up)하는 벤처기업에 대해서 자금을 제공하고 대신에 전환사채나 지분을 가지는 개인을 말한다. 엔젤투자자는 자기자신의 펀드(fund)를 개별적으로 투자한다는 점에서 다른 사람(또는 기관)들의 펀드를 전문적으로 관리하는 잘 조직화된 벤처캐피탈과 다르다.

〈그림 7-1〉에서 보는 바와 같이 엔젤펀드는 사업화에 종자돈을 대어주는 친구 혹은 친지와 벤처캐피탈 사이에서 투자 갭을 메워주는 기능을 수행한다. 가령 친

구나 친지로부터 1억원 이상을 조달하기도 어렵지만, 그렇다고 하여 벤처캐피탈 회사로부터 10억원 이하를 투자받기도 적절하지 않을 것이다. 이 경우 엔젤투자는 이제 막 성장하는 기업들에게 적합한 투자자금조달 수단이 될 수 있다.

엔젤투자자들은 막대한 부를 가진 개인으로서, 주로 전직 기업가나 혹은 경영자들이 많다. 이들은 단지 수익만 얻으려고 투자한다기보다는 특정한 사업분야의 발전을 원하거나, 차세대 기업가를 돕는다거나, 또는 자신의 경험이나 네트워크를 활용하기 위한 이유로 투자한다. 그래서 엔젤투자가들은 투자 이외에도 경영자문의 역할도 수행한다.

2) 유형

엔젤투자가들은 투자자금을 풀(pool)하고, 정보를 공유하기 위하여 엔젤그룹 혹은 엔젤네트워크를 구축한다. 이들의 유형은 세 가지로 나누어진다. 첫째는 회원중심(member-led)의 엔젤그룹이다. 이러한 조직에서는 회원들이 자금원 확보부터, 협상, 투자기업 감시, 회원관리, 회원교육 등 일련의 활동을 맡아서 처리한다. 둘째는 경영자중심(manager-led)의 엔젤그룹이다. 이 조직에서는 하나 혹은 여러 명의 전문투자가들이 일련의 모든 활동을 담당한다. 셋째는 회원중심(member-led)과 경영자중심(manager-led)의 중간에 위치하는 형태이다.

3) 엔젤투자 현황

엔젤투자는 미국에서 활발하다. CVR(Center for Venture Research)에 따르면 미국의 경우 2015년 304,930명의 엔젤투자가가 활동하고 있는 것으로 보고하고 있다. 엔젤그룹은 1996년 10개에 불과하였으나, 2015년에는 300개 이상으로 증가하였고, 71,110개 기업들이 엔젤투자자로부터 총 246억 달러(평균 약 34만 달러)의 투자를 받은 것으로 알려져 있다. 이는 미국 내 총 벤처투자 중 절반에 이르는 수준이다.

반면에 우리나라는 2019년 현재 18,643명이 엔젤투자지원센터에 가입되어 있으나 전문엔젤투자자는 133명에 불과한 수준이다. 2017년 경우 우리나라에서 6,646

표 7-1 업력별 신규투자 비중 (단위: 개사, 건, 억원)

구분	클럽	개인	기관	조합	전문엔젤	순계
기업수	251	134	46	52	97	515
건수	305	162	48	61	119	695
투자액	405	186	60	49	127	827

자료: 한국엔젤투자협회

명의 엔젤투자자들이 총 2,401억원을 투자하여 아직도 미미한 수준이다. 그러나 정부가 엔젤펀드의 중요성을 인식하여 2011년 11월 엔젤투자지원센터를 설립하고 700억원의 매칭 펀드를 지원함에 따라서 엔젤투자가 활성화되고 있다. 〈표 7-1〉에는 2020년 현재까지 승인된 엔젤투자매칭펀드 현황이 나타나 있다.

7.4 크라우드펀딩

1) 크라우드펀딩이란

크라우드펀딩(crowd funding)은 인터넷 등을 통해서 일반 대중으로부터 자금을 모으는 자금조달방식이다. 좀 더 엄격하게 정의하자면, 크라우드펀딩은 "일반적으로 온라인 커뮤니티를 활용하여 다수의 개인들로부터 소규모의 후원이나 투자자금을 모으는 것"이라고 할 수 있다. 특히 트위터, 페이스북, 카카오톡 등과 같은 SNS(Socail Networking Service)를 통해서 투자홍보가 이루어지기 때문에 '소셜 펀딩(social funding)'이라고도 불린다.

2) 사례

크라우드펀딩의 대표적인 사례로 아이팟 나노용 시계줄의 사업화를 들 수 있다. 2010년 미국 시카고에 사는 스캇 윌슨이라는 무명 디자이너가 애플의 MP3 아이팟 나노를 시계처럼 활용할 수 있는 시계와 시계줄을 고안하였다. 그는 이 아이디어를 사업화하기 위해 자금이 필요하였는데, 친지나 엔젤투자자를 찾지 않고 크라우드펀딩 중개업체인 킥스타터(Kickstarter)를 통해서 일반 사람들에게 투자를 요청하였다. 투자금액별로 차등보상을 제시하였는데, 1달러 이상 투자자에게는 상품 출시에 대한 보람을, 25~70달러의 투자자에게는 일반제품을, 그리고 150~500달러의 투자자에는 특별 제작된 제품 세트를 약속하였다. 투자요청 결과 순식간에 13,000명 이상이 투자에 참여하여 목표액 15,000달러의 60배에 달하는 940,000달러가 사업화 자금으로 조달되었다.

3) 크라우드펀딩의 특징

엔젤투자 역시 전문투자자들의 영역으로서 소자본 창업자들은 접근하기 어렵다. 하지만 크라우드펀딩은 소액으로라도 일반 사람들이 투자할 수 있으므로 소자본 창업자들이 쉽게 사업화할 수 있게 하는 자금조달방법이다.

또한 크라우드펀딩 과정에서 투자자들의 반응을 통해서 자사 제품에 대한 수요예측도 가능하다. 아이팟 나노용 시계줄의 사례에서 순식간에 목표액의 60배에 달하는 투자자금을 모집한 것은 아이디어에 대한 일종의 마켓테스트가 성공한 것으로 볼 수도 있다.

더 나아가서 크라우드펀딩이 성공하면, 이를 발판으로 전문투자자로부터 본격적으로 투자를 유치할 수 있다.

4) 크라우드펀딩의 현황

크라우드펀딩은 미국에서 시작되었다. 2009년 미국에서 크라우드펀딩 중개업체인 킥스타터가 설립되면서 크라우드펀드가 새로운 자금조달방식으로 등장하는 상황에서, 2012년 4월 미국의 상하원은 창업기업이 크라우드펀딩을 통해서 자금을 조달할 수 있도록 하는 "JOBS(Jump Start Our Business Startup Act)"를 통과시켰다. 2016년 1월 현재 킥스타터는 총 21억 달러(약 2조 2,500억원)를 조달한 것으로 알려지고 있다.

우리나라에서도 펀듀, 텀블럭, 굿펀딩, 유캔펀딩 등 일부 관련기관들이 활동하고 있으며, 정부는 2012년 5월 크라우드펀딩을 활성화하겠다고 발표한 바 있다.

7.5 벤처캐피탈

1) 벤처캐피탈이란

벤처캐피탈(Venture Capital: VC)에 대해서는 다양한 정의가 존재하지만, 시장조사 전문기관인 미국의 톰슨 파이낸셜에 따르면 다음과 같이 정의된다.

> "Money provided by professionals who invest alongside management in young, rapidly growing companies that have the potential to develop into significant economic contributors."

이 정의에 따르면 벤처캐피탈은 첫째, 투자대상이 새로 창업되어, 급격한 성장을 하는 기업(young, rapidly growing companies)이다. 즉 창업 후 3년 이내의 초기단계(early stage) 또는 4~7년 확장단계(expansion stage) 벤처기업에 투자한다. 따라서 'venture'라는 말의 의미처럼, 모험자본이라고 볼 수 있다. 물론 이러한 위험감수에 대한 수익을 기대하고 투자한다(〈그림 7-2〉 참조).

둘째, 투자전문가에 의해 제공되는 자본(money provided by professions who invest)이다. 벤처투자전문가를 '벤처캐피탈리스트'라 하며, 우리나라의 경우 상경·공학계열 출신이 80% 이상으로 5~10년 이상의 투자 경력을 가진 것으로 조사되었다.

셋째, 투자만 하는 것이 아니라 경영도 함께(alongside management)한다. 벤처캐피탈은 투자자의 역할 이외에도 인사, 재무, 마케팅 등의 경영지원을 통해 기업의 가치를 높이고자 투자대상기업과 상생의 관계를 지향한다. 구체적인 예로 미국의

SBVC(Softbank Veture Capital)는 Hotbank라는 창업보육회사를 운영하여, 신생기업(벤처기업)의 탄생부터 입지, 채용, 금융, 법률, 자문 등의 서비스는 물론 네트워킹을 제공하여 기업성장을 지원한다. Hotbank는 벤처기업의 지분을 보유하여, 기업가정신(entrepreneurship)을 가지고 자기 회사처럼 경영에 도움을 준다.[1]

더 알아보기 7.2 벤처기업과 벤처캐피탈의 관계

벤처캐피탈의 개념을 이해하는데 콜럼버스와 에스파냐 여왕 이사벨 관계처럼 좋은 예가 없다. '지구가 둥글다'는 신념으로 가득 찬 모험가 콜럼버스는 인도까지 가는 방법으로 아프리카 동쪽 항로가 아닌 서쪽 항로를 선택한다. 문제는 이 엄청난 도전을 믿고 지원해줄 후원자가 없었다는 점이었다. 운이 좋아서일까? 당시 영국과 에스파냐는 경쟁 체제로 적극적인 해외진출을 모색하던 에스파냐의 이사벨 여왕은 콜럼버스의 제안을 받아들여 항해에 필요한 선박, 유능한 선장과

그림 7-2 벤처기업과 벤처캐피탈의 관계

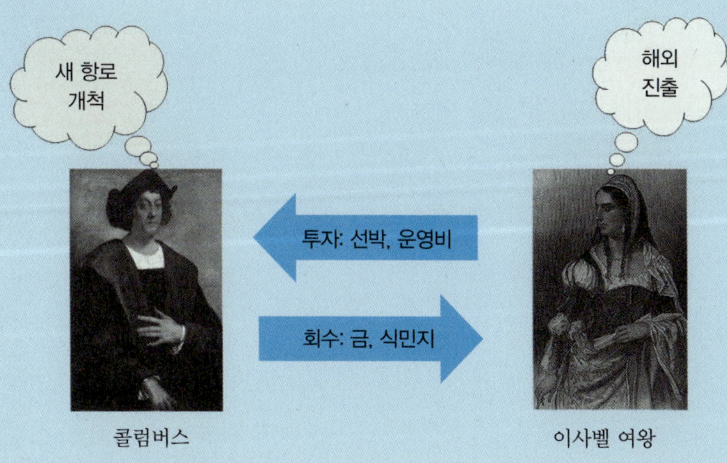

1 이를 Networked Incubator라고 한다. 자세한 내용은 Hansen et al.(2000) 참조.

선원, 운영비 등을 대 주었다. 탐험에 성공한 콜럼버스는 이에 상응하는 식민지와 각종 획득물을 이사벨 여왕에게 바쳤다.

벤처캐피탈은 이사벨 여왕과 같은 투자자로서 콜럼버스와 같이 모험가, 즉 벤처기업에게 투자자금을 비롯해 운영에 필요한 재무, 마케팅 서비스를 제공하는 모험자본 또는 사람(조직)을 말한다.

2) 벤처캐피탈의 특징

벤처캐피탈은 첫째, 융자(loan)가 아닌 투자(investment)이다. 창업한 지 3년이 되지 않은 벤처기업을 생각해 보자. 벤처사업가는 사업 초기에 본인의 돈이나 친척 등 지인들에게서 돈을 빌려 사업을 시작한다. 이후 이 사업가는 기술개발자금이 모자라 은행에 문을 두드리지만 담보가 없어 융자에 실패할 수밖에 없다. 사업 초기라 영업이익은 창업 이후 줄곧 적자이다. 이런 상황에서 투자 중심의 벤처캐피탈은 이러한 대다수 벤처기업들에 적합한 금융시스템이라 할 수 있다.

둘째, 고위험-고수익(high risk-high return) 구조를 가진다. 벤처캐피탈은 통상 5년~10년에 이르는 기간에 투자와 회수를 하기 때문에 투자자 입장에서 시간에 따른 위험이 늘 존재하고 있다. 융자가 아닌 투자 형식이라 보증도 없다. 투자에 따른 위험은 모두 투자자의 몫이다. 반면 위험이 높은 만큼 고수익을 바랄 수 있는 구조다. 미국에서 1980~2002년 동안 해산한 벤처투자펀드의 경우 상위 25%의 벤처캐피탈 연평균 수익률은 16.1%로 높은 수익률을 나타낸 것으로 알려져 있다.

셋째, 파트너십(partnership) 관계이다. 앞에서도 언급한 바와 같이 벤처캐피탈은 투자 이후 기업경영에 필요한 재무, 마케팅 등의 서비스를 제공한다. 이는 벤처캐피탈의 지분투자와 무관치 않은데, 벤처캐피탈은 단기적 이익배당보다 기업가치를 증대시켜 주식매각을 통해 투자수익을 얻고자 한다. 따라서 벤처캐피탈은 기업의 성장단계 기간 동안 재무, 기술개발, 경영지원에 이르는 기업활동 전반에 대해 지원함으로써 투자기업과 파트너십을 유지한다.

그림 7-3 투자자-벤처캐피탈-투자기업 관계

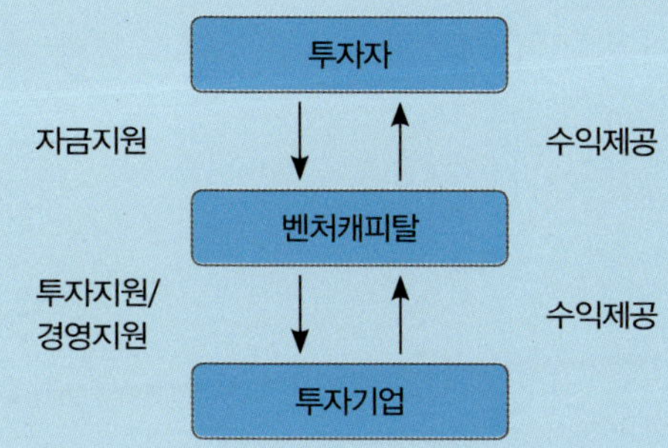

3) 벤처캐피탈의 역할

벤처캐피탈은 자기자본을 통해 투자도 하지만 통상 투자조합을 결성해 조성된 자금을 바탕으로 창업단계(seed/start-up)와 창업 이후 초기성장단계(early stage) 또는 확장단계(expansion stage)에 있는 고성장·고기술 기업의 주식 등의 인수를 통해 성장에 필요한 자본을 공급하는 역할을 한다.

벤처캐피탈은 투자자금 등 경영지원을 통해 투자기업의 기업가치를 높인 후 IPO(Initial Public Offering), M&A 등을 통해 회수하는데, 투자수익은 투자비율에 따라 투자자에게 배분한다.

벤처캐피탈은 경영기반이 취약한 중소벤처기업에 자금을 공급하고 마케팅 등 경영지원을 통해 신생 벤처기업을 육성하는 기능을 한다. 기업 입장에서는 자금조달을 통해 자기자본을 확충함으로써 차입에 따른 사업초기의 기업경영 위험을 줄일 수 있다.

4) 벤처캐피탈의 투자재원

벤처캐피탈은 투자에 들어가는 자금을 조달하기 위해 펀드형태로 출자자를 모집하여 투자한다. 벤처캐피탈이 투자하는 자산은 대부분 상장되지 않은 초기기업으로 투자 후 투자금 회수를 위해 상당한 기간이 소요되기 때문에 벤처캐피탈이 운용하는 펀드는 장기간 동안 유동성에 제약을 받게 된다. 따라서 장기투자가 가능한 투자자가 펀드에 출자자로 참여한다. 주요 투자자는 다음과 같다.

- 개인투자가
- 금융기관
- 연기금
- 타 벤처캐피탈
- 기업체
- 정부
- 해외투자자

5) 우리나라 벤처캐피탈 현황

① 벤처캐피탈 회사 현황

국내 벤처캐피탈은 중소기업창업투자회사(이하 "창투사")와 신기술금융회사가 주로 업을 영위하고 있으며, 대부분 창투사가 일반적인 벤처캐피탈 역할을 수행한다. [그림 7-4]에서 보는 바와 같이 2019년 11월말 현재 중소기업청에 등록된 창투사는 145개다. 이는 벤처 붐이 일었던 2000년도 말 147개와 비슷한 수준이다.

그림 7-4 창업투자회사 현황

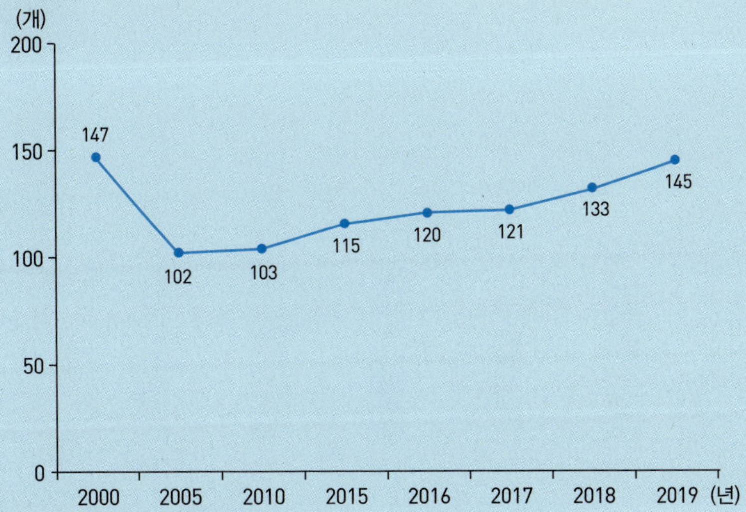

주: 2019년은 11월 말까지의 자료임
자료: 한국벤처캐피탈협회

② 벤처캐피탈 투자조합 현황

국내 벤처캐피탈 투자조합(펀드)은 창투사가 모태펀드와 같은 정부기관, 연금/공제회, 금융기관 등으로부터 자금을 모집하여 조합을 결성하고 그 유치된 투자자금을 벤처기업에 투자하는 형태를 가진 일종의 사모투자조합이다. 2019년 경우 11개월 동안 141개의 벤처캐피탈 투자조합이 3조 1,797억원 규모로 결성되어 운영하고 있다. 벤처캐피탈 투자조합 결성현황은 [그림 7-5]에서 보는 것처럼 2000년 벤처버블 이후 급감하였다가 금융위기 극복을 위한 대책, 신성장동력 육성 등 정부의 정책에 힘입어 2010년대에 들어서서 크게 활성화되었다.

그림 7-5 벤처캐피탈 투자조합 결성 추이

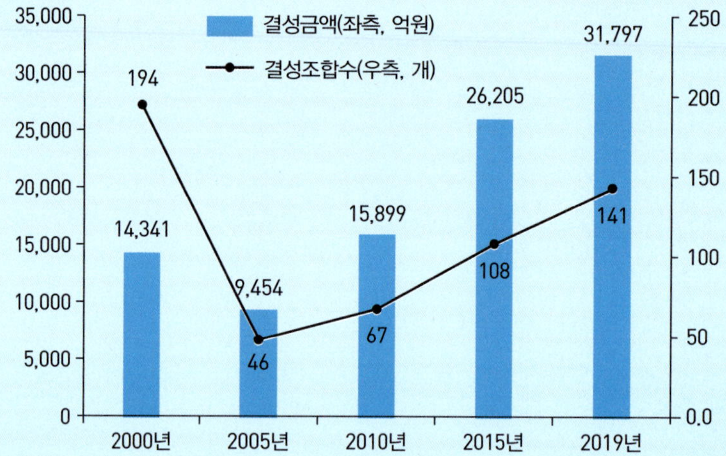

주: 2019년은 11월 말까지의 자료임
자료: 한국벤처캐피탈협회

③ 신규투자조합 조합원 구성

2019년 신규투자조합의 조합원 구성을 보면, 〈그림 7-6〉에서 보는 바와 같이 '벤처캐피탈의 벤처캐피탈'이라고 불리는 모태펀드가 23.2%로 가장 많고, 금융기관 22.8%, 일반법인 13.3%, 벤처캐피탈 10.6% 등으로 이어지고 있다. 정책금융은 8.5%를 차지하고 있으며 연금 및 공제회의 투자비중은 5%를 기록하였다.

그림 7-6 신규투자조합 조합원 구성(2019년)

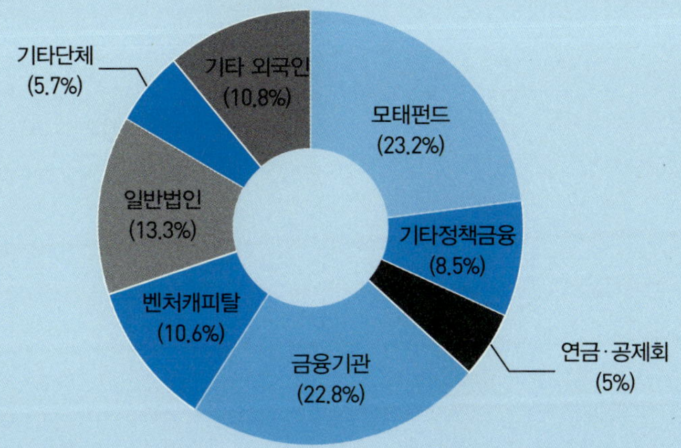

자료: 한국벤처캐피탈협회

④ 벤처캐피탈 신규투자 현황

우리나라는 2000년도 코스닥 거품의 붕괴와 이에 따른 벤처투자의 수익성 악화로 벤처펀드의 신규 결성이 2001년부터 2004년까지 매우 부진을 면치 못하였으나, 정부의 주도에 의한 모태펀드 결성 등 적극적인 시장부양 정책의 결과로 완만한 회복을 이루어 2009년도에는 활황시장이었던 2000년도의 신규펀드 결성수준을 거의 회복하였다. 이는 2008년도에 전 세계적인 금융위기 국면에서도 우리나라의 벤처캐피탈의 투자재원은 별다른 영향 없이 지속적으로 커지고 있으며, 이는 세계적으로 이례적인 상황이다. 그 결과 〈그림 7-7〉에서 보는 바와 같이 2019년 투자금액이 3조 8,115억원을 기록하였고, 투자기업수는 총 1,441개로 증가하였다.

이를 업종별로 보면(〈그림 7-8〉) 2019년의 경우 바이오/의료의 비중이 26.8%로 가장 많고, ICT서비스 23.1%, 유통/서비스 20.1%. 영상/공연/음반 8.7% 등으로 이어지고 있다. 반면에 ICT제조를 비롯한 제조업 분야에 대한 투자비중은 낮은 것으로 나타내고 있다.

그림 7-7 벤처캐피탈 신규 투자 추이

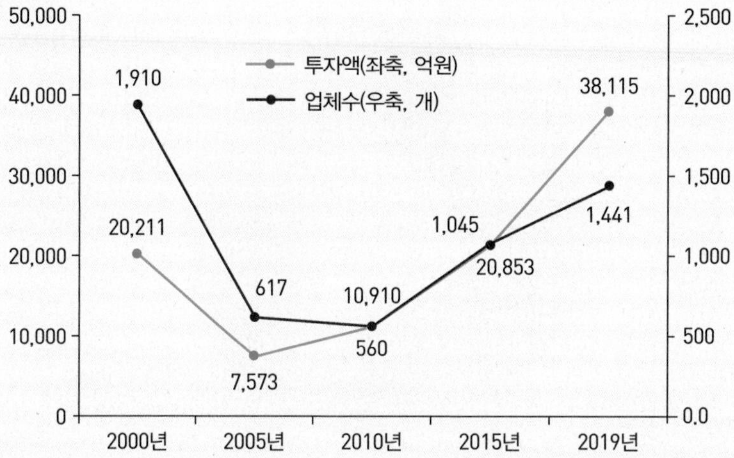

주: 2019년은 11월 말까지의 자료임
자료: 한국벤처캐피탈협회

그림 7-8 투자업종별 신규 투자 비중(2019년)

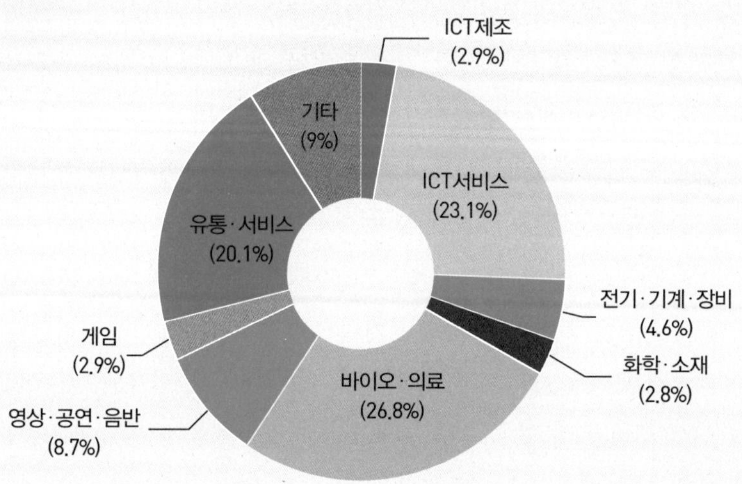

자료: 한국벤처캐피탈협회

그림 7-9 업력별 신규투자 비중

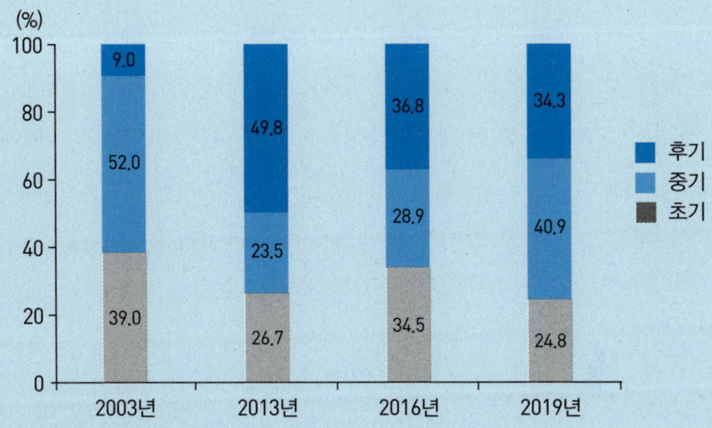

주: 2019년은 11월 말까지의 자료임
자료: 한국벤처캐피탈협회

업력별로 보면(〈그림 7-9〉), 2019년에는 2003년에 비해 상대적으로 수익성이 높은 반면 위험이 높은 초기단계(창업 이후 3년 이내 기업)의 비율이 감소하였다. 반대로 후기단계(창업 이후 7년 초과 기업) 투자비율이 동기간 9%에서 34.3%로 크게 증가하였다. 이는 과거에 초기기업 투자로 많은 시행착오와 실패 경험을 축적한 벤처캐피탈이 비교적 안정적 수익이 기대되는 후기단계를 선호하기 때문이다. 중기단계(창업 이후 3년 초과 7년 이내 기업)의 투자비율은 2010년대 이후 감소되었으나, 2019년에 들어서는 40.9%로 다시 증가하였다.

7.6 지식재산금융

1) 지식재산금융이란

기술금융은 기업의 기술적 잠재력과 전반적인 기술사업화 역량을 활용하여 자금을 조달하는 것으로 기술평가를 통하여 이루어지는 기업금융수단 중 하나이다.

지식재산금융(Intellectual Property-based Financing, 이하 IP금융)은 이러한 기술금융뿐만 아니라 대체투자(alternative investment)의 성격을 동시에 가지고 있다. 즉 IP금융은 특허 등 지식재산의 창출, 사업화, 활용과정에 따라 지식재산을 기반으로 투자, 융자, 보증 등의 자금을 공급하는 기업금융활동이며, 더 나아가서 투자집합기구(예: 투자회사, 투자신탁, 투자조합 등)를 활용하여 지식재산 자체에 투자함으로써 투자자에게 배당 혹은 수익을 분배하는 활동까지도 포함한다.

2) IP금융시장

〈그림 7-10〉에서 보는 바와 같이 IP금융시장은 IP자산시장 혹은 기술거래시장을 기반으로 형성된다. 그림에서 보는 바와 같이 IP금융시장은 IP거래 시에 매개체가 이를 기반으로 금융상품을 창출하고, 이것이 지분이나 채권화되면 발행시장(primary market)이 생성된다. 이 금융상품이 투자자에 의해서 구입될 수 있으면 유통시장(secondary market)이 생성된다.

그림 7-10 IP금융시장의 개념도

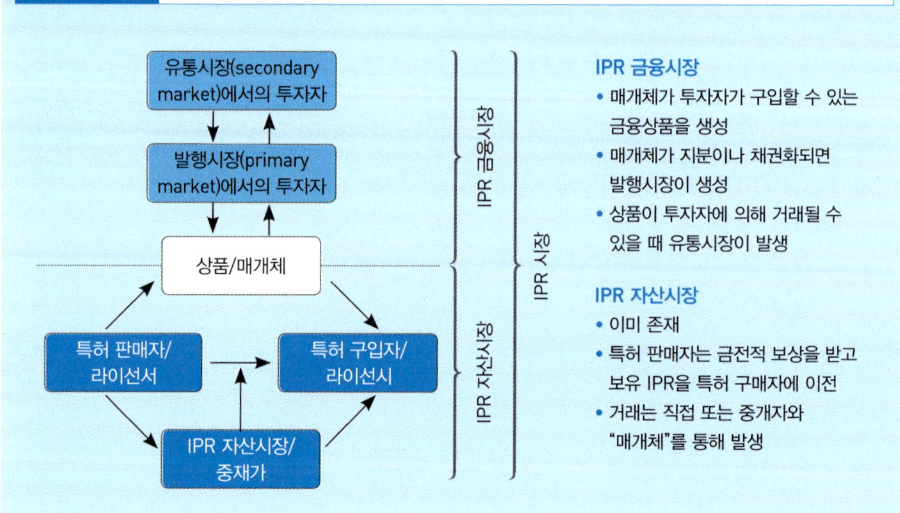

IP거래와 금융의 연계 사례로는 미국의 IPXI(Intellectual Property Exchnage International, Inc.)를 들 수 있다. IPXI는 Ocean Tomo사에 의해서 2008년에 설립된 IP금융거래소로 일종의 IP유동화 플랫폼이다. IPXI는 IP를 하나의 상품으로 보고, 거래를 표준화함으로써 기술거래를 원활하게 하며, IP금융시장을 형성한다.

구체적으로 IPXI는 단위실시권계약(Unit Licence Right Contract: ULRC)이라는 표준화된 거래방식을 통해 특허보유자는 특허를 쉽게 현금화할 수 있고, 기술구매자는 적정한 가격으로 특허를 구매할 수 있는 동시에, IP자산의 유통시장이 생성되게 한다.

3) 우리나라의 IP금융시장

IP금융시장은 우리나라는 물론 미국, 유럽 등 선진국에서도 아직 활성화되고 있지 못한 실정이다. 이는 기본적으로 IP자산 거래시장 자체가 활성화되지 못하고 있는 데 기인한다. 하지만 미국에서는 IPXI와 같이 IP거래 효율화를 통한 IP금융의 활성화 시도가 진행되고 있으며, 이스라엘의 요즈마펀드는 성공사례로 평가되고 있다.

우리나라에서도 IP금융에 대한 관심이 높아짐에 따라서 탐색적인 시도들이 추진되고 있다. 대표적으로 정부와 민간기업 공동으로 방어펀드의 일종인 ID(Intellectual Discovery)와 그 자회사인 아이디어브릿지 자산운용이 설립되어 IP금융관련 활동을 추진하고 있다. 2012년에는 IP자산에 기반을 두고 동산담보대출제도가 마련되었고, 2013년에는 특허청과 한국산업은행이 협력하여 우수 특허를 보유한 중소기업을 대상으로 특허 담보만으로 대출을 받을 수 있는 IP금융을 추진하고 있다.

8

Chapter 08

창업

8.1 창업이란

8.2 기업형태의 선택

8.3 창업절차

8.4 창업 대안으로서의 프랜차이즈

“

이 장에서는 기업가가 실제 창업에 착수할 때 직면하는 문제들을 알아본다.
창업자는 기업의 형태를 선택해야 하며, 절차를 밟아서 회사를 설립하여야 한다.
이때 창업의 대안으로서 프랜차이즈 사업도 고려해 볼 수 있다.
본서에서 언급되지 않은 구체적인 내용들은 관련 자료를 찾거나
전문가의 도움을 받으면 된다.

”

8.1 창업이란

창업이란 “중소기업을 새로 설립하는 것”을 말한다(중소기업창업지원법 제2조 제1항). 창업의 범위는 대통령령으로 정하며, 다음의 경우는 창업에서 제외한다.

- 타인으로부터 사업을 승계하는 경우, 단 사업의 일부가 분리되어 사업을 개시하는 경우는 인정
- 개인사업자가 법인으로 변경하여 동일한 사업을 하는 경우
- 폐업 후 사업을 개시하여 전과 동일한 사업을 하는 경우

8.2 기업형태의 선택

소규모의 벤처기업을 창업할 때 창업자는 기업의 형태를 결정해야 한다. 기업형태로는 개인기업과 공동기업이 있다. 공동기업은 법인의 형태로 합명회사, 합자회사, 유한회사, 주식회사 등이 있다(〈그림 8-1〉 참조). 우리는 주변에서 흔히 회사명에 ‘Corp.(Corporated)’라는 명칭이 붙어 있는 것을 볼 수 있다. 이는 법인기업임을 뜻한다. ‘Co., Ltd.(Company Limited)’라는 명칭이 있으면 유한회사이다. 사원들의 법적 책임이 한정되어 있다는 의미이다. ‘Inc.(Incorporated)’란 명칭이 붙어 있으면 주식회사를 뜻한다. 주식회사도 법적 책임이 한정되어 있기 때문에 ‘Ltd.’라는 명칭을 붙인다. 예를 들어 Sam Sung Electronics(Ltd.)는 삼성전자주식회사를 말한다. 우리말로는 ㈜삼성전자라고 표기한다.

이들 기업형태에는 장단점이 있다. 예를 들어 개인기업은 기업설립이 용이하나 성장에는 한계가 있다. 주식회사는 자본조달이 용이하여 성장가능성이 크지만 상법에 명시된 각종 규제를 받아야 한다. 설립부터 복잡한 절차를 거친다.

그림 8-1 기업형태

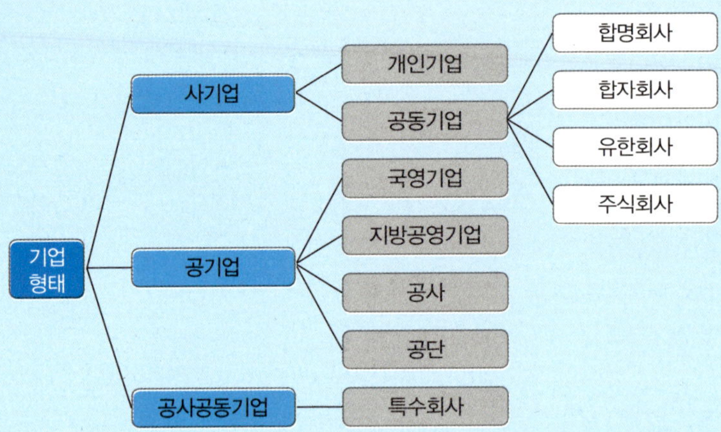

1) 개인기업

개인기업은 개인이 자금을 대고 경영도 자신이 영위하는 회사이다. 가장 쉽고 저렴하게 사업을 시작할 수 있다. 주변에서 볼 수 있는 식당, 미용실, 옷가게 등은 개인기업들이다. 우리나라 기업의 83% 정도가 개인기업의 형태를 가지고 있다.

사업체를 창업자 개인이 소유하고 모든 채무와 법적 책임을 전적으로 떠맡는다. 즉 창업자 개인에게 무한한 책임이 따른다. 만약 사업이 잘못되어 빚을 지게 되면 회사자산은 물론 모든 개인자산도 처분하여 갚아야 한다.

2) 공동기업

공동기업(partnership)은 사업체의 자산, 채무, 그리고 이익을 함께 나누는 둘 혹은 그 이상의 개인들로 이루어진다. 따라서 개인기업과 달리 책임을 서로 나눌 수 있다. 앞에서 언급한 바와 같이 공동기업은 법인의 형태로 합명회사, 합자회사, 유한회사, 주식회사 등이 있다

(1) 합명회사

합명회사(general partnership)는 무한책임사원으로만 구성되는 회사이다. 모든 사원이 다른 사원의 행위에 연대 책임을 지며 회사 채무에 대하여 개인적으로 무한책임을 진다(상법 212조).

합명회사는 대외적으로 인적 신용이 중시되고, 내부적으로 사원 상호간의 신뢰 관계를 필요로 한다. 사원의 기업경영에 대한 참여를 강화함으로써 회사는 마치 개인기업의 공동경영과 같다. 자본의 결합보다도 가족적·인적 결합의 성격을 갖는 전형적인 인적회사이다. 사단법인이면서도 실질적으로는 조합적 성격을 띤다.

(2) 합자회사

합자회사(limited partnership)는 무한책임사원과 유한책임사원으로 구성되는 복합적 조직의 회사이다(상법 268조). 최소 한 명의 무한책임사원이 전적인 책임을 지며, 한 명 이상의 유한책임사원은 자신의 출자 한도 내에서만 책임을 진다.

합명회사와 같이 사단법인이면서 인적 결합의 성격이 강하다. 유한책임사원이 있다는 점 이외는 합명회사와 성격이 같으므로 상법에서도 별도의 규정이 없는 한 합명회사의 규정을 준용한다. 합자회사는 합명회사의 변형으로 보면 된다.

(3) 유한회사

유한회사(private company)는 사원이 회사에 대하여 출자금액을 한도로 책임을 질 뿐, 회사채권자에 대하여 아무 책임도 지지 않는 사원으로 구성된 회사이다. 합명회사의 인적 결합적 특성과 주식회사의 자본 결합적 특성의 중간형태의 회사로 보면 된다. 즉 사원 전원의 책임이 간접적이며 유한하다는 점, 그리고 분화된 기관을 가지는 점 등에서 주식회사와 유사하나, 경영이 폐쇄적·비공개적인 성격을 가진다는 점에서 합명회사와 유사하다. 주식회사와 유사점이 많아 주식회사에 관한 규정이 준용된다.

(4) 주식회사

주식회사(Corporations)는 주식의 발행으로 설립되는 회사로 유한책임사원으로만 구성된다. 소유주와는 별도의 법적 주체로 고소를 할 수도 피소를 당할 수도 있고, 자산을 취득하거나 매각할 수 있으며, 대출을 받을 수 있다.

주식회사는 한 명, 혹은 소수, 혹은 다수의 사람들이 보유한 주식이나 지분으로 구성된다. 회사의 소유권은 주식지분에 의해서 결정된다.[1] 주주들은 개인적으로 보증을 서지 않는 한 회사의 채무에 대하여 책임을 지지 않는다.

주식회사는 투자확보와 주식매각을 통한 자본증액이 용이하며, 소유권의 변동 시에도 큰 타격을 입지 않는다. 다른 기업형태보다 채무로부터 보호를 받을 수 있다. 따라서 주식회사는 대규모 기업을 계획하고 있는 창업자들에게 추천할 수 있는 기업형태이다.

단점은 다른 기업형태에 비해서 기업설립이 복잡하고 비용도 많이 든다. 특히 정부로부터 강력한 규제를 받는다.

8.3 창업절차

창업절차는 창업예비절차, 회사설립 및 사업자등록, 공장설립, 개업준비 등으로 진행된다.

1) 창업예비절차

창업은 많은 시간, 자금 및 노력이 투입되며, 위험을 감수해야 하므로 체계적인 준비가 요구된다. 창업예비절차는 이미 설명하였다. 즉 창업자는 기업가적 기회를 포착하여 이를 사업개념제안서(BCP)를 통해 대략적으로 분석한다. 만약 BCP분석

1 2001년 7월 24일 상법의 개정으로 발기인이 1명뿐이라도(종전에는 3명 이상) 주식회사를 설립할 수 있게 되었다.

그림 8-2 창업절차

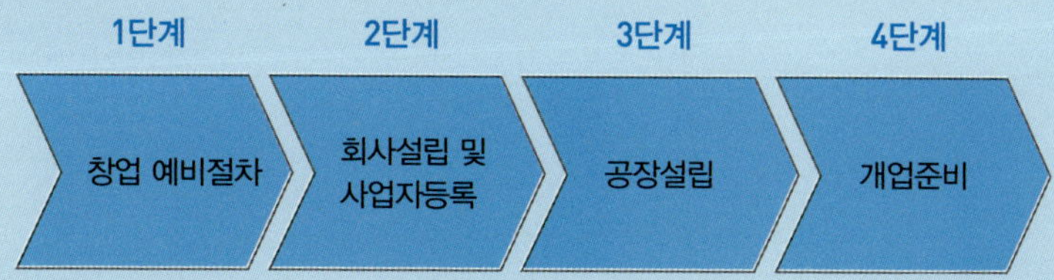

에서 사업착수 결정이 나면 사업계획서(BP)를 작성한다. 그 다음 사업계획서에 있는 대로 팀을 구성하고 자원을 동원한다. 이 과정에서 자기에게 적절한 기업형태도 결정한다.

2) 회사설립 및 사업자등록

창업예비절차는 여전히 계획단계이다. 이 단계가 끝나면 창업자는 실제로 회사를 설립하여야 한다. 회사설립은 개인기업과 법인기업에 따라 매우 다르다.

(1) 개인기업

개인기업은 소유와 경영이 일치하는 기업으로 회사설립 시에 상법적 절차가 필요하지 않으며, 관할세무서에 사업자등록만 하면 사업을 시작할 수 있다. 다만 정부의 인·허가를 받아야하는 업종이면 사업허가증을 발급받아야 한다.

따라서 개인기업 설립 시 구비서류는 사업자등록신청서 1부(관할세무서), 주민등록등본 2부, 그리고 사업허가증 사본 1부(필요 시)이다.

(2) 법인기업(주식회사)

주식회사의 설립방법은 발기설립과 모집설립이 있다. 발기설립은 발기인이 발행주식 전부를 인수하는 방법이며, 모집설립은 일부는 발기인이 인수하고 일부는

그림 8-3 주식회사의 설립절차

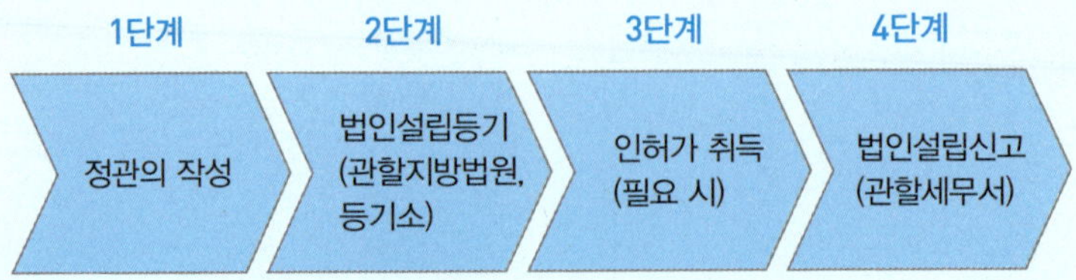

주주를 모집하여 인수시키는 방법이다.

주식회사를 설립하기 위해서는 정관의 작성, 법인설립등기(관할지방법원 및 등기소), 인허가취득(필요 시), 법인설립신고 및 사업자등록신청(관할세무서) 등의 절차를 거쳐야 한다. 주식회사 설립 시 구비서류는 신청서, 법인등기부등본, 정관, 사업허가증, 주주 또는 출자자명세서 등이다. 주식회사 설립절차는 개인기업에 비해 복잡하므로 전문기관에 의뢰하여 수수료를 주고 대행시키는 것이 일반적이다.

3) 공장설립

회사설립이 완료되면 제조업의 경우 공장을 설립하여야 한다. 공장은 매입하거나 임차하거나, 혹은 신축할 수 있다. 공장을 신축할 경우에는 공장의 입지선정, 인허가절차, 그리고 공사계약 등을 진행시켜야 한다. 창업자는 대부분 공장설립에 문외한이므로 관련 전문가의 조언이나 정부기관의 지원을 활용할 수 있다. 정부는 공장설립 온라인 지원시스템(www.femis.go.kr)을 통해서 공장설립을 지원하고 있다.

직접 생산하지 않고 생산을 아웃소싱(outsourcing)하는 경우에는 공급사슬관리에 대한 체계적인 계획을 수립해야 한다.

도소매업이나 기타 서비스업을 창업하는 경우에는 점포 혹은 사무실을 확보해야 하는데, 이때도 전문가나 정부기관의 지원을 받을 수 있다.

4) 개업준비

마지막으로 개업준비 단계에서는 다음과 같은 일에 착수한다. 첫째, 직원을 채용하고 훈련하며, 종업원을 위한 보험(예: 건강보험, 고용보험 등)에 가입한다. 둘째, 급여규정, 회계규정 등 회사내규의 제정과 장부를 준비한다. 셋째, 행정기관에 공장, 부동산 등에 관한 등기를 마무리한다. 넷째, 시장조사를 실시하여 제품에 대한 소비자의 반응을 살피고 광고 등 구체적인 전략을 실행한다.

8.4 창업 대안으로서의 프랜차이즈

프랜차이즈는 프랜차이저(franchisor, 가맹본부)가 프랜차이지(franchisee, 가맹점)에게 특정 상품을 유통하거나 일정방식에 의해서 사업을 할 수 있는 권리를 계약을 통해서 부여하는 유통시스템의 한 형태이다. 이때 프랜차이저는 브랜드, 상호, 제품, 원료, 서비스, A/S를 프랜차이지에게 제공하며, 프랜차이지는 가맹비, 로열티, 보증금 등의 수수료를 지불한다(〈그림 8-4〉 참조).

이와 같은 프랜차이즈는 사업을 하려는 창업자에 하나의 대안이 될 수 있다. 프랜차이즈는 인정된 브랜드 혹은 제품을 토대로 형성되므로 창업자는 프랜차이지로

그림 8-4 프랜차이즈 사업의 개념

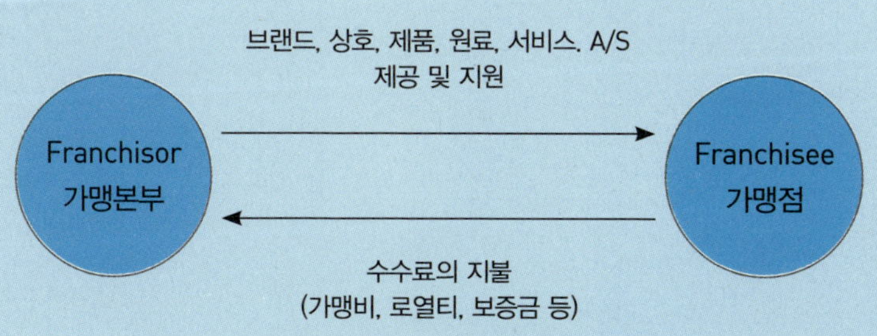

서 프랜차이저와 계약을 맺고 사업에 참여할 수 있다. 예를 들면 맥도날드 본사와 계약을 맺고 가맹점 사업을 시작하는 것이다.

1) 장점

프랜차이지 입장에서는 수수료만 지급하면 성공한 제품 및 서비스를 활용할 수 있다. 또한 프랜차이저가 표준을 제시하기 때문에 일정 수준의 제품 및 서비스의 제공이 가능하다. 프랜차이즈 시스템하에서 프랜차이지는 노력한 만큼 대가를 얻을 수 있으며, 신제품 개발이나 시장개척에 따르는 위험도 부담하지 않는다.

제품 및 서비스뿐만 아니라 프랜차이지는 프랜차이저가 제공하는 전문적인 경영기법이나 기술도 활용 가능하다. 통상적으로 프랜차이저는 매뉴얼, 컨설팅 등을 통해서 기업경영에 필요한 정보를 프랜차이지에게 제공해 준다. 따라서 창업 초기에 발생할 수 있는 운영비의 많은 부분을 절감할 수 있게 된다.

2) 단점

먼저 프랜차이저 선정에 따른 위험이 있다. 가맹점 사업의 성공 여부는 프랜차이저의 전문적인 역량에 달려 있기 때문이다. 따라서 프랜차이저를 선정할 때 프랜차이저의 역량, 경험, 인지도, 전략 등을 면밀히 살펴보아야 한다.

또 하나는 프랜차이저에게 종속될 가능성도 있다. 다시 말해서 프랜차이지는 개인사업자에 비해서 독립적이지 못하다. 이에 따라서 사업성장에 제한을 받거나 위협요인에 적절히 대처하지 못하는 상황도 발생할 수 있다.

9

Chapter 09

벤처기업의 성장

“

이제 막 창업된 벤처기업의 일차적인 목표는 성장하는 것이다.
성장하지 못하면 도태되기 때문이다.
이 장에서는 벤처기업의 성장 및 전략에 대해서 알아본다.

”

9.1 벤처기업 성장의 어려움

기회가 잘 규정되어, 팀이 잘 조직되고, 사업계획서가 훌륭하게 완성되며, 자금조달도 성공적으로 이루어졌다고 해서 벤처기업의 여정이 끝난 것은 아니다. 오히려 이 단계부터 본격적인 경영이 시작된다. 성장을 시작해야 하기 때문이다. 일반적으로 창업된 10개의 기업 중 1개 기업만이 도전에서 살아남으며, 10명 이상의 종업원을 고용한다고 한다.

주변에서 많은 창업기업들이 '좋은 시절'을 누려보지도 못하고 도태되는 것이 흔히 목격된다. 대략 창업 후 1년 내지 2년 사이에 퇴출된다고 한다. 실패하는 이유는 자원, 조정능력, 그리고 차별성의 부족 때문이다.

9.2 왜 성장해야 하나?

벤처기업이 계속 소규모의 기업 수준에 머물러 있으면 규모의 경제 효과를 누리지 못한다. 따라서 일정규모의 기업으로 성장할 필요가 있다. 기업의 규모가 커지면 기업은 신용이 커지며, 시장접근이 용이하게 된다. 고객들에게 좋은 평판을 얻을 수 있고, 다른 기업과의 협력이 수월해지며, 유능한 인력을 채용할 수 있다. 실제 연구결과를 보더라도 기업성장은 시장점유, 영향력, 생존가능성과 정(+)의 관계에 있는 것으로 나타나고 있다.

따라서 벤처기업은 신기술을 상업화하는 과정에서 최대한 빨리 일정수준의 규모, 즉 임계수준(critical mass)까지 성장할 필요가 있다.

9.3 벤처기업 성장의 측정

대체로 기업의 성장은 매출액을 통해서 측정할 수 있다. 하지만 벤처기업의 성장은 재무적 성장뿐만 아니라 전략적, 조직적, 구조적 측면도 고려해야 한다. 일반적으로 벤처기업의 주요 측정변수로는 매출액, 종업원의 수, 고객의 수, 프로젝트의 수로 측정할 수 있다. 따라서 창업자는 각 측정치에 대해서 관심을 가지고 잘 관리해야 한다.

9.4 벤처기업 성장상의 장애요인

벤처기업이 점차 중규모의 기업으로 성장하면서 소규모로 혼자 경영할 때와는 달리 위험과 책임수준이 갑자기 증가하고, 투입되는 시간이 많아지며 감정적으로도 소진된다. 왜냐하면 성장하려면 다른 기업과의 협력 및 제휴로부터 유통채널의 구축, 재무계획, 현금관리 등의 다양한 활동을 해야 하기 때문이다. 이러한 활동들은 대기업의 고위관리직에서 일하는 사람보다도 더 광범위하고 보다 더 집중해야 하는 일이다.

창업자는 창업 초기에는 혼자서 모든 의사결정을 하고 그 일을 수행할 수 있었지만 기업이 성장하게 되면 독자적인 의사결정이 버거워질 수 있다. 기업이 커지면서 책임도 공유해야 하며 어떤 경우에는 통제도 포기해야 한다. 이러한 상황은 창업자에게는 엄청난 고통이 될 수도 있다.

종업원 문제와 관련하여서도 어려움을 겪을 수 있다. 새로운 신규인력들이 유입되면서 기업운영이 불안정해질 수 있다. 대부분의 창업자들은 종업원 관리를 반갑지 않은 일로 본다. 기업이 성장해 가면서 업무를 감시해야 하며, 적절한 조직구조를 디자인해야 하고, 인센티브 제도를 강구해야 한다. 신규로 채용되는 중간관리자들도 기존의 종업원들과의 신뢰관계를 구축하는 등 기업문화에의 적응이 쉽지 않다. 기존 종업원들도 기업이 성장함에 따라서 종전에 익숙했던 일들(예: 고객서비스, 시장관리, 엔지니어링)도 점차 어렵게 생각할 수 있다.

한편 외부환경변화에 따른 대응문제도 발생한다. 특히 과학기술이나 특허를 기반으로 창업한 기업의 경우에는 더욱 그러하다. 창업기업과 관련된 새로운 R&D 결과가 발표되거나 문제해결에 대한 새로운 방법 등이 새로 나오면서 창업기업은 위협을 받게 된다. 이 상황에서 창업자는 외부환경의 위협을 인식하고 평가함으로써 사업계획서, 인력, 재무자원 등을 다시 확립해야 한다. 특히 이러한 상황을 종업원들이 함께 극복해야 한다는 일체감도 심어주어야 한다.

마지막으로 창업자는 기업성장을 제약하는 일상적 문제에도 직면한다. 예를 들면 현금흐름관리, 품질문제, 가격불안정, 자본부족 등이다. 특히 재무적 자원을 확보하는 일은 성장하는 어떤 기업에게도 일상적으로 직면하는 문제이다. 요컨대 기업이 성장한다는 것은 성장하지 못하는 것만큼 버거운 일이다.

9.5 벤처기업 성장전략

벤처기업의 성장전략은 내부적 전략과 외부적 전략으로 구분할 수 있다. 내부적 성장전략은 기업내부의 자원 및 능력으로부터 나오고, 외부전략은 다른 활동주체들과의 관계를 활용하는 전략이다.

1) 내부전략

내부적 성장전략은 기업내부로부터 이끌어 낼 수 있다. 내부적 성장전략은 제품전략과 지역전략을 포함한다.

(1) 제품전략

기업이 매출액을 증가키기 위해서는 신제품을 개발해야 한다. 신제품을 개발하게 되면 기존 고객들로부터 호응을 얻을 수 있고, 신규고객들을 끌어들일 수 있기 때문이다. 제품개발이야말로 초기에 사업발판을 마련하고 경쟁력을 유지할 수 있는 유일한 수단이다. 특히 기업이 새로운 고객군의 확보를 목표로 한다면 제품의 개발 및 개선은 필수적이다. 이때 기업은 특정한 소규모 고객군의 요구에 맞추거나 다수의 일반고객을 대상으로 하여 일을 진행할 수 있다.

특히 하이테크 제품을 판매하는 벤처기업 경영자는 기술수용주기(technology adoption cycle)를 잘 인식하고 있어야 한다(더 알아보기 9.1 참조). 제품이 개발되어 시장에 출시되어 초기에 잘 판매된다고 할지라도 특정한 시기나 단계에서는 함정이 있을 수 있기 때문이다. 신제품의 매출액은 적절한 노력과 전략 없이 저절로 지속적이고도 안정적으로 증가하는 것은 아니다.

더 알아보기 9.1 기술수용주기(Technology adoption cycle)

기업에 성장단계가 있는 것처럼 기술 혹은 제품도 성장단계가 있다. 특히 기술수용주기를 이해하는 것은 기술기반 혹은 과학기반 창업자들에게 매우 중요하다. 왜냐하면 이 모델은 기술, 제품, 그리고 서비스가 가지는 사업 잠재성을 현실감 있게 평가하는 데 도움을 주기 때문이다.

기술기반기업 창업자들이 초기에 혁신적인 제품을 출시하면, 특정 혹은 소규모의 고객들이 관심을 보인다. 이들은 혁신적 수용자(Innovator)들이다. 그러나 보다 장기적인 관점에서 보면 시간이 지남에 따라 일정한 수용패턴이 나타난다. 즉 점차 많은 고객들이 신기술/제품에 대해서 관심을 표명하게 되는데, 초기수용자(Early adopter) 단계 → 초기다수수용자(Early majority) 단계 → 후기다수수용자(Late majority) 단계 → 지각수용자(Laggards) 단계로 이어진다. 물론 단계단계마다 상이한 제품전략, 마케팅전략, 유통전략, 가격전략 등이 요구된다.

그런데 문제는 각 단계마다 틈새가 있고, 특히 초기수용자 단계와 초기다수수용자 단계 사이에 커다란 갭이 존재한다는 것이다. 이를 하이테크 마케팅에서는 '케즘'(Chasm)이라고 부른다. 이러한 갭이 나타나는 이유는 초기수용자와 초기다수수용자 간의 신제품에 대한 태도와 구매성향이 다르기 때문이며, 이들 간의

그림 9-1 기술수용주기

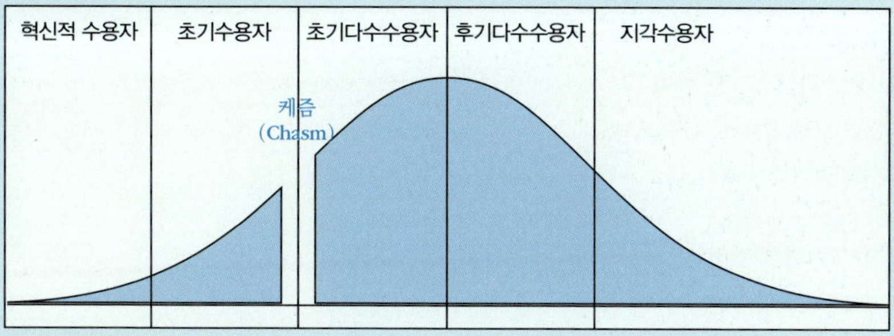

자료: Rogers(1995)

의사소통이 잘 이루어지지 않기 때문이다. 이는 신제품이 초기에는 어느 정도 팔리다가 일정시점에서 시장 확대가 정체되는 현상을 잘 설명해 준다. 그리고 이러한 케즘을 탈출하기 위해서는 특단의 조치가 필요함을 알려준다.

(2) 지역전략

한편 기업은 지역적으로 시장을 확대하여 성장을 꾀할 수 있다. 이때 벤처경영자는 잠재적 시장을 전반적으로 검토하고 근거들을 확보해야 한다. 해외시장으로 진출하는 방법도 있다. 일부 벤처기업들은 처음부터 글로벌 전략을 추구하기도 한다. 이러한 기업들을 'Born Global'이라고 부른다.

지역확대전략 수립 시에 가장 중요한 것이 현지에 맞는 비즈니스 모델(BM)을 정립하는 일이다. 즉 현지에 맞는 수익창출구조를 분명히 해야 한다.

(3) 내부전략의 장단점

〈표 9-1〉에는 내부전략의 장단점을 요약해 놓았다. 내부전략의 장점으로는 제품, 품질 및 과정에 대한 통제가 가능하고 내부적 기업가정신을 촉진시킬 수 있다는 점 등을 들 수 있다. 내부전략의 단점으로는 성장 속도가 느리고 투자 실패 시 회복이 불가능하다는 점 등을 들 수 있다.

표 9-1 내부성장전략의 장단점

장점	단점
• 외부환경변화에 대한 지속적이고 정교한 조정 가능	• 성장 속도 느림
• 제품, 품질, 과정에 대한 통제 가능	• 모든 새로운 자원이 높은 비용과 위험 속에서 개발
• 조직문화 구축 가능 및 지속	• 신뢰성 구축을 위한 공동노력에 대한 기회 없음
• 내부적 기업가정신 촉진	• 투자실패 시 회복 불가능
• 종업원 동기부여 용이	

2) 외부전략

벤처기업은 소규모기업이기 때문에 내부적 성장만으로는 한계를 보일 수 있다. 왜냐하면 내부전략만으로는 자원부족, 불확실성 등의 문제를 해결하기 어렵기 때문이다. 따라서 외부기관과의 협력 혹은 연계를 통해서 더 큰 성장을 추구하는 전략이 필요하다. 즉 외부전략이다. 외부전략으로는 전략적 제휴, 인수합병, 라이선싱 등이 있다.

(1) 전략적 제휴

전략적 제휴(strategic alliance)는 두 개 이상의 기업들이 독립적으로 존재하는 상태에서 합의된 전략적 목표를 달성하기 위해서 협력계약을 맺는 것이다. 대기업이나 글로벌기업들이 많이 구사하는 전략이지만 벤처기업도 성장을 위해서는 전략적 제휴를 맺을 수 있다. 전략적 제휴를 맺으면 경쟁을 통하지 않고는 얻을 수 없는 자원이나 기술, 유통능력 등을 장기적인 계약을 통해서 얻을 수 있다. 벤처기업들은 주로 전략적 제휴를 통해서 기술자문이나 공동연구 등을 수행한다. 이외에도 교육프로그램, 계약연구, 종업원의 교환, 정보공유를 위한 실험실 방문 등을 수행하기도 한다.

전략적 제휴는 규모의 경제, 위험, 비용 등을 분담한다는 점에서 매우 매력 있는 성장전략이다. 전략적 제휴를 통해서 해외시장에 대한 접근이 가능하고, 학습을 촉진할 수 있으며, 신제품 개발을 빠르게 진행할 수 있기 때문이다. 또한 이윤창출의 기회를 증가시키고, 경쟁력을 유지시키며, 기존제품의 판매를 증가시킨다.

하지만 전략적 제휴를 통해서 기업의 네트워크가 너무 복잡하게 되면 재무적 및 조직적 위험이 증가할 수 있다. 경영이 복잡해지고 상대기업에 대한 의존도가 커지며 특허권, 의사결정의 독자성, 조직적 유연성 등이 훼손될 가능성이 커진다.

(2) 인수합병

외부적 전략으로서의 인수합병(M&A: Merger and Acquisition)은 기업 간의 결합을 통해서 성장을 추구하는 전략적 수단이다. 먼저 합병은 두 기업이 대등하게 자원을 통합하는 것이고 인수는 하나의 기업이 다른 기업을 흡수하는 것이다. M&A의 동기는 전략적 제휴의 동기와 마찬가지이다. 즉 신생 두 기업이 M&A를 통해서 서로 약점을 보완할 수 있다. 구체적으로 자원과 정보를 획득하고, 새로운 시장을 활용하며, 규모의 경제를 누리는 등의 이점을 얻을 수 있다. 하지만 M&A는 확고한 법적 계약이기 때문에 전략적 제휴에 비해서 안정적으로 이러한 이점들을 누릴 수 있다.

M&A의 단점은 두 기업의 결합이기 때문에 많은 노력이 필요하다. 운영을 결합해야 하고 상이한 조직문화를 통합해야 한다.

(3) 라이선싱

벤처기업이 많은 지식재산권을 가지고 있으면 기술공급자로서 라이선싱을 통하여 추가적인 수익을 창출할 수 있다. 라이선싱하지 않으면 사장될 기술들을 활용할 수 있기 때문이다. 기술수요자의 입장에서도 벤처기업은 기술구입을 통하여 신기술개발의 위험과 비용을 줄일 수 있다.

(4) 외부전략의 장단점

〈표 9-2〉에는 외부전략의 장단점을 요약해 놓았다. 외부전략의 장점으로는 새로운 자원(예: 특허)을 쉽게 획득할 수 있고, 규모의 경제의 이득을 누릴 수 있으며, 사업위험을 분산시킬 수 있다는 점 등을 들 수 있다. 외부전략의 단점으로는

표 9-2 외부성장전략의 장단점

장점	단점
• 인수를 통해서 경쟁 감소	• 통합 시 경영팀 간 잠재적 상호 양립성 감소
• 새로운 자원(예: 특허 등) 및 핵심능력 쉽게 획득	• 기업문화 간 충돌
• 규모의 경제 획득	• 생산/운영활동의 대립
• 사업위험의 분산	• 사업의 복잡성 증대
• 성장속도 빠름	• 신축성/유연성 감소
	• 기밀보호 및 통제력 감소

상이한 기업문화가 상충될 수 있고, 생산활동이 대립되며, 사업의 복잡성이 증대한다는 점 등을 들 수 있다.

3) 벤처기업 성장전략의 유형

Park and Bae(2004)는 다음 세 가지 기준에 의하여 벤처기업의 성장전략을 제시하였다.

- 기술능력(technological capability)
- 제품-시장의 성숙도(product-market maturity)
- 목표시장(target market)

첫 번째 기준인 기술능력은 혁신자(innovator)와 모방자(imitator)로 구분된다. 혁신자는 자신만의 새로운 기술과 상품을 만드는 기업이고, 모방자는 이전에 혁신자가 만든 기술이나 상품을 좀 더 개선해서 자신의 사업에 활용하는 기업이다.

두 번째 기준인 제품-시장의 성숙도(product-marketing maturity)는 제품의 수명주기(product life cycle)와 관련된다. 제품의 수명주기는 시장출시, 성장, 성숙, 그리고 쇠퇴라는 단계들로 분류되며, 제품-시장의 성장단계는 크게 신흥시장(emerging market)과 기존시장(existing market)으로 구분된다.

그림 9-2 벤처기업의 성장전략 유형

<table>
<tr><td colspan="3" rowspan="3"></td><td colspan="3">Level of Technological Capabilities</td></tr>
<tr><td colspan="2">Global Follower</td><td rowspan="2">Global Pioneer</td></tr>
<tr><td>Local Follower</td><td>Local Pioneer</td></tr>
<tr><td rowspan="3">Product/ Market Maturity</td><td colspan="2">Global Emerging</td><td></td><td>Early Market Entry</td><td>Global Innovation</td></tr>
<tr><td rowspan="2">Global Existing</td><td>Local Emerging</td><td>Proactive Localization</td><td>Creative Imitation</td><td>Global Niche</td></tr>
<tr><td>Local Existing</td><td>Reactive Imitation</td><td>Import Substitution</td><td></td></tr>
</table>

This single line indicates boundaries of the local market

This double line indicates boundaries of the global market

주: 원래의 의미를 살기기 위해서 영문 그대로 표기

자료: Park and Bae(2004)

세 번째 기준은 목표시장(target market)으로서 현지(local)와 해외(global)로 나누어진다. 당연히 세계적으로는 우량기업이 많고, 따라서 해외시장에서의 경쟁은 더욱 심하다. 이상의 기준으로 벤처기업을 유형화하면 〈그림 9-2〉와 같다. 그림에서 의미 없는 2개 영역을 제외하면(기술수준과 시장측면의 상반된 영역), 다음과 같이 7가지 영역으로 구분된다.

① **반응 모방형(reactive imitation)**: 이미 존재하고 있거나 쇠퇴하는 시장에서 활동하는 전통적인 중소기업으로, 연구개발에 투자하기를 주저하고 경쟁제품을 모방한다. 따라서 혁신에 필요한 기술적 여력이 없다.

② **수입 대체형(import substitution)**: 국내시장에서 수입제품을 대체하는 기업이다. 주로 국내 대기업에 납품하며, 가격경쟁력을 지니고 있다.

③ **국내시장 개척형(proactive localization)**: 글로벌 유망 제품이나 서비스를 국내에 조기 도입하는 사업형태로서, 해외 제품이나 서비스를 국내시장에 맞게 개선

하여 시장을 개척한다.

④ 창조적 모방형(creative imitation): 기존 글로벌시장 또는 국내 신규시장을 대상으로 하는 벤처기업으로서, 국내시장에서 성장한 후에 해외진출을 추구한다. 해외 경쟁사와 비교하여 가격경쟁력을 갖추고 있다. 많은 국내성공 벤처기업들이 이 유형에 속하며, 국내시장 개척형과 수입대체형 벤처기업들이 글로벌화되기 위하여 이 단계를 거쳐 간다.

⑤ 해외시장 개척형(early market entry): 신흥 글로벌시장의 조기진출을 통해 사업기회를 추구한다. 기술변화가 잦아지고 제품의 수명주기가 짧아지고 있기 때문에 적절한 타이밍과 기술이 필요하다.

⑥ 글로벌 틈새형(global niche): 이미 성숙한 글로벌시장으로 진입하는 글로벌 틈새형 벤처기업은 표준화 및 대량생산으로 인하여 가격경쟁력을 가지고 있는 기업이다.

⑦ 글로벌 혁신추구형(global innovation): 미성숙 또는 글로벌 신규시장의 개척자로서 혁신적인 제품이나 서비스로 새로운 시장을 창출한다. 기술혁신을 통한 고위험-고수익을 추구하며 경쟁을 위하여 핵심 지식과 기술이 필요하다.

Park and Bae(2004)는 이상의 모델을 국내 벤처기업들에 적용한 결과, 내수기업이 글로벌기업으로 성장할 때, 〈그림 9-3〉과 같이 창조적 모방형(creative imitation) 단계를 거치는 것으로 본다. 이 단계로 진화하기 위하여 신흥시장으로 목표를 전환하거나 새로운 기술능력을 개발한다. 이렇게 창조적 모방형으로 성장한 벤처기업은 그 이후 해외시장 개척형(early market entry), 글로벌 틈새형(global niche), 그리고 글로벌 혁신추구형(global innovation)과 같은 글로벌기업으로 성장을 도모한다. 이 모델은 벤처기업가들이 기업의 현재 영역을 정확히 인식하고, 그에 따른 성장전략을 계획하는 데 지침을 제공한다.

그림 9-3 한국 벤처기업의 유형별 성장 과정

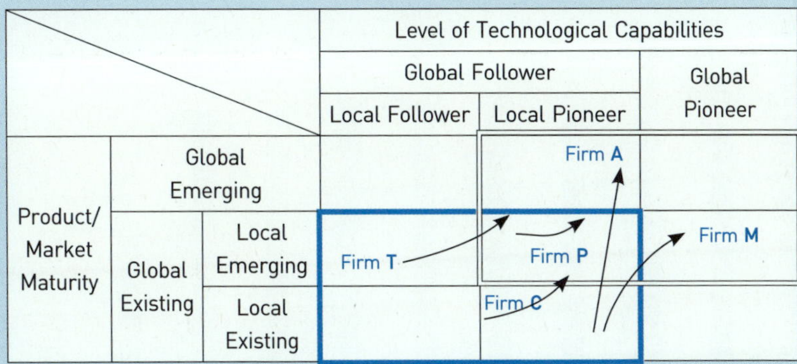

주: 원래의 의미를 살기기 위해서 영문 그대로 표기
자료: Park and Bae(2004)

더 알아보기 9.2 인터넷 시대의 창업 산실, Networked Incubator

막 창업된 벤처기업들은 성장하기 어렵다. 따라서 성장환경을 갖추고 벤처기업을 키워주는 창업보육센터(Business Incubators)가 각광을 받고 있다. 특히 인터넷 시대에 창업보육센터는 'Business Accelerators', 'Campuses', 'Econet', 'Internet Keiretsus'로 불리고 있으며, 이들은 벤처기업들에게 사무실, 금융, 회계, 채용, 법률 등 각종 서비스를 제공하고 있다. 이하에서는 인터넷 시대의 창업 산실 중 'Networked Incubator'(NI)를 소개하고자 한다.

1. 'Networked Incubator'란?

NI는 2000년 하버드대학 경영대학원 교수들(M.T. Hansen, H.W. Chesbrough, D.N. Sull)에 의해서 소개되었다. 최초의 NI는 미국 로스엔젤리스에 기반을 둔 'Idealab'으로서 Bill Gross에 의해서 설립되었다. NI는 다음 세 가지 조건을 갖추고 있다.

첫째, NI는 기업가정신을 보유해야 한다. NI는 피보육기업(Incubatee) 지분

그림 9-4 창업보육센터의 벤처기업 지원기능

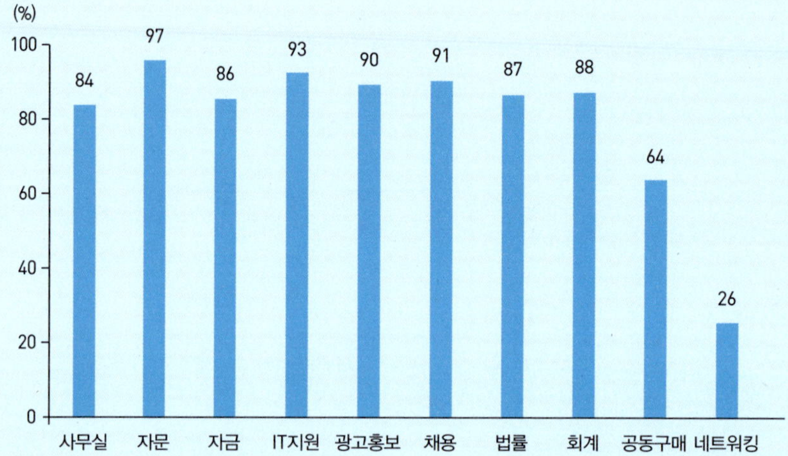

자료: Hansen et al.(2000)

의 상당 부분(통상 60%~70%)을 가지기 때문에 자신의 기업처럼 지원한다. 특히 피보육기업들이 전략적, 관리적, 그리고 조직적 장애물에서 자유롭도록 도와준다.

둘째, NI는 규모의 경제를 바탕으로 피보육기업의 비용을 절감시켜준다. 예를 들어 대규모 보육시설을 통해 사무실을 그 어느 곳보다도 저렴하게 제공한다.

셋째, NI의 가장 중요한 특징으로 자신이 구축한 기업 네트워크를 통해서 지원한다. 만약 특정 인력이 필요하다고 하면, 즉시 연락하여 가장 빠른 시간 내에 선발할 수 있도록 한다. 이러한 네트워킹(networking)능력을 구비해야만 NI라고 할 수 있다. 〈그림 9-4〉에서 보는 바와 같이 Hansen et al.(2000)은 170개의 창업보육센터들 대부분은 사무실, 자문, 자금, IT, 광고홍보, 채용, 법률, 회계 등을 지원하지만, 그중에서 26%만이 '조직화된 네트워킹' 기능을 제공하는 것으로 보고하고 있다.

2. 대표적 NI: Hotbank

Hotbank는 미국 캘리포니아 소재 NI로서 벤처캐피탈 회사인 SBVC(Softbank

Venture Capital)이 운영하는 창업보육센터이다. Hotbank는 30,000 평방피트의 시설을 보유하고 있으며 창업지원팀들이 벤처기업을 지원하고 있다. 각 지원팀은 5명 정도의 매니저들로 구성되어 있으며 아이디어를 개발하고 그것을 사업계획서로 발전시킨다. 매일 각 팀으로부터 온 사람들은 원탁에 둘러 앉아서 커피를 마시면서 서로의 경험을 나눈다. Hotbank 내에는 7개의 SBVC 파트너들이 입주하고 있는데, 창업지원팀들은 이들과 비공식적으로 교류한다.

SBVC는 입주한 벤처기업들에게 사무실을 임대해 주고 자금을 지원한다. 이외에도 IT, 광고홍보, 채용, 경영자문, 보험, 회계 등 기초적인 서비스들을 제공한다. SBVC는 다양한 벤처기업들로부터 오는 다양한 자원수요를 통합함으로써 최상급 서비스 제공자들과 협상에 있어서 유리한 고지를 점령한다. 입주한 벤처기업들은 언제든지 서비스 제공을 거절할 수 있다. 하지만 그들은 많은 시간과 비용을 절감하고 있다. 특히 SBVC는 E*Trade, Buy.com 등 다양한 인터넷 기업들과 네트워크를 구축하여 입주기업들이 이들과 교류할 수 있도록 도와준다. 이러한 서비스 제공의 대가로 20% 내지 40% 정도의 입주기업들의 투자지분을 갖고 있다.

3. 창업 성공사례

'Model E'는 앞에서 소개한 Hotbank에 입주한 벤처기업으로서 대표적인 성공사례이다. 'Model E'는 1999년 9월에 George Kim이 창업한 자동차 관련 서비스를 제공하는 인터넷 기업이다. 사업영역은 자동차 매매를 비롯하여 자동차 등록, 보험, 금융, 차량운송서비스 등이다.

'Model E'는 "3년 정도 걸릴 의사결정을 3개월 이내에 할 수 있었다"고 말할 정도로 Hotbank의 도움을 받아 성장하였다. 예를 들어 'Model E'는 Hotbank 채용서비스의 도움으로 4개월 만에 능력있는 50명의 임원 및 종업원을 채용할 수 있었다. 사업계획서를 작성할 때도 Hotbank의 매니저들이 도와주었으며, Hotbank의 모회사인 SBVC는 금융지원뿐만 아니라 'SBVC family'라는 네트워킹을 통해서 모든 문제를 바로바로 해결해 주었다. 당시 SBVC는 미국 전역에 걸쳐서 150여개 이상의 인터넷 기업들과 연결되어 있었다.

더 알아보기 9.3 'Born-global'기업의 출현

지난 1세기 동안 대부분의 기업들은 자국 내에서 어느 정도 사업기반을 마련한 다음에 해외로 진출해 왔다(Isenberg, 2008). 특히 해외사업을 생각할 때 초기에 너무 멀리 떨어진 지역을 선택하지 않았다. 소비자 건강제품 기업인 미국의 Johnson & Johnson은 1886년 회사를 설립한 이후 33년이 지난 1919년 캐나다 몬트리올에 처음으로 해외지사를 설립하였다고 한다. 1946년에 설립된 일본의 Sony도 11년 후에야 미국에 처음으로 수출하기 시작하였다. Gap도 1969년에 설립된 이후 18년이 지난 1987년 처음으로 런던에 해외지사를 설립하였다.

이와 달리 최근에는 이른바 'Born-global' 기업들이 출현하고 있다. 즉 창업단계 이전 혹은 창업단계에서 국경을 넘어서는 활동을 수행하는 기업들이다. 이들 기업을 경영하는 국제적 기업가들은 지리적으로 가깝다고 해서 그곳에 기업을 설립하거나 부품공급자를 선정하지 않는다. 정보를 손쉽게 활용할 수 있고 정치적 및 경제적 장벽이 낮아진 상황하에서 지구 전체에 걸쳐서 공장입지를 고른다. 글로벌 차원에서 인재를 채용하며, 현지에서 자금을 조달하기도 한다. 대표적 사례로는 풍차제조 회사인 Tecsis를 들 수 있다. 1995년에 브라질 사람 Koike에 의해서 설립된 이 회사는 항공기 산업이 발달한 상파울로 근처에 공장입지를 선정했다. 혁신적인 풍차날개를 디자인하고 생산 노하우를 개발하기에 가장 유리한 지역이었기 때문이었다. 하지만 원료는 북미와 유럽으로부터 구입했고, 수요처 역시 북미와 유럽이었다. 2007년 현재 Tecsis는 10개국에서 활동하며 3억 5,000만 달러의 매출을 올리고 있다(Isenberg, 2008).

그렇다면 정확히 'Born-global' 기업은 어떤 기업을 말하는가? Oviatt and McDougall(1994)은 'Born-global' 기업을 "창업 전부터 여러 나라에 걸쳐서 자원조달과 판매로부터 상당한 경쟁우위를 찾는 사업체"라고 정의한다. 그리고 기업의 잉태부터 해외시장에 초기진출 시까지 3년이 안 된 기업으로 정의한다(McDougall and Oviatt, 2000).

Oviatt and McDougall(1994)는 'Born-global' 기업가가 가져야 하는 자질로서 다음 7가지를 들고 있다.

- 사업 시작 전부터 글로벌 비전이 존재하며, 이 비전이 회사 내의 다른 사람에게 쉽게 전달된다.
- 국제적인 경험을 가진다. 수출문서, 환위험, 소통과 문화장벽에 대한 이해가 필수적이다.
- 강한 국제적인 사업 네트워크를 구축한다. 이를 통해서 기회를 발견하고 의견을 들으며 협상을 유리하게 이끈다.
- 기술이나 마케팅에 있어서 경쟁우위를 갖는다. 이는 취약한 규모의 비경제를 극복하게 한다.
- 유일한 보이지 않는 자산을 가진다. 특정한 지식이나 노하우를 통해서 독특한 제품 및 서비스를 유지하는 것이 중요하다.
- 제품 및 서비스 면에서 관련다각화가 이루어진다. 지속적인 혁신을 통하여 틈새시장을 계속 활용한다.
- 기업조직을 전 세계적으로 밀접하게 조정한다. 따라서 지리적 거리에 관계없이 기업의 가치사슬이 조정된다.

Knight and Cavusgil(2004)는 'Born global' 기업은 세계적으로 상당수에 이르며, 국제무역의 생태계 속에서 선도적인 역할을 수행하면서 새로운 패러다임을 형성하고 있다고 주장한다.

사례: 대우그룹의 세계경영

우리나라의 대우그룹은 창업 초기부터 해외시장으로의 수출을 통해서 성장한 대표적인 'Born-global' 기업이라고 할 수 있다. 한국CCO클럽이 펴낸 『한국경제를 만든 이 한마디』에서는 "세계는 넓고 할 일은 많다"라는 제목하에 김우중(1935-2019년) (전)대우그룹회장을 '세계경영을 선보였던 킴키스칸'으로 소개하고 있다.

1967년 5월 1일, 대한해운 소속 화물선 엔젤호가 부산항을 빠져나갔다. 태국으로 향하는 이 배에는 시아후아트사 등으로부터 주문받은 나일론 트리코트 5만 5천 야드, 1만 4,300달러어치가 실려 있었다. 트리코트지는 당시 동남아에서 남자 셔츠나 슬립, 파자마 등 내의류 원단으로 사용됐다. 원단을 수출하는 회사는 대우실업이었는데, 사장을 포함한 직원 수는 8명, 자본금 500만원에 불과한 신생회사였다. 놀랍게도 설립한 지 두 달이 채 안 된 이 회사는 벌써 약 30만 달러어치를 수주해 놓고 있었다. 이런 성과 뒤에는 대우그룹 창업주인 청년 김우중이 있었다. 갓 서른을 넘긴 그는 대학 졸업 후 한성실업에서 무역업무를 익힌 후 대우실업을 설립해 해외 영업을 주도하고 있었다. (중략) 대우실업은 창립 5년째인 1972년 국내 2위의 수출기업이 됐다. 김 회장은 이에 안주하지 않고 사업을 확장했다. (중략) 1982년 ㈜대우로 상호를 변경한 김 회장은 세계시장을 가장 효과적으로 활용하는 글로벌 기업가(global entrepreneur)로 인정받는다.

1990년대 들어서면서 세계정세가 급변했다. 독일 통일, 소련붕괴 등으로 사회주의가 붕괴되었고, 유럽은 경제공동체를 형성했다. 그는 본격적으로 '세계경영'이라는 구호를 내걸었다. 그리고 사회주의에서 자본주의 체제로 변화를 모색하고 있던 폴란드, 헝가리, 루마니아, 우즈베키스탄 등에서 자동차 공장을 인수하거나 설립했다. 이 신흥시장이 머지않아 세계경제의 중심으로 떠오를 것이라 생각했기 때문이다. 대우의 해외사업은 빠른 속도로 확장됐다. 그는 젊은이들이 하루빨리 해외로 나아가 더 많은 기회를 잡을 수 있기를 소망했다. 대우맨들은 누구보다도 적극적으로 해외로 나갔고 가장 멀리까지 진출했다. 그래서 대우 사람들은 비행기 추락사고에 늘 민감한 반응을 보였다. 해외 각지에서 비행기 추락사고가 터질 때마다 사상자 명단에 대우 임직원이 포함되곤 했기 때문이다.(한국CCO클럽, 2015)

이와 같은 세계경영을 바탕으로 1990년대 말 대우그룹은 국내계열사 41개, 해외법인 396개, 자산 83조원, 매출 62조원의 대한민국 재계서열 2위의 기업으로 성장했다. 하지만 2000년을 넘기지 못하고 해체되었다. 해체 후 15년이 지난 2014년 경제사학자인 싱가포르 국립대 신장섭 교수가 『김우중과의 대화: 아직도 할 일은 많고 세계는 넓다』라는 책을 펴냈다. 다음은 김우중 회장과 저자인 신장섭 교수와의 대화 중 일부이다.

신장섭: 경영학이나 서양의 다국적기업에서도 세계경영(global management)이라는 말을 많이 쓰고 있습니다. 기업들이 국경을 뛰어넘어 세계적 범위에서 사업을 진행하고 현지화를 추진하는 전략이라 할 수 있습니다. 이런 일반적인 세계경영과 비교할 때에 대우의 세계경영이 갖고 있는 특징은 무엇이라고 할 수 있습니까?

김우중: 그런 이론들은 선진국 중심으로 만들어져 있어요. 선진국 기업들이 후진국 기업보다 경영을 잘하고 능력도 많고, 그러니까 그걸 갖고 후진국에 가서 그쪽의 자원이나 인력을 활용해서 사업한다는 것 아닙니까? 그런 식으로만 생각하면 능력 있는 선진국에서만 다국적기업이 나오고 후진국에서는 그런 능력 있는 기업들이 없기 때문에 다국적기업이 나오기 어렵다고 보게 되는 거지요. 선진국 기업은 능력이 많고 후진국 기업은 능력이 적다, 그래서 후진국 기업들은 거기에서 배워야 한다는 생각부터 바꿔야 해요. 내가 일찍부터 일본, 미국 등 선진국에 있는 회사들을 여러 군데 가봤는데 그렇게 능률적이지 않아요. 내 눈에는 그렇게 해서 (회사 경영이) 잘 될 거라고 보이지 않더라고요. 백화점 같은 데는 비교적 괜찮았어요. 그런데 큰 회사들은 요란만 떨지 그렇게 경영을 잘한다는 생각이 들지 않았어요. (신장섭, 2014)

이상의 대담에서 우리는 김우중 회장의 도전정신, 기회포착능력, 자신감 등을 바탕으로 하는 세계경영의 특징을 찾아볼 수 있다. 더 나아가서 이 책에서 신장섭 교수는 대우그룹의 해체의 요인을 정책적 측면에서 분석하고 있다. 당시 정부는 1990년대 말 외환위기를 놓고 이를 해결하는 방법으로 단기적인 구조조정을 선택한 반면에 전국경제인연합회 회장으로서의 김우중 회장은 안정된 산업기반 위에서 고용을 유지하면서 수출을 통해 곧 해결할 수 있다고 주장하였다. 결과는 구조조정 중심으로 정책이 진행되었고 대우그룹은 해체의 길로 들어섰다는 것이다. 신장섭 교수는 이 사건을 한국경제의 전환점으로 해석하고 있어 주목된다. 즉 '세계경영'이라는 기치를 내세운 대우그룹이 사라지면서 진취적인 기업가정신이 퇴색되고 한국경제의 활력이 장기적으로 떨어져왔다는 주장이다.

대우그룹은 사라지고 글로벌 기업가로서의 김우중 회장은 역사의 무대에서 내려왔지만, 아직도 대우그룹에 속했던 기업들은 영속적으로 생존해 있다. 특히 동남아시아, 중동, 아프리카, 동유럽 등 해외에서는 자동차, 호텔, 비행장, 관개수로 등을 통해서 대우의 이름을 기억하는 사람들이 많다고 한다.

10

Chapter 10

벤처기업의 관리

10.1 벤처기업관리의 중요성

10.2 벤처기업 관리영역

10.3 성장을 위한 조직문화 형성

10.4 종업원 채용 및 관리

10.5 기타 관리

“

벤처기업이 어느 정도 성장하면 창업자는
기업의 상태에 대해서 한번 점검해 보아야 한다.
이 장에서는 성장하고 있는 벤처기업의 관리문제를 대략적으로 살펴본다.
벤처기업의 관리에도 일반적인 경영이론이 적용되므로 경영학에서 배운
내용을 토대로 벤처기업 특성에 맞는 관리방식을 찾아 이해하면 된다.

”

10.1 벤처기업관리의 중요성

벤처기업의 성장을 위해서 창업자는 자신의 관리능력과 관심사항을 재평가해야 한다. 초기에 벤처기업은 몇 명 되지 않은 사람으로 시작한다. 그러나 사업이 번창하면서 자연적으로 임무수행에 한계가 온다. 새로운 직원을 채용하기 위해서 자금을 확보해야 하고 조직해야 하며, 그들이 기업조직 및 문화에 녹아들게 해야 한다.

통상 상시종업원 20명 내지 30명까지는 큰 문제가 없으나 그 이상이 되면 기업의 관리문제 및 조직에 세심하게 관심을 가져야 한다. 다시 말해서 기업가적 모드에서 전문적인 관리 모드로 전환해야 한다. 왜냐하면 창업초기에 필요한 관리기법과 성장단계에서의 관리기법이 다르기 때문이다. 기업가적 모드에서는 일반적으로 기회발견 혹은 기회창출이 동인이지만, 관리적인 모드에서는 자원의 관리가 동인이다. 기업가적 모드에서는 위험을 관리하지만, 관리적 모드에서는 위험을 최소화한다. 기업가적인 모드에서는 제한된 자원하에서 새로운 자원을 찾아 나서지만(예: 차입, 임대 등), 관리적 모드에서는 확보된 자원을 소유하고 고용한다.

만약 창업자가 창업초기의 기업가적 모드에서 성장을 위한 관리적 모드로 전환하는 과도기적 상황에 있다면 다음과 같은 점들을 확인해 보아야 한다. 첫째, 성장이 시작하기 전에 경영구조의 변화가 일어난다는 점. 둘째, 의사결정에 대한 책임과 권한을 부여하는 공식적인 의사결정시스템의 구축되어 있는지. 셋째, 사업의 기능이 어떤 한 사람에게 집중되거나 의존하고 있는지. 넷째, 경영시스템 및 절차가 성장전략과 조화를 이루는지 등이다.

10.2 벤처기업 관리영역

벤처기업의 관리 분야는 기존기업의 관리 분야와 크게 다르지 않다. 즉 조직 및 인적자원관리, 마케팅관리, 운영(생산)관리, 재무관리, 회계관리, 기술관리 등이다. 따라서 벤처기업의 관리문제는 기존기업의 관리기법을 그대로 준용해도 무방하다. 예를 들어 회계관리의 경우 장부정리, 손익계산서의 작성, 재무상태표의 작성 등 일반적인 절차에 따르면 된다. 하지만 이제 막 창업해서 성장단계로 접어드는 기업이라는 특성 때문에 조직문화 및 종업원관리는 별도로 살펴볼 필요가 있다.

10.3 성장을 위한 조직문화 형성

한 기업의 관리구조는 의사결정의 공식적인 틀과 경영과정을 규정한다. 그것은 효율적이면서 효과적인 업무처리를 지원한다. 따라서 적절한 조직디자인은 매우 중요하다.

비공식적인 조직에서는 임시방편(ad hoc)의 문화가 통용되지만 공식적인 조직에서는 책임이 분명하게 규정된다. 벤처기업은 양자 간의 조화, 즉 조직의 유연성과 책임의 명확성 간의 밸런스를 잘 유지해야 한다. 따라서 창업자는 조직구조를 분명하게 규정하고, 자신의 기업문화에 적합한 디자인을 개발하여 수행해야 한다.

1) 조직문화란

어떤 기업이든지 기업문화를 가지며, 기업 고유의 기업문화는 경쟁력의 원천이 된다. 예를 들어 구글(Google)은 자유스러운 조직분위기를 통해서 종업들의 창의성을 유발하여 기술혁신의 성과를 달성하고 있다. Southwest 항공사는 고객중심의 조직문화를 가지고 있다고 한다.

기업의 조직문화는 개인의 개성처럼 다른 조직과 구별되는 조직의 특성(personality)이다. 이러한 조직의 독특한 특성을 구성하는 요소는 구성원들의 가치관, 신념 및 행동양식이다.

2) 조직문화의 내용 및 정도

조직문화를 명시적으로 기술하는 것은 쉽지 않고, 직관적으로 이해하는 데 그친다. 조직문화의 요소(질문)들에 대해서 '그렇다 혹은 아니다'로 측정하거나 정도를 측정하고 있다. 다음을 조직문화의 내용과 정도를 파악하는 질문들이다.

- 당신의 회사는 개인적으로 일을 합니까, 아니면 팀으로서 일을 합니까?
- 당신의 회사는 위험에 대해서 어떻게 대응합니까?
- 당신의 회사는 실패에 대해서 어떻게 취급합니까?
- 당신의 회사는 어떻게 의사결정을 합니까? 중요한 의사결정은 누가 합니까?
- 당신은 회사 외부와 내부에서 정보를 어떻게 공유합니까?
- 당신은 단기적 관점에서 의사결정을 합니까? 아니면 장기적 관점에서 의사결정을 합니까?
- 당신은 다양성을 어떻게 촉진시킵니까?
- 당신은 종업원들을 어떻게 대합니까? 당신의 회사의 비전은 종업원에 대하여 무엇을 말합니까?

3) 조직문화의 원천

조직문화는 과거에 행하여 온 것의 결과와 그것의 성공 정도에 의해서 형성되고 발전해 나간다. 특히 벤처기업의 경우 조직문화는 창업자에 의해서 형성된다. 창업자들의 가치와 조직디자인에 대한 초기의 시도는 조직의 청사진을 형성한다.

조직문화는 이야기, 관례, 언어, 물리적 환경 등을 통해서 종업원들에게 전달된다. 종업원들은 문화 속에 배여 있는 태도나 가치에 동화된다. 따라서 하나의 조직문화를 유지한다는 것은 그 문화에 맞는 사람들을 채용하는 것으로부터 출발한다.

10.4 종업원 채용 및 관리

1) 종업원 채용

① 채용기준

벤처기업이 성장해 나가면서 초창기 팀원 이외의 필요한 종업원들을 추가적으로 채용해야 한다. 종업원의 채용은 조직구조와 문화형성에 중요하므로 신중을 기해야 한다.

일반적으로 종업원 채용의 기준은 다음 세 가지로 요약될 수 있다.

- 기술/능력
- 잠재력
- 팀 혹은 조직에의 적합성

많은 경우 창업자는 자신의 취향에 따라서 이상의 세 가지 기준에서 어떤 하나만을 중시하는 경향이 있다. 예를 들어 어떤 창업자는 종업원의 기술이나 능력을 중시하여 채용 후에 바로 활용할 수 있는지만을 보고 채용하기도 한다. 하지만 벤처기업이 처한 상황에 따라서 채용기준을 적용하는 것이 바람직하다. 가령 기술기반 벤처기업이라면 기술이나 능력을 중시해야 하지만, 서비스업종에 속한 기업이라면 팀 혹은 조직에서의 적합성을 중시해서 채용하는 것이 좋을 것이다.

② 채용유형

종업원의 채용유형은 다섯 가지로 나누어 볼 수 있다(〈표 10-1〉 참조). 첫째는 스타 유형이다. 스타 유형은 일을 중시하며 채용기준은 종업원의 잠재력이다. 조정수단은 전문성이다. 흔히 "우리는 엘리트를 채용하여 최고의 연봉과 자원을 제공한다"라고 선전하는 기업들은 스타 유형의 종업원을 채용하려 한다고 보면 된다.

표 10-1 종업원 채용의 유형

유형	강조점	채용기준	조정수단	설명
스타 (Star)	일	잠재력	전문성	"우리는 엘리트를 채용하여 최고의 연봉과 자원을 제공한다."
온정주의	관계	적합성	기업문화	"나는 종업원이 퇴직 시까지 끈끈한 소속감을 갖기를 원한다."
관료주의	일	기술	공식적	"우리는 모든 것이 문서화되고, 직무가 규정화되며, 정교한 프로젝트 관리가 되기를 원한다."
기술자 중심형	일	기술	기업문화	"종업원이 장인정신을 가지고 일하기를 원한다."
독재형	돈	기술	직접적	"너는 일하고 돈만 받으면 된다."

둘째는 온정주의 유형이다. 온정주의 유형은 관계를 중시하며 채용기준은 조직에의 적합성이다. 조정수단은 기업문화이다. "나는 종업원이 퇴직 시까지 끈끈한 소속감을 갖기를 원한다"라고 말하는 창업자는 이러한 유형에 속한다.

셋째는 관료주의 유형이다. 관료주의 유형은 일을 중시하며 채용기준은 기술이다. 통제수단은 공식적 규정이다. "우리는 모든 것이 문서화되고 직무가 규정화되며, 정교한 프로젝트관리를 원한다"라고 한다면 관료주의 유형이라고 할 수 있다.

넷째는 기술자중심형이다. 기술자중심형은 일을 중시하며 채용기준은 기술이나 능력이다. 통제수단은 기업문화이다. "종업원이 장인정신을 가지고 일하기를 원한다"라고 말하는 창업자는 기술중심형이라고 볼 수 있다.

다섯째는 독재형이다. 독재형은 돈을 중시하고 채용기준은 기술이나 능력이다. 통제를 위해서는 직접적인 수단(예: 못하면 벌, 잘하면 상)을 사용한다. "너는 일하고 돈만 받으면 된다"라고 말하는 창업자는 독재형에 속한다.

벤처기업에 어떤 채용유형이 적합하다고 일률적으로 말하기는 어렵다. 각 유형은 나름대로의 장점과 단점을 가지고 있고 창업자의 개성, 취향, 그리고 가치관에 따라서 유형이 결정되는 경향이 있기 때문이다. 하지만 분명한 것은 창업초기에 채용유형을 결정하여 안정화시키는 것이 좋다는 것이다. 중간에 채용유형이 바뀌게 되면 조직이 불안정해질 수 있다. 따라서 창업자는 현재의 상황뿐만 아니라 미래의 상황에 맞는 종업원 채용유형 및 전략을 선택할 필요가 있다.

2) 종업원 관리

벤처기업의 성장은 곧 종업원 관리를 의미한다. 특히 창업자는 종업원을 직접 채용하고 동기부여하며, 조직에 남아서 기여하도록 유도해야 한다. 인적자원관리에 있어서 특히 신뢰와 문제해결능력이 중요하다. 신뢰는 서로에 대한 믿음으로 하고자 하는 일을 반드시 행하며, 개방적이고 정직할 때 형성된다. 문제해결능력 역시 중요하다. 벤처기업, 특히 기술기반 벤처기업의 경우 교육수준이 높은 종업원들이 채용된다. 하지만 이들은 대부분 서로간의 갈등을 표출하기 쉽다. 따라서 창업자는 서로간의 차이를 완화하고, 관점에 대해 조정하며, 팀워크를 형성해야 한다. 또한 신뢰와 공정성이 지켜지는 분위기를 조성하여야 한다.

한편 종업원의 관리에 있어서 동기부여는 매우 중요하다. 일반적으로 동기부여의 수단은 다음 세 가지로 나누어진다.

- 보상('돈')
- 일의 질('일')
- 공동체로서의 팀('사랑')

어떤 창업자는 회사를 가족공동체와 같은 분위기로 가꾸려고 한다. 이는 공동체로서의 팀 내에서 '사랑'을 통해서 동기부여하려는 시도라고 볼 수 있다. 기술기반 벤처기업들의 경우 창업자들은 첨단기술 분야에서의 기술능력을 통해서 종업원들을 하나로 묶으려는 시도를 하기도 한다. 일부 창업자들은 보수, 즉 돈을 통해서 종업원들의 동기를 유발하려 한다. 물론 세 가지 동기부여의 수단을 같이 활용할 수 있겠지만 자원이 제한된 벤처기업으로서는 자신의 상황에 맞는 적절한 동기부여의 수단을 선택해야 한다.

특히 동기부여문제와 관련하여 창업자의 목표와 종업원의 목표를 일치시키는 일이 중요하다. 만약 양자 간에 갭이 지속적으로 존재한다면 핵심적인 인력을 잃을 수도 있다.

10.5 기타 관리

창업자는 기업이 성장하면서 조직문화 형성 및 종업원관리 이외에도 성장에 필요한 관리영역의 내용을 파악하고 능력을 키워야 한다. 만약 창업자 혹은 내부 경영팀이 해결하기 어려운 일이면 전문가의 도움을 받아서 해결해야 한다. 특히 외부전문가들은 기업의 관리문제를 객관적으로 파악함으로써 문제해결에 많은 도움을 줄 수 있다. 벤처기업의 창업자들이 관리해야 할 영역 및 키워야 할 능력들은 다음과 같다.

- 경영관리: 문제해결, 소통, 기획, 의사결정, 프로젝트관리, 협상, 외부전문가의 관리, 인사관리 등
- 마케팅: 시장조사 및 평가, 마케팅계획, 판매관리, 서비스경영, 유통채널관리, 제품관리, 신제품기획 등
- 생산/운영: 공장관리, 재고통제, 비용분석 및 통제, 품질관리, 생산라인 흐름관리, 부품구매, 직무평가 등
- 재무관리: 자금조성, 현금흐름관리, 자산관리, 장부관리, 회계 및 통제 등
- 기술관리: 각 벤처기업에 적합한 기술관리, 특허출원 및 관리 등
- 법 및 세무: 기업법, 증권법, 계약법, 특허법, 물권법, 세법, 파산법 등

11

Chapter 11

성과회수

11.1 성과회수란

11.2 창업 후의 옵션 및 선택기준

11.3 성과회수의 대안들

11.4 성과회수단계에서 고려사항

“

농부가 씨를 뿌려 곡식을 수확하듯이 창업자도 벤처기업이 일정 수준 이상
성장한 후에 창업활동에 투입한 노력에 대하여 대가를 얻고자 할 것이다.
이 장에서는 창업을 통해서 성장한 기업에 대해서
경제적 이득을 실현하는 방법과 타이밍에 대해서 알아본다.

”

11.1 성과회수란

벤처창업자는 기업을 키우기 위하여 많은 시간과 돈, 그리고 개인적인 에너지를 투자한다. 이는 어느 일정 시점에서 충분한 보상을 기대하기 때문이다. 성과회수란 창출된 기업가치의 일부가 창업자에게 현금으로 돌아가는 과정을 말한다.

성과회수는 흔히 창업의 마지막 단계로 생각하기 쉽다. 하지만 성과회수는 끝이 아니라 새로운 시작이다. 성과회수는 기업가의 능력과 자본을 재순환하는 단계로서 창업자는 여기서 얻는 자금을 가지고 다른 사업기회 혹은 벤처기업을 창업할 수 있다.

성과회수는 단순히 기업매각만이 아닌 다양한 수단을 통해서 실현될 수 있다. 제3자에게 지분의 일부를 매각하는 방법도 있다. 이는 창업자의 특성이나 처한 상황에 따라서 다르다. 기업경영이 창업자의 생활 그 자체라면, 그리고 창업자나 단독 투자자가 충분한 재무적 이득을 취하고 있는 경우라면 출구전략 혹은 성과회수를 굳이 생각하지 않을 수 있다. 반대로 외부에서 많은 사람들이 투자하고 있다면 회사경영을 계속 현 상태에서 유지하려는 창업자와 투자한 원금과 이자를 실현시키려는 투자자들 간에 갈등이 생길 수 있다.

성과회수의 목표를 설정하고 이를 실현하기 위한 전략을 수립하는 것은 중요하다. 성과회수는 매우 복잡하고 어려운 일이기 때문에 너무 늦게 착수하면 적정하게 일을 처리할 수 없게 된다. 따라서 분명한 회수 목표 및 수단(예: 기업공개 및 상장)을 세워 모든 이해관계자들이 만족할 수 있는 결과를 만들어야 한다.

창업자에게 있어서 성과회수는 그의 생애에 있어서 매우 중요한 사건이다. 창업자가 기업을 매각하는 것은 집을 떠나는 아이를 보는 부모의 마음에 견줄 수 있다. 그만큼 감정적인 측면도 포함하는 문제이다.

따라서 성과회수를 기업가적 과정에서 중요하게 다룰 필요가 있다. 철저하게 준비해야 하며 잘 관리해야 한다. 첫째, 준비자에게 행운이 따르는 것처럼 출구전략을 잘 준비하면 좋은 출구기회를 잡을 수 있다. 둘째, 창업 초기에 출구전략을 세

워두면 모든 기업가적 과정에서 직면하는 의사결정의 지침이 될 수 있다. 셋째, 출구전략은 초기 투자자들에게 중요한 정보를 제공한다. 그들은 자신이 투자한 자금을 언제 어떤 형태로 되돌려 받을지에 대한 관심이 크기 때문이다.

11.2 창업 후의 옵션 및 선택기준

1) 창업 후의 옵션

앞에서도 잠깐 설명하였지만 창업 후 창업자가 택할 수 있는 선택은 상황에 따라서 다를 수 있다. 창업후의 옵션은 〈그림 11-1〉에서 보는 바와 같이 기업매각, 유지, 그리고 성장으로 나눌 수 있다.

만약 기업을 매각을 하는 경우에는 창업자는 그 회사에 계속 남아 활동하거나, 다른 벤처기업을 창업하거나 혹은 새 일자리를 알아볼 수도 있다. 현 상태를 유지하려고 하는 경우에는 회사를 계속 경영하면서 일상적인 관리활동에 전념할 수 있다. 회사를 성장시키려고 하는 경우에는 선도적인 기업가로의 도약을 꾀하거나, 기업에서 다른 역할을 찾아보거나, 또 다른 창업을 시도할 수 있다.

그림 11-1 창업 후의 옵션

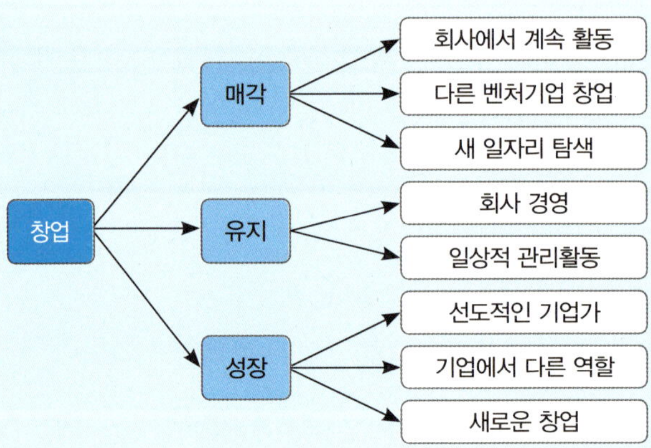

2) 옵션의 선택기준

벤처창업 후 여러 가지 옵션들은 요구사항과 결과가 각기 다르다. 그렇다면 그 중에서 무엇을 선택할 것인가? 이는 궁극적으로 창업자 개인의 목표와 제안되는 가치의 크기 및 가용성에 의존한다. 뿐만 아니라 각 옵션들에 따라서 창업자는 매우 상이한 상황에 처할 수 있다. 성장을 위해서 차입에 의한 자본조달을 하는 경우에는 여전히 자신의 회사를 전적으로 통제할 수 있다.

일반적으로 창업자가 성과회수와 관련하여 가져야 하는 질문들은 다음과 같다. 첫째, 성과회수 후에 얼마만큼의 기업의 지분은 가지며 어느 정도의 통제권을 가질 것인가? 둘째, 미래에 회사와 관계를 유지하는 것이 얼마나 중요한가? 셋째, 기업가치를 지불받는 방법 중 어느 것이 가장 적정한가?

11.3 성과회수의 대안들

벤처기업의 성장결과로서 수익을 실현하기 위한 수단들은 다음과 같다.

1) Cash Cow의 이득 향유

벤처기업이 성과회수를 할 수 있는 가장 단순한 방법은 신규투자를 중단하고, 장기적으로 기업이 창출하는 가치를 점진적으로 갖는 것이다. 이러한 상황에서는 기업은 운영에 필요한 자금만을 재투자하고 매년 발생하는 여유자금은 다른 곳에 투자할 수 있다. 이러한 Cash Cow는 시장점유율은 높으나 사업성장률이 낮은 상황에서 일어난다(〈그림 11-2〉 BCG 모델 참조).

Cash Cow의 장점은 두 가지이다. 하나는 기업의 소유권과 통제력을 유지할 수 있다는 것이고, 다른 하나는 기업매각 등 다른 출구방법을 찾는 데 드는 심리적인 부담과 에너지를 소모하지 않아도 된다는 것이다. 단점은 신규투자 없이 현상을 유지하다 보면 시간이 지남에 따라서 경쟁력이 떨어진다는 것이다. 이에 따라 장기적으로 수익 잠재력이 잠식된다. 결국 기업이 천천히 죽어가게 된다.

그림 11-2 BCG 모델

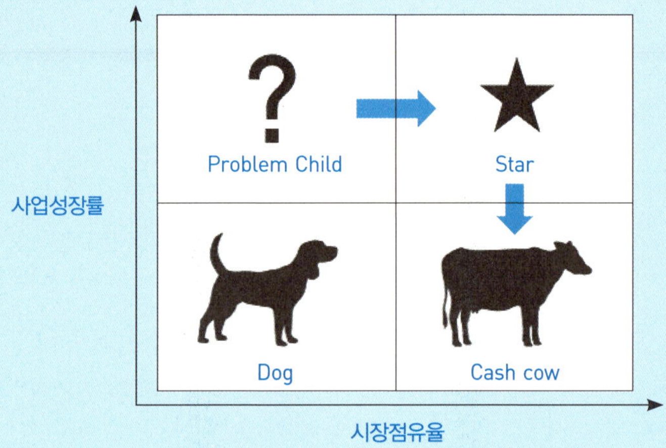

2) 기업매각

이 방법은 벤처기업이 어느 정도 성장하고 나면, 새로운 소유자에게 기업 전체를 판매하거나 일부를 판매하는 것이다. 새로운 소유자는 법인, 투자펀드회사, 혹은 개인이 될 수 있다. 이러한 기업매각은 새로운 소유자에게 기업의 통제권을 이양해 주지만, 많은 경우 기업판매자로서 벤처기업 창업자가 주식의 일부를 여전히 가진다.

성과회수의 수단으로서 기업매각의 장점은 다음과 같다. 첫째, 성과회수를 아주 확실하고 분명하게 할 수 있다. 특히 현금으로 회수할 수 있어서 좋다. 둘째, 거래를 직접 관리할 수 있다. 구매자와의 직접적인 계약을 통해서 기업가치를 더 유리하게 평가받을 수 있다. 셋째, '벌어서 나누는 방식(earn-out)'을 취할 경우 기업이 미래에 수익을 얻지 못할 경우 판매자는 한 푼도 받을 수 없으므로 구매자는 안심하고 기업을 구매할 수 있으며, 기업가치도 더 높이 책정할 수 있다. 넷째, 판매대상 기업이 상당히 매력적이라면 구매자들 간의 경합을 통해서 더 높은 가격을 받을 수 있다.

반면에 기업매각은 그 과정이 매우 길다는 단점도 있다. 잠재적인 구입자를 찾기도 어렵지만, 거래를 진행시키는 것도 쉽지 않다.

3) 대기업에 의한 인수합병

기술 혹은 과학기반의 벤처기업들은 소비자들에게 매력적인 신제품을 창출할 뿐만 아니라 대기업들의 관심을 받기도 한다. 사실 많은 대규모의 선도적 기업들은 사내 R&D활동에 의존하기보다는 구입 또는 라이선스할 신제품, 신기술, 혹은 새로운 아이디어를 적극적으로 탐색하고 있다. 이 과정에서 신생 벤처기업들은 대기업들의 신기술 원천으로서 인수합병(Merger and Acquisition: M&A)의 목표가 된다. 하나의 예로 2005년에 eBay는 인터넷 전화업체인 Skype를 15억 달러를 주고 인수하였다.

대기업에 의한 인수합병은 높은 가격을 받을 수는 있지만 잠재적인 구입자의 수가 많지 않고 협상력이 낮을 수밖에 없다는 단점도 있다. 특히 대기업은 전문가들을 고용하여 협상에 임하기 때문에 소규모 기업은 불리하다. 합병의 경우에는 창업자의 지분이 합병 후 기업에 남아 있기 때문에 창업자의 재산이 합병기업의 미래 성과에 좌우되므로 불완전한 출구전략이 될 수 있다.

4) 기업인수

기업인수(buyouts)에는 여러 가지 방법이 있다. 첫째는 가족승계(family sales)이다. 가족승계는 창업세대가 다음 세대에게 자신이 창업한 기업을 물려주는 방법이다. 가족승계는 좋은 기업인수 방법 중의 하나이지만, 복잡하고 까다로운 과정을 거치기 때문에 가족기업에게 해가 될 수 있다. 승계시기에 기업이 직면하는 문제는 가족관계를 깨트리고 기업 자체를 망가지게 할 수 있기 때문이다.

둘째는 경영권 인수(Management Buyout: MBO)이다. 이는 창업자가 기업을 기존 파트너 혹은 경영자에게 판매하는 것이다. 이 과정에서 창업자는 회사주식의 대부분 혹은 전부를 포기한다. MBO는 신속하게 기업인계 과정을 처리할 수 있고, 기업거래과정에서 노출될 수 있는 중요한 기업비밀을 유지할 수 있으며, 기업의 판매가격 책정 시에도 유리하다. 기업을 판매하고 난 후에도 기존의 관계를 토대로 경영팀과 관계를 계속 유지할 수 있다.

셋째는 종업원들에게 회사를 인계하는 방법이다. 종업원들이 회사주식을 획득하는 방법은 여러 가지가 있는데, 스톡옵션이나 이윤분배계획 등이 이에 속한다. 가장 일반적인 방법은 종업원주식소유계획(Employee Stock Ownership Plan; ESOP)으로, 우리나라에서는 종업원지주제도 혹은 우리사주제도라 부른다. 원래 우리사주제도는 종업원들에 대한 보상제도이나 창업자가 기업을 매각하려는 경우에 기존에 종업원들이 가지고 있던 주식지분에 추가하여 주식을 확보하도록 하여 종업원들이 기업을 인수하게 할 수 있다. 자사 종업원들이 기업을 인수하는 경우 서로 사정을 잘 알기 때문에 협상이 순조롭게 진행될 수 있다.

5) 기업상장

벤처기업이 주는 이득을 가장 크게 향유할 수 있는 방법은 주식시장에 기업을 상장하는 것이다. 영어 표현으로는 'Initial Public Offering'(IPO)이라고 한다. 높은 기업 가치를 인정받을 수 있으며 주식을 팔 수도 있기 때문에 '황금출구(golden route to exits)'라고도 불린다. 우리나라의 경우 벤처기업들은 코스닥(Korea Securities Dealers Automated Quotations: KOSDAQ)에 상장된다.

IPO의 장점은 다음과 같다. 첫째, 급속한 성장에 필요한 대규모 자금을 조달할 수 있다. 둘째, 주식을 현금화할 수 있다. 특히 종업원지주제도의 경우에는 종업원들이 자신들이 받은 주식을 매각하여 현금화할 수 있다. 셋째, 상장회사라고 하면 은행 등 외부기관으로부터 좋은 평가를 받을 수 있고, 기업의 이미지도 좋아져서 기업 광고효과도 얻을 수 있다. 넷째, 기업을 공개하면 기업에 관한 정보도 공개해야 하는데, 이는 특정 투자자(예: 기관투자자)에게 확신을 심어줄 수 있다. 다섯째, 기업이 발행한 주식이 주식시장에서 거래되므로 벤처기업의 신뢰도가 증가한다. 특히 고객과 원료 혹은 부품공급자에게 신뢰감을 줄 수 있다.

반면에 IPO는 단점도 있다. 첫째, 무엇보다도 기업을 공개하게 되면 기업에 관한 정보도 광범위하게 반복적으로 공개해야 한다. 벤처기업의 CEO들은 기업경영활동보다도 보고서 작성에 더 많은 시간을 할애한다는 얘기도 있다. 기업정보를 공개하다 보면 경쟁을 위해서는 비밀로 해야 하는 내용(예: 핵심고객 및 그 크기)까지 노출될 수 있다. 둘째, IPO의 과정은 매우 복잡하며, 상장비용도 많이 든다. 소규모 기업의 경우 상장가치의 20%까지 비용이 들 수 있다. 상장되기까지 6개월에서 18개월까지 기간이 걸리며, 경영팀의 노력과 에너지가 많이 소요된다. 창업자도 통제력을 잃게 된다는 생각에 '버려진 느낌'을 가질 수 있다.

더 알아보기 11.1 벤처기업의 KOSDAQ 상장절차

코스닥시장(KOSDAQ: Korea Securities Dealers Automated Quotation)이란 한국증권선물거래소가 운영하는 제2의 증권시장으로서 비상장기업 중에서 성장성과 기술력이 있는 기업들을 등록하도록 하고 이들 기업이 발행한 주식을 일정한 규칙하에서 거래하도록 하는 시장을 말한다. 우리나라의 KOSDAQ은 미국의 NASDAQ시장을 벤치마킹한 것이다. KOSDAQ시장의 기능은 자금조달, 자금운용, 그리고 벤처산업육성이다. KOSDAQ시장의 운영체계는 〈그림 11-3〉과 같다. 등록요건은 양적인 것(예: 자본금 15억원 이상, 주식의 분산, 감사인의 감사의견 적정 여부 등)과 질적인 것(기술성, 시장성, 수익성, 경영성과, 재무상태)으로 나누어진다.

KOSDAQ 상장절차 및 일정은 다음과 같다.

① 상장 사전준비 단계

- **외부회계감사를 통한 결산자료의 확정:** 직전사업연도 자산총계가 70억원 미만인 비공개기업의 경우 회계결산은 기업 자체적으로 수행해도 무방하나 공개기업이 되기 위해서는 반드시 공인된 회계법인에서 회계감사를 통해 결산자료를 확정해야 한다.

그림 11-3 KOSDAQ시장의 운영체계

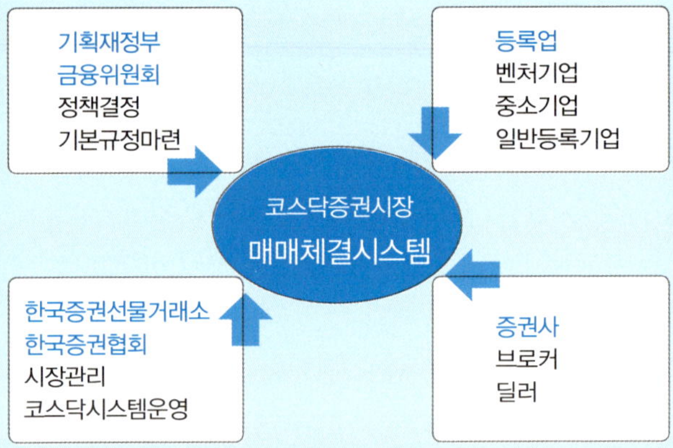

- **표준정관 준비:** KOSDAQ시장에 상장하기 위해서는 KOSDAQ상장법인협의회가 제시하는 표준정관을 참고하여 상장요건에 부합되도록 정관을 변경하여야 한다.
- **금융위원회에 등록:** 증권거래법 제3조에 의해 KOSDAQ시장에서 당해 법인이 발행한 유가증권이 거래되도록 하고자 하는 비상장법인은 유가증권발행인으로 금융위원회에 등록하여야 한다.
- **명의개서 대행기관 선정:** 공개기업이 되어 주식발행의 규모가 증가하면 명의개서 업무의 효율성과 투명성 문제가 대두되므로 공신력 있는 대행기관을 선정해야 한다. 현재 명의개서 대행기관은 증권예탁원, 하나은행, 국민은행 등이다.
- **주간사 선정:** 주간사는 유가증권을 발행·인수함에 있어 발행회사와 인수조건을 결정하고 이에 필요한 제반업무를 총괄 조정하며 발행회사의 주식가치 산정을 위해 유가증권 분석수행 및 상장예비심사 준비업무를 지원한다.
- **인수의뢰서 및 주간사 계획서 제출:** 주간사는 상장예비심사청구일 전월 1일에 주간사 계획서를 제출해야 한다.
- **분석준비자료 제출 및 기업실사:** 주간사는 상장예비심사 및 유가증권신고서

심의과정에 필요한 자료를 요구하고 그 자료의 진위 여부를 가리기 위해 기업실사를 수행한다.

② 상장 예비심사 단계

- **유가증권분석:** 기업의 자산가치와 수익창출능력을 평가하여 기업가치산정에 필요한 정보를 제공하기 위하여 주간사에서 유가증권을 분석하며 이를 바탕으로 본질가치를 계산한다. 보통주식의 본질가치는 자산가치와 수익가치를 각각 1과 1.5로 하여 가중산술평균한 가액으로 한다.
- **유가증권분석 상장예비심사청구서 작성:** 주간사와 발행회사는 상장예비심사청구서 양식에 의거, 심사에 필요한 다양한 기업정보를 제출하여야 하며 이에는 기업의 영업내용, 재무상황, 시장상황, 경영관련사항 등이 포함된다. 상장예비심사청구서를 효율적이며 체계적으로 작성하기 위해서는 기업의 사전자료준비가 필수적으로 요구된다.
- **최대 주주 등의 주권 보호예수:** 주식시장의 안정과 투자자 보호를 위해 최대주주, 벤처금융 등이 소유한 주식을 일정기간 증권예탁원에 강제적으로 예탁하고 있으며 기업과 주간사는 증권예탁원에 보호예수를 의뢰하고 보호예수 증명서를 발급받아야 한다.
- **상장을 위한 이사회 개최:** 회사는 이사회 개최를 통하여 KOSDAQ시장 상장에 대해 이사회에서 승인을 받아야 하며 이를 금융감독위원회에 신고하여야 한다.
- **상장예비심사청구서 제출:** 주간사의 협조로 상장예비심사청구서가 작성 종료되면 기업은 KOSDAQ위원회에 상장예비심사 청구서를 제출하며 관련 증빙서류도 함께 제출하여야 한다. 통상 상장예비심사청구서 제출 후 2개월 이내에 그 승인 여부가 결정된다.
- **청구서 접수 및 KOSDAQ위원회 심사:** 전담심사자가 기업의 상장 자격 여부를 심사하게 되고 소견서를 작성하게 되는데 이 과정에서 필요한 경우 심사자는 보완서류를 요구하기도 하며 대표자와 인터뷰를 실시하기도 한다.
- **KOSDAQ위원회 심의 및 심의확정 통보:** 심사청구기업의 상장 여부는 실무심사과정을 거쳐 1개월에 두 번씩 열리는 KOSDAQ위원회(11명으로 구성)에

서 최종 결정된다.

③ 주식공모 및 상장 단계

회사는 주식청약 공고·접수·주식배정·증자등기 등을 실시한 후 유가증권발행 실적보고서를 금융감독원에 제출해야 한다. 또한 명의개서 대행기관을 통하여 주권인쇄를 하고 KOSDAQ위원회에 신규 상장신청을 하고 이로부터 승인이 나면 KOSDAQ시장에서 매매가 시작된다.

④ KOSDAQ시장 등록 일정

KOSDAQ시장 등록일정은 〈표 11-1〉과 같다 .

표 11-1 KOSDAQ시장 등록일정

구분	주요내용	일정
외감법에 의한 외부감사 지정	최근사업연도 재무제표에 대한 감사 및 감사보고서의 정기주총 보고	-
상장주선인 선정	증권회사 선정	D-4일
금융위원회 기업등록	코스닥시장에 상장하기 위한 사전절차	D-4일
정관정비	상장요건에 부합하도록 정관개정	D-4일
유가증권분석 및 예비심사청구서 작성	자산가치, 수익가치 산출 및 상장예비심사청구서의 작성	D-4일
예비심사청구	코스닥시장의 상장의 적합성에 대한 심사	D-2일
예비심사결과통보	발행회사 등에 예비심사결과 통보	D-7일
명의개서대행계약체결	상장요건충족을 위한 계약의 체결	D-2일
주식총액인수 및 모집·매출계약의 체결	발행가액 등 주식공모에 관한 사항의 약정	D-2일
유가증권신고서 제출	유가증권신고서의 효력이 발생한 후 공모가능	D
수요예측 및 발행가액의 결정	수요예측결과를 감안하여 발행가액의 결정	D+10일
유가증권신고서 효력발생	유가증권신고서 수리일로부터 15일이 경과한 날	D+16일
청약	증권회사 본·지점	D+17-18일
배정	청약결과에 따라 배정	D+19-24일
주금납입	신주모집금액의 주금납입	D+26일
증자등기	신주발행에 대한 증자등기	D+27일
상장신청서 제출	상장주선인을 통해 상장신청	D+33일
상장승인	상장	

11.4 성과회수단계에서 고려사항

벤처기업 성장의 이득을 향유할 수 있는 이상의 여러 가지 방법을 수행할 때 두 가지의 중요한 점이 있다. 하나는 이득의 실현시기(timing)이고, 다른 하나는 기업에 대한 가치평가이다.

1) 수익실현의 시기

기업가치의 회수를 성공적으로 달성하기 위해서는 기업의 가치 혹은 보유기술의 가치가 극대화되는 시점을 선택하여야 한다. 하지만 극소수의 벤처경영자들만이 기업성장단계에 대하여 분명한 비전을 갖는 것으로 알려져 있다. 대부분의 창업자들은 회사가 도산당하는 상황에 직면하거나 기업매각 제의를 받을 때까지 회수문제에 대하여 별로 신경을 쓰지 않는다.

하지만 창업기업들은 창업 초기부터 출구전략을 세워서 기업의 가치를 최대한으로 회수할 수 있어야 한다. 기술혁신으로 기존의 보유기술이 진부화되거나 시장의 변화로 인해 기업이 큰 어려움에 직면할 수 있다. 이렇게 되면 창업자와 이해관계자들은 당황하여 기업을 싼 값에 처분할 수밖에 없다. 따라서 적절한 시기에 회수를 하는 전략이 필요하다. 가령 기업가치가 급락하는 상황에서 회수를 고려하면 이미 늦게 된다. 반면에 기업이 더 성장하기도 전에 회수하게 되면 제대로 가치를 수확할 수 없다.

2) 기업가치의 평가

벤처기업의 가치에 대한 이해 없이 기업이득의 회수절차를 진행할 수 없기 때문에 기업에 대한 가치평가는 투자의 회수단계에서 필요불가결하다. 기업의 가치평가는 궁극적으로 벤처창업자가 받는 돈의 크기를 결정하고, 기업의 성패 여부를 결정한다.

더 알아보기 11.2 기업가치의 평가 방법

벤처기업의 회수단계에서 증권시장에 상장하거나 M&A를 하고자 할 경우에는 기업가치를 평가한다. 기업가치 평가에는 여러 가지 방법이 있고, 각 방법은 장점과 단점을 가지고 있다. 따라서 성과회수를 생각하는 기업가가 기업가치 산정방법에 대해서 잘 알면 협상에서 유리한 입장을 견지할 수 있다.

기업가치의 평가방법은 크게 자산가치평가법, 상대가치법, 현금흐름할인법 등으로 나누어 볼 수 있다.

1) 자산가치평가법

이 방법은 기업의 가치를 말 그대로 자산가치에 근거하여 평가하는 방법이다. 자산가치평가법은 기업의 '유동성(liquidation)'을 보여주는 측정치를 제공한다. 왜냐하면 오늘 바로 기업이 매각되는 경우 자산의 순가치를 나타내는 지표이기 때문이다. 자산가치평가법에는 장부가치법, 조정순자산가치법, 청산가치법 등이 있다.

① 장부가치법

장부가치법은 평가 정보의 일차적 자료로서 재무상태표(SFP)를 사용한다. 즉 재무상태표에 나타나 있는 총자산액에서 총부채액을 차감한 순자산액을 가지고 기업가치를 평가한다. 하지만 장부가치법은 회계기준에 의존하며 기본적으로 가치평가방법이라고 보기 어렵다. 특히 재표상태표에 나타나 있지 않은 시장가치를 포함하지 않을 가능성이 크다.

② 조정순자산가치법

조정순자산가치법은 재무상태표에 있는 모든 항목에 대해서 시장가치로 환산한다. 예를 들어 특허와 같이 시장가치를 가지고 있는 무형자산의 가치도 평가한다.

③ 청산가치법

청산가치는 오늘 당장 기업이 매각되는 경우에 취득할 수 있는 자산가치를 말한다. 즉 회사가 가지고 있는 자산을 사외로 유출하여 처분할 때 실현가능한 가치에서 부채로 지급될 금액을 차감한 금액을 가지고 기업의 가치를 평가한다. 하지만 사업을 접는다는 가정하에 평가한 가치로서 시장가치보다는 낮게 평가될 가능성이 있다. 왜냐하면 급매의 경우에는 'fire sale'과 같이 구매자들의 협상력이 커지기 때문이다.

2) 상대가치법

상대가치법은 미래의 사업기회, 즉 기업의 추정수익을 '자본화'함으로써 기업가치를 평가하는 방법으로, 유사한 기업 혹은 주식시장에서의 거래로부터 참조된 배수(multiple)를 사용한다. 즉

기업가치=수익×가치배수

이 방법은 유사한 기업 혹은 시장에서의 거래를 관찰함으로써 얻은 자본화 지표(예를 들면 PER: Price-Earning Ratio)로 기업의 추정된 수익을 곱함으로써 기업가치를 계산한다.

3) 현금흐름할인법

현금흐름할인법(DCF: Discounted Cash Flow)은 기업의 가치를 평가하기 위하여 적정한 할인율을 가지고 미래 현금흐름의 현재가치를 사용한다. 이 방법은 기본적으로 하나의 자산은 미래에 현금의 흐름을 발생시킬 수 있다는 가정에 근거하고 있다. 이 방법은 자산가치평가법이나 상대가치법과는 달리 화폐의 시간가치를 반영하고 다른 기업들과 비교하여 평가하지 않는다는 장점이 있다. 그러나 미래의 현금흐름과 최종가치에 의존한다는 점에서 신생 창업기업들에게는 적합하지 않을 수 있다.

12

Chapter 12

사내기업가정신

“

지금까지는 신생 창업벤처기업들에 대해서 공부하여 왔다.

이제는 눈을 돌려 대기업을 포함한 기존기업들의

기업가적인 활동에 대해서 알아보고자 한다.

”

12.1 사내기업가정신이란

지금까지 우리는 독립적인 창업기업으로서의 벤처기업의 설립 및 경영 문제에 대해서 공부해 왔다. 하지만 대기업을 포함하여 이미 설립된 많은 기존기업들도 기업가적인 활동에 전념하고 있다. 이러한 기존기업들의 기업가적인 활동을 사내기업가정신(Corporate Entrepreneurship: CE)이라고 부른다.

사내기업가정신은 "대기업을 포함한 기존기업 내에서 새로운 아이디어와 기회를 발전시키는 과정"이다. 구체적으로 기존기업 내의 팀들이 기존기업의 사업과는 전혀 다르지만 기존기업의 자원, 시장포지션, 경영능력을 활용하여 새로운 사업을 구상, 촉진, 착수 및 관리하는 과정이다.

사내기업가정신은 "새로운 기회"를 발전시킨다는 점에서 사내벤처창업(corporate venturing), 전략적 쇄신(strategic renewal), 그리고 기술혁신(innovation)을 포함한다(〈그림 12-1〉 참조). 사내벤처창업은 새로운 아이디어와 기회를 발전시켜 사내에 새로운 사업조직을 만드는 것이다. 전략적 쇄신은 획기적인 전략적 및 구조적 변화를 포함하는 조직의 쇄신을 말한다. 기술혁신은 시장에 새로운 제품 및 서비스를 소개하는 활동이다.

사내기업가정신 중 사내벤처창업은 분사(spinout)와는 다르다. 분사는 독립된 회사로서 본사 경영활동의 지속적인 활용을 필요로 하지 않지만 사내벤처창업은 사내 경영활동의 지렛대 효과를 계속적으로 필요로 한다. 사내기업가정신은 외부 협력자 혹은 능력(예: 인수)을 필요로 하지만 기본적으로 기존기업의 자원을 활용하고 내부 팀들이 프로젝트를 관리한다. 또한 사내기업가정신은 단순히 외부기업들에게 자금을 투자하는 기업벤처자본(corporate venture capital)과는 다르다.

사내기업가정신의 대표적인 사례로 유전자변형작물(GMO) 업체로 유명한 몬산토(Monsanto)와 구글을 들 수 있다. 원래 몬산토는 플라스틱 제품 등을 생산하던 화학업체였다. 하지만 화학업계가 저성장 국면에 처하고 수익성이 점점 압박을 받는 등 위기가 감지되자 종자개량 등 농업 및 생명공학 중심으로 사업구조를 완전

그림 12-1 사내기업가정신의 개념

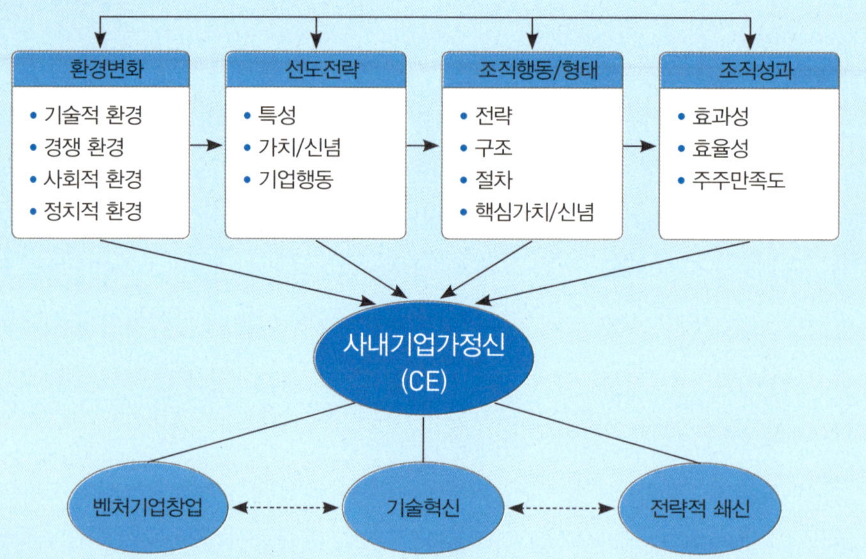

자료: Morris et al. (2011)을 참조하여 수정

히 재편했다. 구글은 사내기업가정신의 고취를 위해서 '70/20/10의 룰'을 실천하고 있다. 종업원들은 근무시간 중 70%를 자신의 핵심 프로젝트에 쓰고, 20%를 프로젝트와 관련된 아이디어 창출에 사용하며, 나머지 10%를 자신이 원하는 아이디어 개발에 할애하라는 행동지침이다. 구글의 제품 중에서 g.mail과 구글뉴스가 20%의 활동에서 탄생하였다고 한다.

12.2 사내기업가정신의 중요성

사내기업가정신은 모든 기존기업들에게 중요하지만 특히 대기업에게 더욱 중요하다. 왜냐하면 대기업들은 대부분 성공한 기업들로서 현재에 안주하려는 경향이 강하기 때문이다. 대기업들은 일반적으로 위험기피성향과 관료적 기업문화를 가지고 있다. 따라서 급변하는 기업환경, 특히 기술변화, 시장변화, 그리고 경쟁환경의 변화에 적절히 대응하지 못한다. 2010년까지 노키아는 이동통신산업에서 글로벌 선두주자였으나 단 1년 만에 애플과 삼성에 자리를 내어주고 도산하고 말았다. 기술혁신과 조직혁신, 그리고 기업가정신에 취약하였기 때문이었다.

사내기업가정신은 대기업들로 하여금 기술혁신을 시도하게 하고, 경영자나 팀에게 보다 높은 수준의 기업가정신을 고취시킨다. 궁극적으로 사내기업가정신은 기존기업의 이윤을 증대시키고, 경쟁력을 향상시키며, 또는 전략적 우위를 확보하도록 한다. 실증연구들도 이를 뒷받침하고 있다. 108개의 기업들을 대상으로 사내기업가정신과 재무적 성과의 관계를 분석한 결과, 사내기업가정신이 재무적인 성과에 정(+)의 유의한 영향을 미치는 것으로 나타났다(Zahra and Covin, 1995).

물론 기존기업은 새로운 제품을 개발하고 유통채널, 브랜드, 그리고 서비스에서 혁신을 추구하고 있다. 기존기업들은 기존 경영기능과 활동에 적합한 혁신을 통해서 가치를 창출한다. 하지만 사내기업가정신은 그러한 활동에 그치지 않는다. 새로운 제품 및 서비스에 맞는 새로운 비즈니스 모델을 찾음으로써 제품을 시장으로 연결시킨다. 또한 종전에는 기술혁신의 선도적인 수행자를 부각시킴으로써 기업가정신을 함양하였다. 하지만 최근에는 오히려 조직적인 느슨함(organizational slack)이 성공의 열쇠가 되고 있다. 3M은 사내 엔지니어들과 과학자들에게 근무시간의 15%를 자신이 고안한 프로젝트에 할애할 수 있도록 하고 있으며, 이것이 기업성공의 요인이 되고 있다. 요컨대 기업조직 및 기업문화의 혁신도 추구하는 것이 사내기업가정신이다.

12.3 사내기업가정신의 유형

사내기업가정신의 유형은 조직의 성격과 자원투입의 정도를 기준으로 〈그림 12-2〉와 같이 네 가지 유형으로 구분할 수 있다(Wolcott and Lippitz, 2007). 조직의

그림 12-2 사내기업가정신의 유형

자원투입		느슨한 조직	강한 조직
	정규적	**유형 Ⅱ : 조력자** • 기업은 유망한 프로젝트에 대해서 자금과 관심을 제공함 • 사례: Google	**유형 Ⅰ: 생산자** • 기업은 사내기업가정신 전담부서를 설립하여 지원하고 권한을 부여함 • 사례: Cargill
	간헐적	**유형 Ⅲ : 기회주의자** • 기업은 사내기업가정신에 대해 특별한 지원 없음. 개방적 기업 문화와 네트워크에 의존함 • 예: Zimmer	**유형 Ⅳ : 주창자** • 기업은 사내기업가정신을 강조하나, 여기에 투입되는 자금은 해당 부서에서 조달함 • 예: DuPont

조직성격

자료: Wolcott and Lippitz(2007)

성격은 사내기업가정신의 활동이 강한 단일조직에 의해서 수행되는지 아니면 느슨하게 분산되어 이루어지는지의 여부를 나타낸다. 자원투입의 정도는 사내기업가정신에 자금이 할애되어 지속적으로 투입되는지 혹은 간헐적으로 자금이 조달되는가의 여부이다.

그림에서 종축은 자원투입의 정도를 나타내고, 횡축은 조직의 성격을 나타낸다. 그림에서 유형 Ⅰ은 생산자 모형, 유형 Ⅱ는 조력자 모형, 유형 Ⅲ은 기회주의자 모형, 그리고 유형 Ⅳ는 주창자 모형이다.

1) 유형 Ⅰ : 생산자 모형

생산자 모형(producer model)은 사내기업가정신을 추진하기 위해서 공식적인 조직을 만들고 이에 대해서 상당한 자금으로 지속적으로 지원하는 유형이다. 이 유형의 목적은 사내에 숨어 있는 기업가들을 찾아내어 기업가정신을 촉진시키는 것이다. 또한 경쟁기업으로부터 유망한 프로젝트를 보호하거나 사내 부서 간의 협력을 유도하며 미래에 와해적인 혁신을 구축하는 것을 목적으로 수행된다.

생산자 모형의 대표적인 예로 Cargill Inc.를 들 수 있다. Cargill Inc.는 미국 미네소타주에 본사를 두고 있는 농산품 업체로서 Emerging Business Accelerator(EBA)를 설립했다. 사내기업가정신과 관련하여 이 회사의 창업자이자 대표이사인 D. Patchen은 다음과 같이 말한 바 있다.

> "EBA 설립 이전에 우리는 기존의 사업단위 및 기능을 벗어나는 사업기회를 추진하는 과정이 분명하지 않았다. 우리는 우리의 사업 단위들과 사내벤처그룹(Cargill Ventures)을 지원하는 새로운 접근방법이 필요하였다."

일반적으로 관리자들은 기존사업에 적합하지 않은 새로운 사업개념을 어떻게 다루어야 하는지를 알지 못하고, 혹시나 새로운 사업에 착수하여 적자를 내지 않나 하는 두려움을 갖는다. 바로 이러한 문제를 해결하기 위해서 설립한 것이 Cargill의 EBA이다. Cargill의 제빙(de-icing)사업부가 새로운 제빙기술을 개발했을 때 회사본부는 그 기술이 상업화되지 못할 것이라고 생각하였다. 결빙을 저지하기 위해 에폭시수지 도금을 사용하는 이 기술은 다리 결빙을 방지하기 위한 방법으로 도로건설업자 등이 최종제품으로 사용하는 데 그칠 것으로 보았다. 하지만 제빙사업부는 이를 상품화하여 미국 교통수송부에 판매하였다. 결국 이 기술은 EBA가 접수하여 상업화에 성공하였다.

현재 EBA는 Cargil 전반에 걸쳐서 새로운 사업개념 전개 및 가치창출을 돕는 글로벌 조직이 되었다. Cargill은 기업의 내부뿐만 아니라 외부로부터 아이디어를 받아들이는 웹사이트를 운영하고 있다. 하나의 사업기회가 전망이 좋다고 판단되면 EBA는 계획을 세우고, 관련된 활동을 수행하며, 인재를 채용한다. 만약 본부 이사회에서 사업계획이 승인되면 새로운 사업에 필요한 자금을 제공하고 진행상황을 확인한다. 초기 단계에서 프로젝트 팀들은 사업개념과 비즈니스 모델, 그리고 시장판매에 대해서 명확히 하는 데 초점을 맞춘다. 이 과정에서 그들은 개발한 제품 및 서비스를 시장에서 검증하기 위해서 잠재적 고객들과 많은 시간을 함께한다. 마지막으로 실제 고객들로부터 검증받은 프로젝트들은 기존 혹은 새로운 사업부서로 이관된다.

생산자 모형도 단점을 가진다. 첫째, 수년 동안 상당한 자금의 투입을 필요로 한다. 예를 들어 Motorola의 사내기업가정신 부서는 1년 예산이 수천만 달러에 이르고 35명 이상의 전담직원을 보유하고 있다. 둘째, 성공한 프로젝트를 기존사업에 통합시키는 일은 어렵다. 프로젝트 팀들은 고립되기 쉽고 기존 사업부서들에게 위협적 존재로 인식되어질 수 있다. 결국 생산자 모형의 성공 여부는 회사 전반에 걸쳐 믿음과 신뢰를 획득하는 데 있다. 사내기업가정신을 이끄는 관리자들은 많은 시간을 사내에서 소통하는 데 할애해야 하며, 성공하기 위하여 사내 정치학의 달인들이 프로젝트를 이끄는 것이 바람직하다.

2) 유형 Ⅱ : 조력자 모형

조력자 모형(enabler model)에서는 조직에 소속되어 있는 모든 종업원들이 충분한 지원을 받는다면 새로운 사업개념을 개발할 수 있다. 공식적인 조직 소유권이 없을 지라도 사내에서 지원되는 자원과 절차가 팀들로 하여금 나름대로의 사업기회를 발굴하여 추진하도록 한다. 조력자 모형에서는 고위관리자들은 다음과 같은 사항을 제공한다.

- 기회선택에 대한 분명한 기준
- 자금조달에 대한 적용지침
- 의사결정의 투명성
- 진취적인 종업원의 채용 및 보유
- 회사로부터의 적극적인 지원

조력자 모형의 대표적인 예로 앞에서 소개한 구글(Google)을 들 수 있다. 구글의 프로그램매니저인 K. Desai는 다음과 같이 말한 바 있다.

"구글은 하나의 기업가정신 생태계이다. 이는 실리콘 밸리가 한 지역에서 하나의 생태계인 것처럼 회사 내에서 작동하는 생태계이다"

구글의 종업원들은 동료들에게 자신의 아이디어를 설명하고, 팀을 조직하며, 개념을 탐구하는 활동에 근무시간의 20%를 쓸 수 있다. 프로젝트 그룹들은 팀들이 필요로 하는 자원을 토대로 하여 하나의 보호막을 형성한다. 초기 팀은 프로젝트 관리자, 기술리더, 마케팅관리자, 품질관리전문가, 법적 전문가 등으로 구성된다. 만약 프로젝트가 성공적이라고 판단되면 팀은 구글의 제품관리위원회에 자금을 요청한다. 구글의 창업자, 고위 관리자, 엔지니어링 팀 등이 참여하는 제품관리위원회는 전반적인 전략적 방향을 제시하고 최적의 자원을 지원한다. 아울러 프로젝트 팀은 제품전략포럼이라는 조직의 지원을 받아 비즈니스 모델과 중간목표들을 설정한다. 이 과정에서 구글은 사전적으로 어떠한 지침이나 기준을 주지 않고 프로젝트의 기각률도 정해 놓지 않는다.

구글은 항상 각 개발단계에서 100개 이상의 새로운 사업개념을 지원하고, 프로젝트에 대한 정보를 기업본부에서 관리하고 공개한다. 대체로 프로젝트의 70%는 구글의 핵심사업과 관련되고, 20% 정도는 막 출현하는 사업개념에 관한 것이고, 10% 정도는 투기적인 실험을 수행하는 것으로 알려져 있다. 프로젝트가 성공하는 경우에는 팀원들은 '창업자 상(Founder's Award)'이라고 불리는 상을 받게 되는데, 어떤 경우에는 수백만 달러도 부상으로 주어진다.

조력자 모형은 사내기업가정신을 위해서 자본을 적절하게 배분하는 것 이상이다. 인적 자원과 책임자의 전념하는 태도 역시 중요하다. 구글은 종업원 선발 시에 상당 수준의 시간과 노력을 투입한다. 프로그램 관리자 혹은 고급기술자들이 고용되기 위하여 여러 단계에서 20번 정도의 인터뷰를 거쳐야 한다. 그리고 마지막에 기업가적 자질, 기술능력, 지적 민첩성 등이 갖추어졌다고 판단되면 채용된다. 또한 책임자가 전념하는 태도는 사람들로 하여금 기업이 기업가적 과정을 진지하게 생각하고 있음을 믿게 하는 요인이다. 고위경영자로부터의 지원 없이 새로운 프로젝트가 진행될 경우 기업에서 갈등의 소지만 남기고 중단될 수 있다. 또한 조력자 모형은 종업원들이 금전적인 보상을 위해서 통상적인 프로젝트나 실제로 중요하게 생각하지 않는 아이디어에 대해서도 자금을 요청할 수 있다.

구글의 기업가적인 기업문화, 동태적 시장 대처, 자본조달능력 등은 다른 기업들이 모방하기 어렵다. 그럼에도 불구하고 Boeing, Whirlpool 등이 구글의 모형을 성공적으로 채용하고 있다.

3) 유형 Ⅲ : 기회주의자 모형

유형Ⅲ은 기회주의자 모형(opportunist model)으로 공식적인 조직이나 자원의 뒷받침 없이 주로 용감무쌍한 '프로젝트 챔피언(project champion)'들의 노력과 흥미에 기반하여 사내기업가정신이 수행된다.

기회주의자 유형의 대표적인 예로 미국 인디애나주에 본사를 둔 의료업체인 Zimmer Holdings Inc.을 들 수 있다. Zimmer는 신제품을 개발하는 R&D조직들은 갖추고 있지만 사내기업가정신 수행을 위한 공식적 조직을 설립하거나 자원을 지속적으로 투입하지 않는다. 한 예로 외상외과 의사인 D. Mears가 전고관절대치를 위해 외과적인 수술을 가장 최소화하는 아이디어를 창안하였을 때 그는 Zimmer의 관리자인 K. Gregg와 비공식적으로 상업화를 추진하였다. 이 두 사람은 당시 Zimmer의 CEO였던 R. Elliot에게 이 아이디어를 가지고 갔고 이사회의 승인을 받아 개발 및 실험에 소요되는 자금을 회사에서 지원받았다. 이들이 개발한 새로운 의료접근법은 인적자원훈련에 있어서 혁신을 필요로 하였기 때문에 Zimmer는 Zimmer Institute를 설립하여 외과 의사들을 훈련시켰다. 이러한 혁신의 결과로서 당시 경쟁이 심한 상황에서도 Zimmer는 선도적인 기업으로 발돋움하였다.

기회주의자 모형은 신뢰를 바탕을 하는 기업문화를 가진 회사에서 잘 작동된다. Zimmer의 경우에는 실험에 대해서 개방적이었고 공식적인 위계 뒤에 다양한 사회적 네트워크를 가지고 있었다. 다시 말해서 다수의 경영책임자들이 '좋다'라고 말할 수 있는 기업문화였다. 아무리 좋은 아이디어라고 하더라도 이러한 환경적 도움 없이는 조직적인 갈등이나 불충분한 자금 때문에 실패할 수밖에 없게 된다. 따라서 이러한 기회주의자 모형은 기업들에게는 채용하기 어려운 방법이다. 기회주의 모형에 의해서 기술혁신이 성공된다 하더라도 공식적인 조직의 필요성이 대두된다. Zimmer의 사례에서도 새로운 사업개념을 시장으로 연결시키기 위해서 느슨하지만 공식적인 조직을 만들었다. 요컨대 기회주의자 모형은 사내기업가정신 발현 및 수행의 첫걸음이라고 할 수 있다.

4) 유형 Ⅳ : 주창자 모형

유형Ⅳ는 주창자 모형(advocate model)으로 기업이 사내에서 기업가정신의 구현을 위해 조직적으로 움직이지만 유망한 프로젝트 팀에게만 약간의 자금을 지원하는 경우이다. 주창자 모형에서 혁신조직들은 혁신의 전도사 혹은 전문가로서 기존의 부서들과 연계하여 사내기업가정신을 추진한다.

주창자 모형의 대표적인 예로 200년 전통의 화학회사인 DuPont을 들 수 있다. 밀레니엄 도래를 1년 앞둔 1999년 DuPont의 CEO C. Holliday는 이윤율은 증가하지만 매출액이 감소하는 상황에 직면하여 사고의 전환이 필요하다고 생각하였다. 그래서 그는 DuPont에서 오랜 근무해온 A. Cooper에게 기업의 매출액 증대에 초점을 맞춘 작은 사내그룹을 이끌어 줄 것을 요청하였다. 바로 이 그룹의 이름이 Market Driven Growth였다. 이 조직은 종업원들에게 아이디어의 개념화로부터 상업화까지 광범위한 지원을 제공한다. 예를 들어 종업원들로 하여금 서로 상이한 사업개념들을 창안하여 우선순위를 매기는 4일간에 걸친 '사업설계' 모임을 진행한다. 이 모임이 끝난 후에 각 팀들은 4주 내지 8주에 걸쳐서 자세한 사업계획서를 작성하고 제안된 사업개념이 가지는 불확실성 등의 문제를 가지고 최고경영진과 180일 정도 접촉한다. 그리고 마지막으로 사업부서들의 책임자들로부터 승인을 받는다.

DuPont의 경우 한 사업부서의 성공에 대해 다른 부서들이 관심을 갖게 하는 메커니즘을 갖추고 있고 팀들은 변화의 핵심적인 대변자들이 되고 있다. 외부 컨설

턴트들이 이러한 과정을 지원하지만 최상의 주창자는 회사 내에서 잘 알려지고 존경받으며 경험이 많은 사람이 된다.

DuPont의 고위 경영자들은 Market Driven Growth가 제공하는 프로그램을 적극적이고 공개적으로 지원하지만 다른 사업부서들이 그것을 채용하라고 강제하지는 않는다. Market Driven Growth의 프로그램들은 초기부터 사명, 성장영역, 그리고 기회에 대한 기준을 명확히 하기 위하여 기존 부서의 책임자들과 함께 일한다. DuPont 본사는 새로운 프로젝트에 투자를 하지만 나중에 각 부서들은 그것에 대해서 부담을 하여야 한다. DuPont은 부서들로 하여금 혁신활동에 참여하라고 하지는 않는다. 하지만 사내 부서들은 Market Driven Growth가 창출하는 가치를 인식하기 때문에 적극 참여한다. Market Driven Growth의 오랜 지지자였고 안전 및 보호분야 부사장이었던 E. Kullman은 다음과 같이 회고하고 있다.

> "만약 우리가 Market Driven Growth가 제공하는 프로그램을 활용하지 않았었더라면 약 5억 달러 정도의 새로운 수입을 창출할 수 없었을 것이다"

이상의 사내기업가정신 모형들 중에서 어느 모형이 기업에게 적합할까? 물론 그것은 기업의 비전과 목표에 따라서 달라질 수 있다. 예를 들어 조직 및 기업문화의 전환을 추구하는지, 기존 특정 부서의 개혁을 꾀하는지, 아니면 백지상태에서 새로운 플랫폼을 목표로 하는지에 따라서 적정한 모형이 다르다.

기회주의자 모형은 출발점으로 기업이 조직이나 자금에 대한 지원 없이 새로움을 추구하는 '프로젝트 챔피언들'에 의해서 수행된다. 따라서 사내기업가정신을 발전시키려는 기업은 생산자 모형, 조력자 모형, 혹은 주창자 모형 중 하나 이상을 선택하여 수행해 나가면 된다. 특히 대기업의 경우는 세 개 모두 선택하여 활용할 수 있다.

먼저 생산자 모형은 블루오션을 찾거나 경쟁에서 선도기업이 되는 것을 목표로 하는 기업에게 적합하다. 일반적으로 사내의 기존부서들은 와해적인 사업개념에

표 12-1 사내기업가정신 모형의 비교

구분	생산자 모형 (Producer model)	조력자 모형 (Enabler Model)	주창자 모형 (Advocate Model)
전략적 목표	• 획기적인 기회 활용	• 기업가적 종업원과 팀의 활성화	• 사업조직의 쇄신 • 사내기업가정신 팀의 지원
기본적 기능	• 사내기업가정신 전 과정에 대한 충분한 지원	• 새로운 아이디를 가진 종업원에 대한 최고경영층의 관심 및 독립적 재정지원	• 새로운 사업을 추진하기 위한 전도사적인 역할
투입	• 신망 있는 사내기업가 및 팀 구성 • 상당수준의 독자적인 자금 지원	• 자금 • 실행 • 신규종업원 채용 • 팀원에 대한 훈련	• 소규모 조직을 갖추고 폭넓은 네트워크를 갖춘 사내 베테랑
산출	• 스스로 지속가능하고 잠재적인 획기적 신사업(기존사업에 맞을 수도 안 맞을 수도 있음)	• 기업의 전사적 전략에 맞는 검증된 신사업 개념	• 기존 핵심사업에 밀접한 신사업
성공요인	• 내부적 의사결정 권한을 가진 존경받는 리더십 • 신사업구축에 대한 전문지식 • 사내기업가정신 실행 경험에 대한 명시적 관심	• 혁신적 기업문화 • 팀에 대한 구조적 유연성 • 사내자원의 투입 시 최고경영자의 지원 • 프로젝트 선정기준 및 과정에 대한 효과적인 소통	• 신사업구축에 대한 전문지식 • 상당수준의 팀 운영 능력 • 사내 및 외부 네트워킹 능력 • 최고경영층의 지원
주요 해결 사항	• 성공적인 프로젝트를 핵심사업으로 통합하는 일 • 리더십을 계속적으로 지속하는 일 • 기존 사업부서의 지원을 획득하여 유지하는 일	• 임무수행에 필요한 시간 및 자금에 대한 최고경영층의 지원 • 기업 브랜드에 일치 및 원칙 유지 • 혁신 팀이 아이디어에 대해 블랙홀이 되지 않도록 하는 일	• 단기적인 사업성과 실현 압력 극복 • 경영층 중에서 혁신보다는 실행에 대해서 더 보상 받기를 원하는 '사업 구축자'의 발견

자료: Wolcott and Lippitz(2007)

몰두하기 어렵다. 하지만 생산자 모형은 이를 극복해줄 수 있다. 생산자 모형은 복잡한 기술들을 포함하고 상이한 부서 간에 통합을 필요로 하는 새로운 사업기회에 대해서 조정기능을 잘 수행할 수 있게 도와준다.

조력자 모형은 기업문화의 전환을 통해서 사내기업가정신을 촉진시키려는 기업들에게 적합하다. 만약 조직이 협력과 창의성을 갖추고 있다면 조력자 모형의 과정은 많은 종업원들로 하여금 혁신의 주체가 되도록 한다. 특히 사내뿐만 아니라 사외까지 걸쳐서 네트워크가 잘 구성된 기업이라면 조력자 모형을 통해서 지식근

로자들로부터 나오는 아이디어를 상업화할 수 있다.

주창자 모형은 사내 기존부서들의 성장을 꾀하려는 기업들에게 적합할 수 있다. 이 모형에서는 자원의 부족 때문에 관리자들은 기존 사업의 연장선상에서 프로젝트를 추진해야 하고, 종업원들은 조직 전반에 걸쳐서 협력을 강화해야 한다. 혁신의 주창자들은 기존 부서들 스스로 할 수 없지만 변화해야만 살아남을 수 있는 처지에 있는 부서들을 도와준다. 특히 주창자 모형은 사내기업가정신이 사내 부서간 장벽이 되지 않도록 할 수 있다.

12.4 사내기업가정신의 수행

1) 수행 절차 및 내용

일반적으로 기업들은 사내기업가정신을 수행할 때에 소규모의 믿을 만한 팀으로 최상위 경영층의 승인과 관심 속에서 출발한다. 무엇보다도 중요한 일은 프로젝트의 목표와 향후 고위관리자들과 의견의 일치를 획득하는 것이다. 이를 위해서 기업가정신 팀의 책임자는 고위관리자 및 기존 부서의 책임자들과의 소통에 많은 시간을 할애해야 한다. 그래야만 새로운 프로젝트에 대한 지원을 이끌어 낼 수 있을 뿐만 아니라 새로운 프로젝트가 기존 사업을 위협하거나 적자의 근원이 될 수 있다는 생각을 불식시킬 수 있다. 특히 새로운 프로젝트에는 전사적인 협력과 협조가 필요하므로 프로젝트가 정상궤도에 들어가더라도 소통을 위해 지속적인 노력을 기울여야 한다.

사내기업가정신의 새로운 프로그램을 시작할 때의 절차를 요약하면 다음과 같다.

- 나아갈 길을 분명하게 정하라: 사내기업가정신이 지렛대로 활용할 수 있는 능력과 일치하는 성장을 위한 전략적 비전을 명확하게 정의한다. 특히 프로젝트의 전략적 중요성을 검토하여 제시해야 한다.

- **목표를 신중하게 설정하라:** 믿을 만한 소규모의 팀으로 시작하되, 사내기업가정신에 대한 기업의 목표를 분명하게 설정하고 소통한다. 프로젝트 팀이 추구하려는 목표가 획기적인 새로운 성장 플랫폼을 구축하는 것인지, 아니면 기존의 부서들을 혁신하는 것인지, 기업문화의 근본적인 쇄신을 목표로 하는지, 아니면 현재 잠재적으로 숨겨져 있는 종업원들의 기업가적 자질을 찾는 데 있는지 등을 분명하게 설정하여야 한다.
- **반대론자들을 무력화시켜라:** 광범위한 소통을 통해서 최고경영자와 부서책임자들과의 의견의 일치를 이끌어낸다. 특히 새로운 프로젝트에 반대하는 사람들과 협력을 꾀하거나 최소한 반대의 정도를 낮추도록 한다.
- **사내기업가정신 모형을 선택하여 지원하라:** 적절한 사내기업가정신 모형(예: 생산자, 조력자, 주창자)을 선택하고 필요한 팀을 꾸려서 필요한 능력과 필요한 자원을 제공한다. 사내기업가를 잘 선정해야 하고 팀원들의 교육 및 훈련을 수행한다. 또한 프로젝트 수행에 필요한 자원을 효율적으로 활용하기 위한 경영자원분석을 수행한다.
- **성과를 빨리 만들어라:** 사내기업가정신은 대부분의 기업들에게 생소한 것이다. 따라서 초기에 눈에 보이는 성과를 통해서 신뢰감을 얻는 것이 중요하다.
- **진화하라:** 사내기업가정신이 성공하려면 스스로 지속가능한 새로운 사업들을 생성하기 위해서 적응이 필요하다. 목표와 상황이 시간이 지남에 따라서 변하며, 사내기업가정신을 위한 프로그램들도 진화되어야 한다.

사내기업가정신의 수행 절차 및 내용은 모형에 따라서 다를 수 있다. 조력자 모형은 혁신 프로젝트를 선정하고 자금을 배분하며 수행과정을 확인하는 단순하면서도 분명한 절차를 설계하고 소통하는 것이 중요하다. 특히 이 모든 과정에 최고경영자들이 참여하도록 해야 한다.

주창자 모형에서는 기업문화를 탐색하고 변화를 유도하는 감각과 능력을 가진 사람이 있어야 한다. 혁신을 주도하는 조직들은 수행방법, 새로운 비즈니스 모델 디자인의 방법, 그리고 외부와의 네트워크 등을 포함하는 저장고를 구축해야 한다.

생산자 모형에서는 상당 수준의 자본과 인력 그리고 최고경영층과의 직접적인 연계 등이 요구된다. 이 모형에서는 제대로 조직이 갖추어지지 않거나 자금이 부족하면 실패할 가능성이 커진다.

2) 수행 시의 고려사항

사내기업가정신 프로젝트가 잘 수행되어 나간다면 프로그램의 수도 증가할 것이다. 그러나 그만큼 어려움도 따르게 된다. 따라서 다음과 같은 고려사항을 잘 이해하고 해결해 나가야 한다.

- 특정한 몇 개의 기술, 제품 혹은 서비스에 초점을 맞추기보다는 전사적 차원에서 체계적으로 사업시스템을 고안하는 일
- 사업시스템 혁신과 새로운 역량을 강화하기 위해 3개 내지 4개 정도의 핵심기업능력을 선택하는 일
- 미래를 생각하는 사업관리자들을 구하는 일
- 적합한 기업문화를 구축하는 일
- 외부로부터의 지식과 기회를 획득하기 위해 개방적 혁신(open innovation)을 추구하는 일

사내기업가정신을 구현하기 위한 이상과 같은 능력들은 하루아침에 구축되지 않는다. 사내기업가정신은 실제로 부딪치는 몸싸움과 같은 과정이기 때문이다. 한마디로 사내기업가정신은 하나의 '학습과정(learning process)'이라고 할 수 있다.

12.5 사내기업가정신의 촉진

사내기업가정신의 수행과정에서 기업들은 혁신능력과 경쟁능력을 다시 정의하고, 갱신하며, 대체해야 한다. 동시에 기업들은 전략, 우선순위, 그리고 절차의 변화가 기존 조직 전반에 걸쳐서 받아들여져야 한다. 따라서 사내기업가정신을 촉진하기 위한 전략은 두 가지 차원에서 제안할 수 있다. 하나는 개별 종업원들에게 힘을 부여하는 것이고, 다른 하나는 기업가적인 조직을 고안하는 것이다.

1) 사내기업가 발굴 및 지원

개별적 기업가들은 조직적인 혁신의 엔진이 된다. 하지만 대기업에 있어서 사내기업가들은 기업의 기존 사업에 맞는 새로운 제품, 공정, 그리고 서비스를 창출한다. 뿐만 아니라 독립기업가들과 달리 사내기업가들은 이미 정착된 기업문화, 가치, 그리고 절차에 의해서 제약을 받는다(〈표 12-2〉 참조). 따라서 사내기업가들은 자생적으로 나타나기 어려우며 기업들은 기업가적 자질을 가진 관리자나 종업원들을 발굴하여 지원해야 한다. 즉 대기업을 포함한 기존기업에서는 기업가적 사고를 가지고 사업기회를 인식하여 이를 활용하는 종업원들을 우대하는 조직문화를 창출해야 한다.

일반적으로 대기업에서는 새로운 제품이나 서비스를 개발하는 것보다는 기존 제품이나 서비스를 판매하는 데 초점을 맞춘다. 따라서 기회의 인식이 제대로 이루어지지 않는다. 설사 기회가 인식된다고 하더라도 그것이 연속적으로 활용되려면 추가적 자원이 필요하고 자원투입의 변화가 뒤따라야 한다. 또한 새로운 역량에 대한 학습과 개발이 필요하다. 물론 이러한 활동들은 기업에게는 위험의 요인이 된다. 그러나 대기업의 관리자들은 이와 다른 의사결정구조 속에서 업무를 수행한다. 그들은 모험을 하기보다는 최소의 위험하에서 성과를 유지하는 노력에 대해 보상을 받고 만족한다. 이러한 대기업의 보상제도는 사내기업가정신에 대해서 하나의 장애요인이 된다. 사내기업가정신을 고취시키기 위해서 최고경영자는 기업의 각 계층에서 위험감수활동과 기업가적 의사결정이 활발히 이루어질 수 있도록 유도해야 한다. 애매함에 대해서도 관대하고 유연성도 가져야 한다.

물론 모든 종업원들이 기업가적 활동에 종사할 필요는 없을 것이다. 일상적인 업무에 종사하는 종업원들은 기업가적 프로젝트를 추진하는 사람들과 협력하면 된다. 하지만 일상적인 업무를 추진하는 사람들은 변화에 저항하고 기업가적 활동을 수행하는 사람들은 일상적인 활동에 저항한다. 따라서 사내기업가정신이 성공하기 위해서는 양자 간의 갈등을 잘 해결해야 한다. 전통적인 조직은 이러한 복잡한 관계를 해결하는 데 적합하지 않을 수 있다.

더 알아보기 12.1 사내기업가의 특성 및 자질

사내기업가는 'intrapreneur'라고 불리며, 사내에서 어떠한 형태로든 기회를 포착하고 책임을 지는 '실천력 있고 꿈을 가진 사람'으로 정의된다. 사내기업가들의 특성 및 자질은 전통적 경영자와 독립기업가와 다르다. 〈표 12-2〉에는 이러한

표 12-2 사내기업가와 경영자 및 독립기업가의 비교

구분	경영자 (Manager)	사내기업가 (Intrapreneur)	독립기업가 (Entrepreneur)
동기	임금 및 승진	기회실현	기회창출
활동방식	위임 및 감독	직접 참여	직접 실행
위험에 대한 태도	신중한 접근	위험/책임 감수	적극적 위험관리
혁신에 대한 태도	보수적	혁신적	혁신적
거래방식	조직위계에 기반	계층구조하에 거래	독자적 거래 및 협력
의사결정방식	회사의 지침 중시	집단적 합의	독자적 의사결정
성공 시 보수	회사관례에 따라 제한적	회사와 공유	투자자와 공유

자료: Frederick et al. (2016) 등에서 발췌

차이들을 요약하여 비교해 놓았다. 사내기업가들의 일반적 특성 및 자질은 다음과 같다.

- 기업조직 내에서 일에 대한 열정과 동기가 매우 높다.
- 조직구성원들에게 동기부여를 통해 강한 연대의식을 구축하는 리더십을 발휘한다.
- 미래에 대한 비전을 가지고 있고, 다른 사람들과 그 비전을 공유한다.
- 자신이 종사하고 있는 분야의 환경을 이해하고, 사업 및 조직에 대한 지식을 가지고 있다.
- 자신감이 충만하고 있고, 소속된 기업에서 일하는 데 대해서 매우 긍정적이다.
- 적절한 수준의 위험을 감수하고, 책임감이 강하며, 회사에서 해고당하는 것에 대해 두려워하지 않는다.
- 사고가 유연하며, 필요시에 기업조직과 타협한다.
- 다양한 경영방식 및 선택대안을 창출하는 능력과 문제해결 능력이 뛰어나다.
- 팀워크를 잘 형성하고, 공개적 토론을 통해서 의견의 일치를 유도한다.
- 인내심이 많으며 상사, 고객 등 이해관계자와 좋은 관계를 유지하려고 노력한다.

2) 기업가적 조직 설계

사내기업가정신이 성공하기 위해서는 적절한 기업가적 조직을 갖추어야 한다. 기업가적 조직을 고안하려면 프로젝트의 전략적 중요성과 그것이 기업의 능력 및 기술과 갖는 연계성을 고려해야 한다. 이 두 결정요인에 근거하여 사내기업가정신은 사내뿐만 아니라 사외에서도 착수될 수 있다(〈그림 12-3〉 참조). 내부적 사내기업가정신의 예는 통합된 혁신시스템, 별도의 사내벤처팀, 직접적 통합 등이다. 만약 프로젝트가 전략적으로 매우 중요할 뿐 아니라 기업의 능력 및 기술과 갖는 연계성이 매우 크다면 직접적인 통합조직이 사내기업가정신을 수행하기에 적합한 조직이라고 할 수 있다. 한편 외부적 노력에 의한 조직의 예는 분사 혹은 합작투자이다. 만약 프로젝트가 전략적으로 중요하지 않을 뿐 아니라 기업의 능력 및 기술과

그림 12-3 사내기업가정신 수행을 위한 조직적 설계

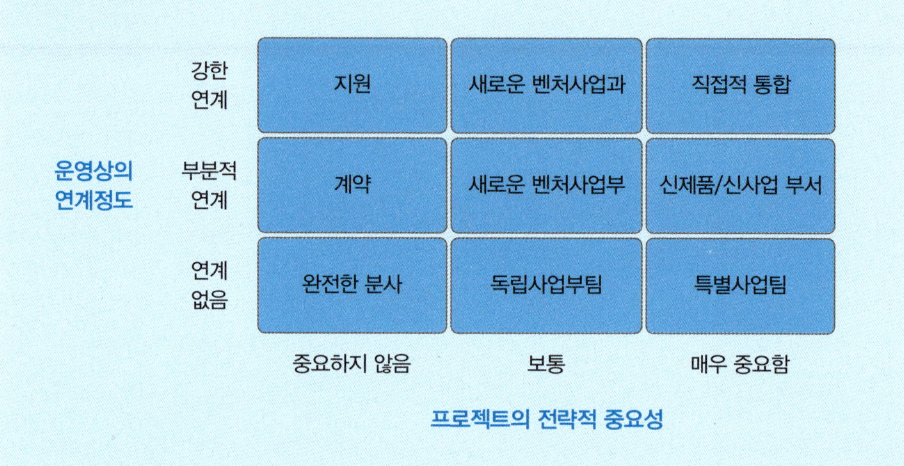

갖는 연계성이 없다면 완전한 분사(spin-off)가 적합한 조직이라고 할 수 있다. 이 경우는 사내기업가정신의 영역을 벗어난다.

물론 한번 결정한 조직형태는 지속적으로 유지되는 것은 아니다. 환경의 변화에 따라서 변할 수 있다. 일반적으로 조직의 형태는 신제품 개발의 초기단계에서 결정된다. 그러나 제품이 성숙단계로 들어가고 생산공정이 제도화되어져야 할 필요성이 제기되면 변화를 시도해야 한다. 예를 들어 별도의 벤처사업부가 다른 부서로 통합되거나 완전한 사업단위로 재편되는 경우이다. 요컨대 혁신의 초기단계에서 성공을 가져오는 조직적 형태, 즉 핵심적인 사내기업가정신 조직은 장기적으로 성공을 보장하는 고정된 조직이 아니다. 이러한 점에서 사내기업가정신의 수행은 매우 복잡하고 어려운 일이다. 하지만 사내기업가정신은 기업의 추가적인 성장을 견인하고 고수익을 가져다 줄 수 있으므로 계속적으로 추진할 가치가 있다.

13

Chapter 13

벤처창업정책

“

이 장에서는 벤처창업정책은 무엇인지, 정부가 왜 벤처창업정책을 펴야 하는지, 어떠한 역할을 가지는지, 그리고 벤처창업정책의 영역 및 수단에는 어떤 것들이 있는지에 대해서 알아본다.

”

13.1 벤처창업정책이란

최근 저성장, 고실업, 정보화 등 경제환경의 변화로 미국을 비롯한 대부분의 국가들이 벤처창업정책 혹은 기업가정신정책(entrepreneurship policy)을 펴오고 있다. 우리나라의 경우도 예외가 아니다. 1990년대 말 IMF 외환위기를 겪은 직후부터 벤처창업을 지원하는 수많은 정책수단 및 제도들(예: 벤처기업특별법, 창업자금지원, 창업아카데미, 창업성장기 기술개발사업 등)이 마련되어 시행되어 오고 있다.

벤처창업정책은 기업가적 과정에 정부가 개입하는 활동으로 기업가적 자질을 갖춘, 즉 기업가정신을 가진 개인들의 공급을 증가시키고 그들의 창업활동을 지원하는 정책이다. 보다 정확히 말하자면, 벤처창업정책은 기업가적 과정 중 창업 전, 창업, 그리고 창업 후 전 단계에 걸쳐서 개인들의 창업동기를 북돋우고, 기회 및 정보를 제공하며, 경영능력을 향상시키는 일련의 정책이다. 따라서 벤처창업정책의 일차적인 목적은 최대한 많은 사람들이 창업을 하나의 대안으로 고려하게 하고, 실제로 창업을 계획하는 초도기업가(nascent entrepreneur)로 유도하며, 실제로 사업에 착수하여 사업이 성공적으로 진행될 수 있도록 도와주는 것이다.

정부는 왜 벤처창업정책을 수행하는가? 이는 두 가지 이유로 볼 수 있다. 하나는 기업가들이 일자리를 창출하고 기술혁신을 가져오기 때문이다. 따라서 기업가정신을 가진 사람들이 많을수록 좋다. 다른 하나는 시장실패로 적정한 수준의 기업가들이 공급되지 않고, 벤처기업들은 여러 면에서 기존기업에 비해 불리하기 때문이다.

13.2 중소기업정책 및 기업가정신정책과의 비교

흔히 벤처창업정책과 중소기업정책을 동일시하는 경우가 있는데, 이는 대부분의 기업가들이 중소기업을 경영하기 때문이다. 하지만 앞에서 정의내린 바와 같이

표 13-1 기업가정신정책, 중소기업정책, 벤처창업정책 간의 비교

비교기준	벤처창업정책	중소기업정책	기업가정신정책
정책동기	창업촉진/소규모 불리함 극복	소규모 불리함 극복	창업촉진
정책단위	기업	기업	개인
정책대상	창업자 기술기반·고위험 중소기업	자영업자 일반중소기업	고잠재력 기업가 초도기업가
정책목표특성	양적	양적	질적
기업가적 과정의 범위	기업가적 과정 전 단계	기존기업	창업 전/창업/창업 초기 단계까지
정책수단	경영자원지원	경영자원지원	기업가적 자질 및 능력 향상
정책의 예	벤처기업인증제도	중소기업 금융지원	창업아카데미

양자는 구분된다.

〈표 13-1〉에서 보는 바와 같이 중소기업정책과 벤처창업정책은 정책단위가 기업이라는 면에서는 같지만 여러 가지 면에서 다르다. 첫째, 벤처창업정책이 창업에 초점을 맞추고 있다면, 중소기업정책은 기존의 소규모기업에 초점을 맞추는 정책이다(Lundstrom and Stevenson, 2005). 즉 중소기업정책은 중소기업이 '작고', '자원이 빈곤하다는' 이유로 인해서 가지는 불리함을 극복하고, 시장에서 경쟁력을 제고하도록 하는 일련의 정책을 말한다. 둘째, 중소기업정책의 정책대상은 자영업자 혹은 중소기업이지만, 벤처창업정책은 창업자 혹은 기술기반 고위험 중소기업이다. 셋째, 기업가적 과정 측면에서 보면, 중소기업정책은 기존기업에 대한 지원정책이지만, 벤처창업정책은 창업 전 → 창업 → 창업 후 → 회수단계까지 기업가에 대한 창업동기를 북돋고, 실제로 사업에 착수하여 성장하도록 도와주며, 회수단계에서도 지원한다.

한편 기업가정신정책도 벤처창업정책과 거의 같은 의미로 사용되고 있다. 하지만 양자는 엄격하게 말하면 다르다. 첫째, 기업가정신정책이 창업에 전적으로 초점을 맞추고 있다면, 벤처창업정책은 창업촉진과 함께 소규모기업의 불리함 극복에 초점을 맞추는 정책이다. 이는 벤처기업의 정의를 보면 알 수 있다. 즉 벤처기업은 "고위험과 고수익을 특징으로 하는 중소기업"이라고 정의되고 있다. 둘째, 벤처창업정책은 기업 단위 차원에서 수행되지만, 기업가정신정책은 개인차원에 초점을 둔다. 셋째, 벤처창업정책의 정책대상은 창업자 혹은 기술기반 중소기업이지만, 기업가정신정책의 정책대상은 기업특성에 관계없이 이른바 '고충격기업가(high impact entrepreneur)' 혹은 초도기업가(nascent entrepreneur)이다. 넷째, 벤처창업정책의 목표는 양적이지만, 기업가정신정책의 목표는 질적이다. 다섯째, 벤처창업정책은 기업가적 과정 전 단계에 대한 정책이지만, 기업가정신정책은 창업 전 → 창업 → 창업 후 초기단계까지로 국한된다. 마지막으로 벤처창업정책의 수단은 창업기업에 대한 경영자원지원이지만, 기업가정신정책은 창업기업 혹은 창업자에 대한 '능력향상'이다. 물론 벤처창업정책이 기업가정신정책을 포함한다고 보아도 무방하다.

13.3 정책수립의 원칙

성공적인 벤처창업정책이 되기 위해서는 다음과 같은 세 가지 원칙이 준수되어야 한다.

첫째 원칙은 부가성(additionality)으로, 정책프로그램이 목적으로 하는 활동을 수행하는 사람들을 정책시행 전에 비해서 많아지게 해야 한다는 것이다. 만약 창업기업에 대한 정부의 지원으로 기존기업에 비해 경쟁에서 유리해진 결과, 기존기업이 사라진다면 좋은 정책이 아니라는 것이다. 이 경우 벤처창업정책이 경제의 효율성, 고용, 성장에 미치는 순효과는 없거나 극히 미미할 것이기 때문이다. 즉 기존기업 대체효과 혹은 '기업도둑효과(business stealing effect)'는 정책효과를 약화시킨다.

둘째 원칙은 정책수혜자에 대한 명확성(disclosure)으로, 정책프로그램이 목표로 하는 정책대상자에게 정책효과가 영향을 미쳐야 한다는 것이다. 물론 이 원칙에는 올바른 정책수혜자의 선정문제도 포함된다. 많은 경우 정책대상자를 잘못 선정하여 정책자금이 낭비되고 있는 것이 현실이다. 극단적인 예로 창업의도도 없이 보고서를 그럴듯하게 제출함으로써 정책자금을 지원받고, 평가가 허술한 틈을 타서 이득을 챙기는 사람들도 없지 않다. 이와 관련하여 Santarelli and Vivarelli(2007)는 '희망 없는' 신규창업자에게 돈을 낭비하기보다는 창업 후의 벤처기업들을 목표로 하여 보조금을 지원하는 것이 바람직하다고 주장한다.

셋째 원칙은 단순성(simplicity)으로, 정책프로그램이 복잡하여 정책목표그룹들이 쉽게 이해하지 못하거나 정책수혜를 받는 데 많은 비용이 들어가서는 안 된다는 것이다. 이는 다른 정책에도 적용되는 일반적 원칙이다.

13.4 정책의 틀 및 파급경로

벤처창업정책의 영역과 이에 따른 정책수단을 규정하는 일은 쉽지 않다. 앞에서 본 바와 같이 벤처창업정책은 중소기업정책과도 중복될 뿐만 아니라 일반 경제정책, 과학기술정책, 산업정책, 더 나아가서 사회문화정책 및 인구정책과도 연관되어 있다. 그럼에도 불구하고 여기서는 벤처창업정책을 분석하기 위한 정책의 틀을 정립하고자 한다.

앞에서 우리는 벤처창업정책을 기업가적 과정(entrepreneurial process)에 대한 정부의 개입으로 정의하였다. 따라서 〈그림 13-1〉과 같이 정책수립을 위한 틀을 모형화할 수 있다.[1]

벤처창업정책의 정책영역은 〈그림 13-1〉에서 보는 바와 같이 상자(box)에 의해

1 벤처창업정책을 크게 적극적 정책(active policies)과 소극적 정책(passive policies)으로 나누기도 한다. 적극적 정책은 특정기업가 혹은 특정기업을 지원하는 정책이고, 소극적 정책은 기업유형이나 기업가에 관계없이 창업에 유리한 환경을 조성하는 정책이다.

그림 13-1 벤처창업정책의 틀

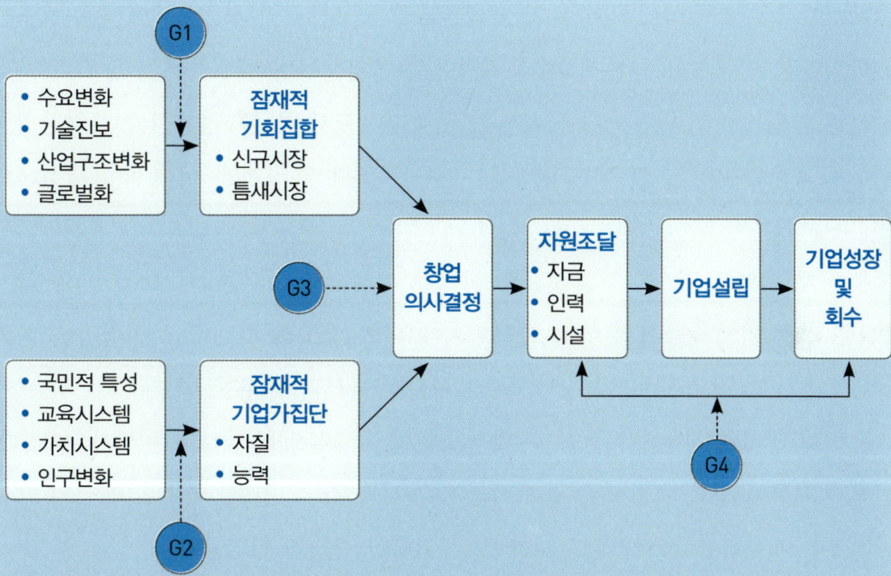

주: Audretsch et al.(2010), Henrekson and Stenkula(2010), Hoffman(2010) 등을 토대로 작성

서 표현되어 있다. 첫 번째 정책영역은 잠재적 사업기회의 집합을 나타내는 상자이다. 잠재적 사업기회는 벤처창업정책의 수요측면(demand side)을 의미한다. 왜냐하면 기업가는 제품시장 혹은 서비스시장에 의해서 영향을 받는 파생수요(derived demand)이기 때문이다. 잠재적 사업기회는 수요변화, 기술진보, 산업구조의 변화, 글로벌화 등에 의해서 영향을 받는다. 컴퓨터와 통신기술이 급속히 발전하면서 사업기회가 급속도로 증가해온 것이 대표적인 사례이다. 수요측면에서 벤처창업정책의 목표는 잠재적 사업기회를 극대화하는 것이다. 점선으로 나타낸 G1이 수요측면에서의 벤처창업정책의 파급경로이다. 잠재적 사업기회는 일반적인 경제정책, R&D정책, 산업정책 등에 의해서 직접적으로 영향을 받으므로, 수요측면에의 벤처창업정책의 역할은 제한적이다.

두 번째 정책영역은 잠재적 기업가집단을 나타내는 상자이다. 잠재적 기업가집단은 벤처창업정책의 공급측면(supply-side)의 정책영역이다. 기업가의 공급은 기본적으로 국민적 특성에 영향을 받으며, 교육시스템, 가치시스템, 그리고 인구변화에 의해서도 영향을 받는데, 공급측면에서 벤처창업정책의 목표는 능력과 자질을 갖춘 기업가들을 원활하게 공급하는 것이다. G2가 공급측면에서의 벤처창업정책의 파급경로이다. 공급측면의 정책은 수요측면에의 정책에 비해서 상대적으로 통제가능하다.

세 번째 영역은 창업의사결정을 나타내는 상자이다. 그림에서 보는 바와 같이 자질을 갖춘 기업가들이 주어진 사업기회에 대한 정보를 가지고 창업결정을 하도록 유도하는 과정이다. G3가 창업의사결정 측면에서의 파급경로이다.

네 번째 영역은 창업의사결정 후 자원조달과 기업설립을 나타내는 상자이다. '처음'이기 때문에 창업기업 혹은 벤처기업이 가지는 자금, 인력, 설비 면에서의 약점을 정부가 지원하는 정책이다. G4가 바로 이러한 측면을 나타낸다.

13.5 정책수단

위에서 소개한 벤처창업정책의 파급경로를 요약하면 다음과 같다.

- 수요측면의 정책
- 공급측면의 정책
- 창업의사결정을 위한 정책
- 자원조달, 창업 및 성장을 위한 정책

이제 각 정책파급경로에 따른 구체적인 정책수단을 살펴보자. 우리나라의 경우 벤처창업정책은 주로 중소기업청에 의해서 수립되고 시행되는데, 참고로 현재 시행되고 있는 정책프로그램들을 각 파급경로별로 구분하였다.

1) 수요측면의 벤처창업정책

〈그림 13-1〉의 G1은 수요측면에서의 벤처창업정책을 의미한다. 이러한 유형에 속하는 정책들은 사업기회의 유형, 수, 그리고 접근가능성에 영향을 미친다. 예를 들면, R&D정책, 경쟁정책, 정부구매정책 등이다. R&D정책은 기술개발을 촉진시킴으로써, 새로운 아이디어와 응용을 활용한 사업기회포착을 가능하게 한다. 경쟁정책은 신규기업들의 시장접근가능성을 높이며, 신생기업을 위한 정부구매정책은 새로운 사업기회를 제공한다. 정부의 기술이전촉진정책도 기업가들에게 사업기회를 제공한다. 더 나아가서 자유무역정책, 예를 들어 다른 나라와의 자유무역협정 체결은 기업가들에게 외국에서의 사업기회를 활용할 수 있게 도와준다.

우리나라에서 수요측면의 벤처창업정책은 광범위하며 매우 다양하다. 과학기술정책, 독과점정책, 중소기업정책 등 열거할 수 없을 정도의 많은 정책수단들이 포함되고 있다. 이 중 현재 중소기업청에서 시행하고 있는 수요측면에서의 직접적 벤처창업정책에는 다음과 같은 프로그램들이 있다.

- 창업성장기 기술개발사업
- 구매조건부 신제품개발사업
- 글로벌시장형 창업사업화 기술개발
- 재창업전용 기술개발사업

2) 공급측면의 벤처창업정책

〈그림 13-1〉의 G2는 공급측면에서의 벤처창업정책을 의미한다. 이러한 유형에 속하는 정책들은 기업가적 능력 및 자질을 가진 기업가의 공급을 증대시킨다. G2에 속하는 구체적 정책수단들은 다음과 같다.

① 기업가의 사회적 지위 향상

조선시대를 지배했던 '사농공상'의 가치체계하에서는 기업가가 되려는 사람,

그리고 기업가적 자질과 능력을 갖추려는 사람은 많지 않을 것이다. 이와 반대로 기업가 혹은 창업자가 우대받는 사회에서는 기업가가 되려는 사람들이 많아질 것이다.

따라서 정부는 자질과 능력을 갖춘 기업가집단을 형성하기 위하여 기업가를 칭찬하고 활용하는 정책프로그램을 운영할 수 있다. 예를 들어 창업자를 대상으로 지역 혹은 전국적인 시상프로그램을 시행하거나, 창업자들이 다양한 분야에서 위원회나 토론자 등으로 참여할 수 있는 장을 마련할 수 있다.

② 기업가정신 교육

기업가는 교육을 통해서 공급된다. 교육을 통해 기업가적 자질과 능력을 갖춘 기업가를 배출하기 위해서는 초등학교부터 대학, 그리고 일반인에 이르기까지 교육내용 및 방법이 개발되고 시행되어야 한다. 기존의 전통적인 교육의 틀을 넘어서서 기업가정신 중심의 인턴제도, 강사 및 멘토교육, 그리고 연구가 이루어져야 한다.

미국의 예를 들면, 초등학교 2학년 때 경제원리, 시장 그리고 창업정신을 배울 수 있는 실질적인 프로그램이 시작된다. 방학 중에 학생들로 하여금 제품을 개발하여 제작하게 하고, 가격을 책정하여, 광고하게 하며 한 학기 내내 서로 거래하게 한다. 출시된 제품들은 가족들이 함께 부른 노래테이프, 자신이 직접 그린 만화책, 요리책, 간단한 마술도구 등으로, 학생들은 한 학기 동안 교환하는 즐거움과 돈 버는 성취감으로 학교를 다니게 된다. 이러한 학습활동을 통하여 학생들은 제품에 대한 아이디어를 내고, 나름대로 마케팅전략을 세우며, 이윤을 얻는 과정을 피부로 경험하게 된다.

③ 경영학 교육

경영학 교육도 기업가의 공급 및 질에 영향을 미친다. 대학에서 경영학교육은 전통적으로 조직, 재무, 마케팅, 회계 등을 공부하는데, 창업 혹은 벤처기업에 대한 교육은 기업가정신을 함양시킨다. 경영학 교육은 나라에 따라서 많은 차이를 보여준다. 한국에서는 일부 대학에서만 창업교육을 커리큘럼에 포함시키지만, 미국 등에서는 'Entrepreneurship'이 재무, 마케팅, 회계 등 전통적인 분야와 같이 하나의 독립된 분야로 등장하고 있다. Bobson Collage의 경우는 'Entrepreneurship'에 특화된 대학이다.

따라서 정책적 측면에서 정부는 대학에서의 경영교육이 창의적이고 능력 있는 기업가를 길러내도록 유도하는 정책프로그램을 수립하여 수행할 수 있다.

④ 기업가에 우호적인 가치관 형성

기업가 공급의 질과 양은 사회문화적 요인에 의해서 영향을 받는데, 이 중 가장 핵심적인 요인은 가치시스템(value system)이다. 예를 들어 '사농공상'이라는 가치체계가 지배하던 조선시대 후기라면, 일부의 혁신적인 사람들(예: 다산 정약용, 거상 임상옥 등)을 제외하고 기업가의 배출에 제한을 받을 것이다. 반대로 자본주의의 뿌리가 된 '청교도정신'이 지배하는 사회문화적 환경에서는 청지기로서 신의 소명을 받은 기업가집단이 형성될 수 있을 것이다.

따라서 정부는 정치, 사회, 문화, 교육 등 전 영역에 걸쳐서 기업가의 역할을 긍정적으로 평가할 수 있도록 하는 정책 프로그램을 시행할 필요가 있다. 예를 들어 사회에 기여도가 높았던 기업가들을 발굴하여, 이들에 대한 위인전을 집필하는 경우에 정부가 저술활동을 지원하는 것은 이러한 정책영역에 속한다.

우리나라의 경우 공급측면의 벤처창업정책 프로그램들은 다음과 같다.

- 창업 아카데미
- 창업대학원 운영지원
- 청소년 비스쿨 지원사업
- 창업선도대학 육성사업
- 대한민국 실전창업리그

3) 창업의사결정 지원정책

〈그림 13-1〉의 G3는 창업의사결정에 긍정적인 영향을 미치는 벤처창업정책을 의미한다. 이러한 유형에 속하는 정책들은 창업관련 각종 정보를 제공하고, 창업을 용이하게 하며, 기업가에게 유인을 제공한다. G3에 속하는 구체적 정책수단들은 다음과 같다.

① 정보제공

초도기업가(nascent entrepreneur)의 가장 큰 문제는 창업의사결정시에 활용할 수 있는 정보의 부족이다. 즉 한 개인으로서의 초도기업가는 기회에 대한 정보, 시장에 대한 정보, 경쟁자에 대한 정보, 기업설립에 관한 정보 등 각종 정보제약을 받을 수밖에 없다. 따라서 정부가 이들이 필요로 하는 정보를 적시에 제공한다면 창업활동은 활발하게 될 것이다.

예를 들어 미국 중소기업청(Small Business Administration: SBA)은 많은 지역사무소를 통하여 예비창업자들에게 각종 정보를 제공하며, 소규모기업 안내데스크와 홈페이지를 통하여 창업에 필요한 정보를 제공하고 있다. 물론 우리나라 중소기업청도 이러한 정책프로그램을 운영하고 있다.

② 규제완화

만약 창업절차가 복잡하다면, 기업가들은 창업의사결정을 미루거나 창업을 포기할 것이다. 반대로 창업절차가 단순하고, 규제가 완화되면 기업가들은 주저 없이 창업을 결정할 것이다. 따라서 정부는 원스톱 서비스센터 등을 통해서 창업과정을 도와주거나 시간을 단축시키는 정책을 펴고 있다.

규제완화를 통해서 창업을 활성화시킨 대표적인 예가 미국의 바이돌법(Bayh-Dole Act)이다. 1980년 이전까지 미국에서는 연방정부가 재정 지원한 발명활동의 결과는 공공재산이었으므로 그 어느 누구도 그것을 사업화하려고 하지 않았으나, Bayh-Dole 법안이 통과된 이후에는 중소기업, 대학, 비영리법인, 심지어 대기업들도 연방정부로부터 자금을 지원 받고 연구한 발명도 특허화할 수 있게 됨에 따라 R&D기반의 창업활동이 크게 증가한 것으로 보고되고 있다(Audretsch and Beckmann, 2010; Mowery and Ziedonis, 2002).

③ 세제혜택

조세제도는 기업가에 대한 보수수준에 영향을 미치는 강력한 정책수단이다. 즉 창업 시에 정부가 조세감면 혜택을 준다면, 하나의 인센티브로서 창업 쪽으로 의사결정을 유도할 것이다. 특히 기업가에 대한 개인소득에 대한 감면정책은 창업의 사결정에 큰 영향을 미친다. 법인세의 인하는 창업단계에서는 이윤이 없거나 작으므로 큰 영향이 없으나, 기업이 성장할수록 중요한 요인이 될 것이다. 하지만 기업가는 미래의 현금의 흐름을 예측하여 현재기에서 의사결정을 하므로 법인세의 수준도 창업의사결정에 영향요인이 된다.

④ 지식재산권 보호

벤처기업의 대다수가 특허를 기반으로 창업되기 때문에 지식재산권이 강력하게 보호될수록 창업활동이 활발하게 될 것이다. 만약 자신이 개발하여 사업화시킨 제품을 다른 경쟁기업이나 대기업이 이를 모방하여 판매하는 경우 정부가 이를 방관한다면 기업가정신은 크게 위축될 것이다. 따라서 기업가정신을 촉진시키기 위해서는 적정한 보호수준의 특허제도가 필요하며,[2] 특허법도 강력하게 시행되어야 한다.

우리나라의 경우 창업의사결정지원 측면의 벤처창업정책에는 다음과 같은 프로그램들이 수립되어 시행되고 있다.

- 제조업 창업중소기업의 부담금 면제
- 기술보호상담
- 기술지킴이서비스

2 특허의 보호수준이 너무 강하면, 독과점의 형성 등 다른 측면에서 부작용이 발생할 수 있다.

- 중소기업 조세지원
- 중소기업 옴부즈맨 운영

4) 자원조달 및 성장지원정책

〈그림 13-1〉의 G4는 창업 후 경영활동에 영향을 미치는 벤처창업정책을 의미한다. 이러한 유형에 속하는 정책들은 창업에 필요한 자원을 지원한다. G4에 속하는 구체적 정책수단들은 다음과 같다.

① 자금조달지원

창업활동에 있어서 가장 어려운 장애는 사업에 필요한 자본을 조달하는 일로 알려져 있다. 기업가가 사업계획서를 작성하는 가장 중요한 이유도 이를 투자자들에게 알려서 투자자금을 유치하기 위한 것이다.

하지만 창업기업은 '초기'이고 '작은 규모'이기 때문에 축적해 놓은 사내유보금도 없고, 대출을 위한 담보물도 부족하므로 정부가 창업을 활성화하기 위해서는 유리한 조건으로 자금을 제공해 줄 필요가 있다. 이뿐만 아니라 엔젤펀드, 크라우드펀드, 벤처금융 등 각종 금융제도를 지원함으로써 창업기업들이 자금에 쉽게 접근하도록 도와줄 수 있다.

② 인력채용지원

창업활동에 있어서 자본조달 다음으로 어려운 문제는 사업에 필요한 인력의 조달이다. 기업에 일자리를 알아보는 대부분의 사람들은 창업기업보다는 중견기업, 중견기업보다는 안정적이고 사회적으로 명성이 있는 대기업을 선호하기 때문이다. 그러므로 창업기업에 대해서는 정부가 인력채용을 지원할 필요가 있다.

일반적으로 노동시장이 너무 경직화되어 있으면, 창업활동이 위축되는 것으로 알려져 있다(OECD, 1998; 2000). 예를 들어 미국은 노동시장에 대한 정부의 규제가 약하여 창업기업들이 고용을 크게 증대시키는 데 비하여 노동시장에 대한 규제가 강한 유럽에서는 그렇지 못한 것으로 알려지고 있다(OECD, 2003).

③ 시설지원

자금문제와 더불어 창업기업은 시설이나 입지 면에서도 도움을 필요로 한다. 이에 따라 각국 정부에서는 창업보육센터를 설립하여, 이곳에 입주한 신생기업들을 지원하고 있다.

우리나라의 경우 자원 및 성장지원 측면의 벤처창업정책에는 다음과 같은 프로그램들이 수립되어 시행되고 있다.

- 창업기업지원자금
- 청년전용 창업특례보증
- 사회적 기업 전용 특별보증
- 창업투자조합결성승인 및 관리
- 모태펀드투자관리
- 개인투자조합결성 및 투자확인서발급
- 실패기업인 재창업자금지원
- 창업보육센터지원
- BI(Business Incubator)경쟁력강화사업
- 벤처기업집적시설 지원제도

참고문헌

국내문헌

공병호(1998), 「기업가」, 자유기업센터.

김선영(2004), "한국의 BT산업 가능한가?," 과학기술정책연구원 포럼 자료.

김성수(2002), 「성공한 창업자의 기업가정신」, 인간사랑.

김영록(1964), "한국·기업가정신의 반성: 불명예의 왕좌에서 물러서라,"「사상계」, 12(8), 36-41.

김우중(1989), 「세계는 넓고 할 일은 많다」, 김영사.

김종년(2004), 「기업가정신의 약화와 복원방안」, 삼성경제연구소.

김희주 옮김, Eben Pagan지음(2019), 「기회의 법칙」, 사람in.

문원택·김원석(1996), 「기업가와 기업가정신」, AIM산업경영교육원.

박기혁(1989), 「경제학사」, 법문사.

박동수·구언회(2011), 「사회적 기업설립과 경영」, 영남대학교 출판부.

박영배·윤창석(2000), "벤처기업 경영성과의 영향요인에 관한 탐색적 연구," 「벤처경영연구」, 4(1), 3~34.

방용성·주윤황(2009), 「창업」, 학현사.

서건일(1997), 「중소벤처기업 활성화 방안에 관한 연구」, 정책연구자료(09-97-02), 중소기업연구원.

성태경(2002), "기업가이론의 고찰을 통한 벤처경영자의 바람직한 역할 모색," 「벤처경영연구」, 5(2), 37~59.

성태경(2008), 「기술정보경제학」, 글사랑출판사.

성태경(2013), 「경제학」, 피앤씨미디어.

성태경(2015), "기업가정신정책의 이론적 측면에 관한 소고," 「벤처창업연구」, 10(3), 15~26.

성태경(2017), 「기업가정신의 경제학」, 마인드탭.

성태경·장동식·김형기(2011), 「기술마케팅과 사업화」, 경문사.

손동원·김현태(2012), 「벤처기업 창업경영론」, 경문사.

신장섭(2014), 「김우중과의 대화: 아직도 세계는 넓고 할 일은 많다」, 북스코프.

윤석철(2008), 「기업가정신」, 대경출판사.

이윤준·김영환·김석관·배용호·임송·고명주(2014), 「기업가정신의 국제 비교를 통한 창업 환경진단 및 개선방안」, 과학기술정책연구원.

이장우(1997), 「기업가정신과 벤처기업론」, 벤처기업협회.

이재규 옮김, Peter Drucker 지음(2002), 「The Next Society」, 한국경제신문사.

조형래(1995), 「창업인의 특성, 제품혁신성과 벤처기업성과간의 상황적 관계」, 한국과학기술원 박사학위논문.

최동규(1999), 「중소기업활력과 벤처기업육성: 조화와 활성화를 위한 과제」, 정책연구자료(17-99-05), 중소기업연구원.

최종열·정해주(2011), 「벤처기업 창업경영론」, 탑북스.

한국CCO클럽(2015), 「한국경제를 만든 이 한마디」, 프리이코노북스.

해외문헌

Acs, Z. J. (ed.) (2010), *Entrepreneurship and Regional Development*, Northampton: Edward Elgar.

Acs, Z. J. and D. B. Audretsch (eds.) (2010), *Handbook of Entrepreneurship Research: An Interdisciplinary Survey and Introduction*, New York: Springer.

Acs, Z. J., B. Carlsson and C. Karlsson (eds.) (1999), *Entrepreneurship, Small and Medium-Sized Enterprises and the Macroeconomy*, Cambridge: Cambridge University Press,

Allen, K. (2005), *Entrepreneurship for Dummies*, Indianapolis: Wiley.

Alvarez, S. A., R. Agarwal and O. Sorenson (2005), *Handbook of Entrepreneurship Research: Interdisciplinary Perspectives*, New York: Springer.

Audretsch, D. B. (2012), "Entrepreneurship Research," *Management Decision*, 50(5), 755~76.

Audretsch, D. B., I. Grilo and A. R. Thurik (2007), *Handbook of Research on Entrepreneurship Policy*, Northampton: Edward Elgar.

Audretsch, D. B., O. Falck, S. Heblich and A. Lederer (2011), *Handbook of Research on Innovation and Entrepreneurship*, Northampton: Edward Elgar.

Baron, R. A. and S. A. Shane (2008), *Entrepreneurship: A Process Perspective*, Mason: South-Western Cengage Learning.

Barreto, H. (1989), *The Entrepreneur in Microeconomic Theory: Disappearance and Explanation*, London and New York: Routledge.

Baumal, W. J. (1968), "Entrepreneurship in Economic Theory," *American Economic Review*(Papers and Proceedings), 58, 64~71.

Baumal, W. J. (2010), *The Microtheory of Innovative Entrepreneurship*, Princeton and Oxford: Princeton University Press.

Becker, M. C., T. Knudsen and R. Swedberg (eds.) (2011), *The Entrepreneur: Classic Texts by Joseph A. Schumpeter*, Stanford: Stanford University Press.

Bessant, J. and J. Tidd (2011), *Innovation and Entrepreneurship*, West Sussex: John Wiley and Sons.

Binks, M. and P. Vale (1990), *Entrepreneurship and Economic Change*, London: McGraw-Hill.

Bird, P. R. (2004), *Inventing for Dummies*, Indianapolis: Wiley.

Birkinshaw, J. (2000), *Entrepreneurship in the Global Firm*, London: SAGE Publications.

Brush, C. G., L. Kolvereid, L. Widding and R. Sorheim (eds.) (2010), *The Life Cycle of New Ventures*, Chelttenham: Edward Elgar.

Bruyat, C. and P. Julien (2001), "Defining the Field of Research in Entrepreneurship," *Journal of Business Venturing*, 16(2), 165~180.

Burgelman, R. A. (1983), "Corporate Entrepreneurship and Strategic Management: Insights from a Process Study," *Management Science*, 29(12), 1349~1364.

Bygrave, W. D. and C. W. Hofer(1991), "Theorizing about Entrepreneurship," *Entrepreneurship, Theory and Practice*, 16(2), 13-22.

Cantillon, R. (1755), "The Circulation and Exchange of Goods and Merchandise," Casson(ed.)(1990), *Entrepreneurship*, Vermont: Edward Elgar, 5~10.

Casson, M. (1982), *The Entrepreneur: An Economic Theory*, Oxford: Martin Robertson.

Casson, M. (eds.) (1990), *Entrepreneurship*, Vermont: Edward Elgar.

Casson, M. (2010), *Entrepreneurship: Theory, Networks, History*, Northampton: Edward Elgar.

Cogregado, E. (2010), *Measuring Entrepreneurship: Building a Statistical System*, New York: Springer.

Dana, L. P. (2010), *Entrepreneurship and Religion*, Northampton: Edward Elgar.

Delmar, F. and K. Wennberg (2010), *Knowledge Intensive Entrepreneurship*, Northampton: Edward Elgar.

Drucker, P. F. (1986), *Innovation and Entrepreneurship*, London: Pan Books.

Drucker, P. F. (2002), *The Next Society*, 이재규 역, *Next Society*, 서울: 한국경제신문사.

Fayolle, A. and H. Matlay (2010), *Handbook of Research on Social Entrepreneurship*, Northampton: Edward Elgar.

Freytag, A. and R. Thurik (eds.) (2010), *Entrepreneurship and Culture*, New York: Springer.

Fritsch, M. and J. Schmude (eds.)(2006), *Entrepreneurship in the Region*, New York: Springer.

Gartner, W. B., K. G. Shaver, N. M. Carter and P. D. Reynolds (eds.) (2004), *Handbook of Entrepreneurial Dynamics: The Process of Business Creation*, London: Sage Publication.

GEM (1999-2019), *GEM Global Report*, Global Entrepreneurship Monitor.

Hansen, M., H. W. Chesbrough, N. Nohria and D.N. Sull (2000), "Networked Incubators: Houses of the New Economy," *Harvard Business Review*, Sep.-Otc., 74~83.

Hawley, F. B. (1907), *Enterprise and the Productive Process*, New York: G. P. Putnam's Son's.

Hayek, F. A. (1937), "Economics and Knowledge," *Economica*, 4, 33~54.

Hayek, F. A. (1949), "The Meaning of Competition," in F. A. Hayek, *Individualism and Economic Order*, London: Routedge and Kagan Paul(reprinted in 1959), 92~106.

Hebert, R. F. and A. N. Link (2009), *A History of Entrepreneurship*, Oxford: Oxford University Press.

Henrekson, M. and M. Stenkula (2010), "Entrepreneurship and Public Policy," in Z. J. Acs and D. B. Audretsch (eds.), *Handbook of Entrepreneurship Research*, New York: Springer, 596~597.

Henry, C. and A. de Bruin (eds.)(2011), *Entrepreneurship and the Creative Economy*, Northampton: Edward Elgar.

Herron, L. and R. B. Robinson (1993), "A Structural Model of the Effects of Entrepreneurial Characteristics on Venture Performance," *Journal of Business Venturing*, 8, 281~294.

Isenberg, D.J.(2008),"The Global Entrepreneur," *Harvard Business Review*, Dec., Harvard University.

Jones, L. P. and I. Sakong (1980), *Government, Business, and the Entrepreneurship in Economic Development: The Korean Case*, Cambridge, MA: Harvard University Press.

Kariv, D. (2011), *Entrepreneurship: An International Introduction*, London and New York: Routledge.

Kirzner, I. M. (1973), *Competition and Entrepreneurship*, Chicago: University of Chicago Press.

Kirzner, I. M. (1979), *Perception, Opportunity and Profit*, Chicago: University of Chicago Press.

Knight, F. H. (1921), *Risk, Uncertainty and Profit*, Boston: Houghton Mifflin.

Knight, G.A. and S.T. Cavusgil(2004), "Innovation, Organizational Capabilities, and the Born-Global Firm," *Journal of International Business Studies*, 35, 124–141.

Leibenstein, H. (1968), "Entrepreneurship and Development," *American Economic Review*, 58, 72~83.

Lekachman, R. (1959), *A History of Economic Ideas*, New York: McGraw-Hill.

Lerner, J. and A. Schoar (eds.) (2010), *International Differences in Entrepreneurship*, Chicago: The University of Chicago Press.

Link, A. N. and J. R. Link (2009), *Government as Entrepreneur*, Oxford: Oxford University Press.

McDougall, P.P. and B.M. Oviatt(2000), "International Entrepreneurship: The Intersection of Two Research Path," *Academy of Management Journal*, 43, 902-908.

McDougall, P.P., S. Shane, and B.M. Oviatt(1994),"Explaining the Formation of International New Ventures: The Limits of Theories from International Business Research," *Journal of Business Venturing*, 43, 902-908.

Morris, M. H. and D. F. Kuratko (2002), *Corporate Entrepreneurship*, New York: Harcourt Collage Publishers.

Olsthoorn, X. and A. Wieczorek (eds.) (2010), *Understanding Industrial Transformation: Views from Different Disciplines*, Dordrecht: Springer.

Park, S. M. and Z. T. Bae (2004), "New Venture Strategies in a Developing Country: Identifying a Typology and Examining Growth Patterns through Case Studies," *Jour-*

nal of Business Venturing, 19, 81~105.

Parker, S. C. (2009), *The Economics of Entrepreneurship*, Cambridge: Cambridge University Press.

Reynolds, P. D., W. D. Bygrave, E. Autio and M. Hay (2002), *Global Entrepreneurship Monitor Executive Report*, Wellesley and Boston: Bobson College and London Business School.

Ricketts, M. (1994), *The Economics of Business Enterprise: An Introduction to Economic Organization and the Theory of the Firm*, New York: Harvester Wheatsheaf.

Sakhdari, K. (2016), "Corporate Entrepreneurship: A Review and Future Research Agenda," *Technology Innovation Management Review*, 6(8), 5~18.

Samli, A. C. (2009), *International Entrepreneurship: Innovative Solutions for a Fragile Planet*, Jacksonville: Springer.

Santarelli, E. (ed.) (2010), *Entrepreneurship, Growth, and Innovation*, New York: Springer.

Say, J. B. (1803), *A Treatise on Political Economy*, New York: Augustus M. Kelly(Reprinted in 1964).

Schumpeter, J. A. (1934), *The Theory of Economic Development*, Cambridge, MA: Harvard University Press.

Schumpeter, J. A. (1939), *Business Cycle: A Theoretical, Historical, and Statistical Analysis of the Capitalist Economy*, Maidenhead: McGraw-Hill.

Seifert, R. W., B. F. Leleux and C. H. Tucci (2008), *Nurturing Science-based Ventures: An International Case Perspective*, London: Springer.

Shane, S. (2003), *A General Theory of Entrepreneurship: The Individual-Opportunity Nexus*, Cheltenham: Edgar Elgar.

Shane, S. and S. Venkataraman (2000), "The Promise of Entrepreneurship as a Field of Research," *Academy of Management Review*, 26(1), 13~17.

Shane, S. and S. Venkataraman (2001), "Entrepreneurship as a Field of Research: a Response to Zahra and Dess, Singh and Erikson," *Academy of Management Review*, 27(1), 13~16.

Sine, W. D. and R. J. David (eds.) (2010), *Institutions and Entrepreneurship*, Bingley: Emerald.

Smallbone, D. (ed.) (2010), *Entrepreneurship and Public Policy*, Vol. I and II, Northampton: Edgar Research Collection.

Stauss, J. H. (1944), "The Entrepreneur: the Firm," *Journal of Political Economy*, 22, 112~127.

Stenberg, R. (1996), "Regional Growth Theories and High-tech Regions," *International Journal of Urban and Regional Research*, 3, 518~538.

Therin, F. (ed.) (2007), *Handbook of Research on Techno-Entrepreneurship*, Northampton: Edward Elgar.

Tiffany, P. and S. D. Peterson (2008), *Business Plans for Dummies*, Indianapolis: Wiley.

Urban, B. (ed.) (2010), *Frontiers in Entrepreneurship*, New York: Springer.

Valdes, Z. (2011), *The Entrepreneurship: How Race, Class, and Gender Shape American Enterprise*, Stanford: Stanford University Press.

Venkataraman, S. (1997), "The Distinctive Domain of Entrepreneurship Research: An Editor's Perspective," in J. Katzand and J. Brockhaus (eds.), *Advances in Entrepreneurship, Firm Emergence, and Growth*, Greenwich CT: JAI Press, 119~138.

Wolcott, R. W. and M. J. Lippitz (2007), "The Four Models of Corporate Entrepreneurship," *MIT Sloan Management Review*, 49(1), 75~82.

찾아보기

【저자약력】

성태경

서강대학교 경제학과 졸업(경제학사)
서강대학교 대학원(경제학 석사 · 박사)
아주대학교 경제학과 강사
대우경제연구소 산업경영본부 연구위원
Case Western Reserve University, Visiting Professor
Seattle University, Fulbright Visiting Professor
Marquis Who's Who in the World(2012, 29th Edition) 등재
State University of New York(Stony Brook) & aSSIST 공동학위과정 외래교수
현, 전주대학교 경영학과 교수
중앙대학교 행정대학원 융 · 복합표준정책학과 외래교수

[제2판]
벤처창업경영론

초판 발행 2017년 1월 10일
제2판 인쇄 2020년 2월 25일
제2판 발행 2020년 3월 2일

지은이 성태경
펴낸이 김중용

총괄기획 박노일 · 최준규
편 집 심성보

펴낸곳 도서출판 정독

경기도 파주시 책향기로 441, 1004동 1004호(동패동, 책향기마을)
등록 제406-2014-000093호

전 화 070)7550-3758 팩 스 02)718-8554
홈페이지 www.jeongdok.co.kr 이메일 pnc@pncmedia.co.kr
ISBN 979-11-89675-52-3 93320

정 가 18,000원